探求 幻の富士古文献

—遥かなる高天原を求めて—

渡辺長義＝著

今日の話題社

富士山と高座山

富士吉田市大明見字日向山より見る。古代には高天原小室の里阿田都山、あるいは阿祖山という。左手前に見える山裾は高座山。

高座山

上記の場所より富士山の左方、高座山を見る。山頂には、日本国創世の天神八名が祭祀される高座神社がある。

阿祖山神宮と石祠

阿祖山の麓にある阿祖山神宮。後世は富士小室浅間神社という。奥の森には石祠があり、日本国創世記の天神七代・地神五代の時代を偲ぶ高天原古代大廟跡となっている。

高燈大明神社

高燈大明神社、伊座凪尊・伊座波尊の両神を祭る石祠。前述の阿祖山神宮など同様の石祠は、記録により鎌倉時代の再建と推定される。

小室の里と坂下（酒折）の宮

富士吉田市大明見、古代は小室の里。阿祖山神宮の旧社地は写真中央の山の方角。左に見える山裾に坂下（酒折）の宮がある。

新羅三郎（源義光）［左］

富士吉田市下吉田小室浅間神社の社宝。製作年代は大治元年（1126）ころとされる。甲斐国守の源義光は、酒折神社を現在の山梨郡里垣に移し、再興した。なお、本人は遺言により坂下（酒折）の宮に埋葬された。

聖徳太子［右］

富士吉田市下吉田、小室浅間神社の社宝である。製作年代は不明だが、鎌倉時代と推定される。太子は崇峻天皇の勅使として来麓、自画像は市内の聖徳山福源寺にある。

大日留女尊の御陵墓

大日留女尊（天照皇太神）の御陵墓とその解説板。場所は南都留郡忍野村忍草字神地、富士の名水で有名な観光地がある。

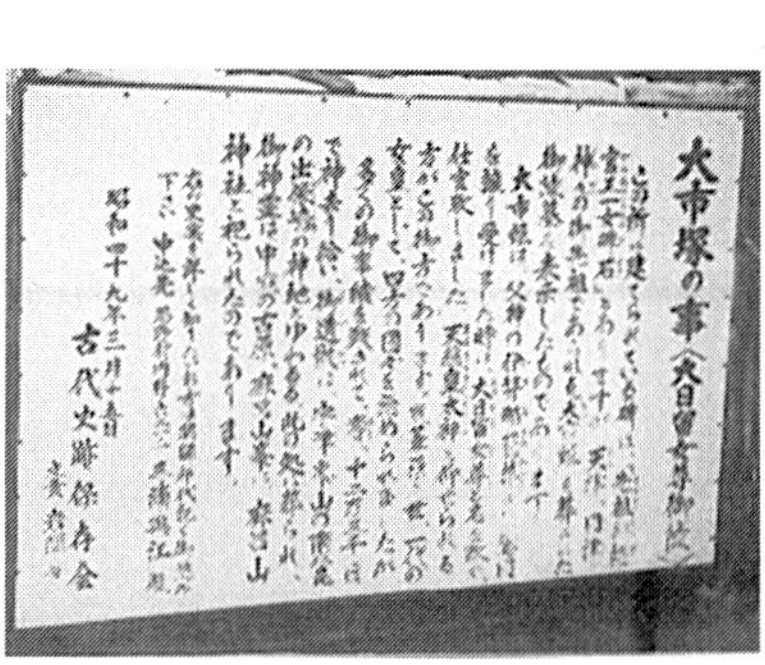

推薦のことば――渡辺長義先生と『富士文献』――

地元に住んでおりながら、私が『富士文献』の存在を知ったのは、十年ほど前のことである。当時中国では、「秦の始皇帝の命令を受けて、三千人の童男童女および五穀百工を引連れて東海に船出した」という首領の徐福が実在したことが考証されて、徐福研究が澎湃《ほうはい》として起こっていた。秦代といえば、今より二千二百年ほど前である。また、始皇帝の命令とは「東海にある三神山に長生不老の薬を求めて持ち帰れ」という難題である。一方「徐福は神仙方士（宗教家）として東海の三神山に住む仙人がこれを所持すると信じていたので拝命した」というのである。

後代の人々からみれば、きわめて奇異な話であり、これが中国第一級の正史『史記』（司馬遷著・BC九七）の幾カ所にも記載されていながら、この史実を信ずる人は、ごく限られていたのである。

もともと、私の住む富士北麓には徐福渡来の伝説が広く分布しており、しかも、中国の仏典ほかの百科事典ともいうべき書『義楚六帖』（義楚著、九五五）ならびに私選地誌の中でも代表的なものの一つに数えられている『甲斐国志』（松平定能著、一八三〇）に、徐福入麓のことが記載されている。

このこともあって、私も中国の徐福研究者と手を携えて、これを機会に徐福研究を始めた。そして知ったのが徐福が著作に関わったといわれる『富士文献』であり、そして、その研究者である渡辺長義先生との出会いであった。

先生は『富士文献』を書写し、これを考証して三十年といわれ、その名声は、本業の林業技官としてはもちろんのこと、郷土史家としても県下で揺るぎないお方であった。

いま思い起こすと、一九九〇年に先生にお供して中国の徐福遺跡廻りをしたのを皮切りに、『富士文献』の徐福像について懇切なご教授を承ってきた。今日の私の徐福像はすべて先生から戴いたように思う。そして、私も『徐福ロマン』（亜紀書房、一九九三）および『真説　徐福伝説』（三五館、二〇〇〇）を著作したが、これらはすべて先生の薫陶の賜物と深く感謝している。

今度、今日の話題社の企画として『富士文献』の古代史部分を出版するとお聞きして、私は心からのお祝いを申し上げるものである。

従来、『富士文献』はその厖大さのために一部の好事家によって抓み食いされ、その内容が曲解されてきた節がある。今度の先生の快挙によって、読者は『富士文献』に対して正しい理解が得られることと思う。

およそ、歴史書に真実を語るものは稀である。現在中国の正史は二十五史を数えるが、『史記』をはじめ、これらはすべて政治的意図を持って書かれたものである。つまり、現政権の正当性を人民に訴えるために書かれたものばかりと言える。日本の『古事記』『日本書紀』もその例外ではない。蛇足ではあるが、史実が正確な歴史書としては、古今、『資治通鑑』（司馬光著・北宋一〇八四）のみと言われる。この故か、この史書は中国の正史に加えられていない。

『富士文献』の創世期の話は日本人の起源の悠久無辺を示唆して、人々の心に安らぎとおおらかさを与える。また、徐福の筆跡は彼のフロンティア精神に接して、人々に勇気を与えてくれる。これらのことが『富士文献』の意図であったと私には思える。

工学博士　羽田武栄

二〇〇二年　啓蟄

まえがき

「古史古伝論争」で取り上げられる『富士文献』（宮下文書）は、地元でも関心を持つ人々が増えるようになった。

従来、わが国の古代史は、『古事記』『日本書紀』が歴史大系の基本であり、この記紀以外のことを記述する古文書は偽書であるとするのが一般的な傾向である。

私は県の林業技官として富士山とその周辺を跋渉して三十有余年、足跡のないところはほとんどない。また、この間十年ほどは富士急行株式会社の顧問で東京大学名誉教授工学博士津屋弘達先生が会長を務める富士山溶岩洞穴研究会に所属して、先生とともに富士山の側火山、溶岩洞穴などの調査および溶岩流の年代測定などを行なった。

こうしたことから、私は地元の古代史を綴り、しかも富士山の火山活動が詳細に記載された『富士文献』の完全な書写を、あえて思い至ったのである。

まず、この文献の冒頭部分を見ると、わが国の創生は、遠く古代中国の三皇五帝という時代に遡る。当時中国は支那震旦国と呼ばれていたが、その国王・炎帝神農氏が係わる。

すなわち神農氏の長男黄帝有熊氏は父の跡を継いだが、五男農立氏（諡《おくりな》名・国常立尊《くにとこたち》）および七男農佐日子（諡名・国佐槌尊《くにさづち》）らの集団が船で日本列島に渡来した。少し後れて、次男の朝天氏の孫の新羅王の四男・多加王（諡名・祖佐之男尊《すさのを》）も韓国から渡来した。この三組の集団がわが国を創生したと、『富士文献』は記録している。ときに国王神農氏の子孫らは文字を学び記録することができたともいう。

最初に大陸より渡来した国常立尊の集団は今日いう瀬戸内海の淡路島を本拠地として定着したが、大陸への復命はなかった。このことから、心配した神農氏は第二次の船団をつくり、農佐日子を首長に自らも乗船し、日の本島へ渡りつき、今日いう富山湾に上陸の後、北アルプスの高山に登った。展望したところ、高山より高い今日いう富士山を見つけたので、この山をめざして再び乗船した。船団は住留家湾（駿河湾）にて上陸し、この高山の周辺を探索後、その北麓一帯に定着した。また、この高山は世に二つとない美しい山容であったことから、はじめてこの山を不二山（富士山）と命名し、さらに周辺は高原地帯であることから高間《たかま》が原、そして、その北麓を中央高間が原と名付けた。

定着した地域を分けて、鳴沢・小室・中室・大室の里とし、また、この地域一帯を家基都《かきつ》（現在の富士吉田市地域）と命名した。

これより天神七代・地神五代、つまり国王の国佐槌尊よりイザナギ尊・大日留女尊《おおひるめ》（後世天照大御神《あまてらすおおみかみ》）・天之忍穂耳尊《あめのおしほみみ》・天日子火ニニキ尊・日子火火出見尊・初代の鵜茅葺不合尊《うかやふきあえず》まで、この家基都を都《みやこ》として、日本を統治したという。

ニニキ尊時代と火火出見尊の時代に、古代中国の国王・舜《しゅん》帝が筑紫島（現在の九州）に侵攻してきた。

この事態に対処するため、都を筑紫島に移し防戦することに衆議一決した。

そこで火火出見尊は王位を阿祖日子王・改名して波限武《なぎさのたける》鵜茅葺不合尊《うかやふきあえず》に譲り、自身は家基都に止まり、鵜茅葺不合尊は西征の総元帥として海佐知日子（諱《いみな》・火照須命）を指名し、人数は、およそ一万名の軍勢を筑紫の日向の高千穂宮に向かわせた。

賊の大軍と戦うこと日夜合わせて六百五十日にして、ようやく鎮圧し、遷都を果たした。

遷都の際、王位継承について、高天原の父神・火火出見尊と鵜茅葺不合尊との間に、次の三点が約束されたと記録されている。

一、王位継承の際は高天原の阿祖山神宮の神前において儀式を行うこと。

一、諡名は代々鵜茅葺不合尊とすること。

一、事件のある時は高天原の天都へ報告すること。

こうして筑紫の高千穂宮は鵜茅朝として五十一代続いた。

つぎに『富士文献』の大きな特長は、BC二二〇年ころ、中国の秦始皇帝の命により長生不老の仙薬を求めて日本に渡来したといわれる徐福集団が関わっていることである。

当時の家基都には、文字を知り記録をすることができる三十六神戸（後出）の集団がいた。彼らは当地の神社に勤務しながら国内の主な出来事を記録していた。そこに秦の徐福集団が来訪したのである。この出会いにより、両者は神農氏を祖先とする同族であることがわかった。

こうしたことから、徐福は三十六神戸の所持する記録を紙に書き綴ることを決意し、彼の指導により集大成されたのが『富士文献』の古代部分である。このような経緯を勘案すると、これらの記録はBC二六〇〇年にまで遡るといえよう。なぜならば、国常立尊・国佐槌尊は黄帝の弟とあり、しかも黄帝はBC二六〇〇〜二七〇〇年の人といわれているからである。

なお、『富士文献』と関連の古代史文献とを比較してみると、『富士文献』が原書であり、他の文献はその後のもので、しかも種々潤色（物語、話題を面白く作りかえる）が行われているように思う。たとえば、『古事記』『日本書紀』などの場合には、神への信仰を重要視した潤色が考えられる。

このように、富士北麓は神々の住んだ高天原《たかまがはら》といえるが、一般にはふじ高天原、不二高天原、あるいは富士高天原などという名称は聞くことができない。また、家基都《かきつ》という日本国の最初の都の文字は加《か》吉《きつ》という文字に変えられている。これらのことにより、実記録と思われる『富士文献』が奇異の目で見られるのは残念なことである（つまり神国日本の神々の誕生地を知らせるのは政治上不利とし隠蔽されたものか）。

『富士文献』の原書は、富士吉田市大明見の宮下義孝家の土蔵倉中に保管されているので、今日まで文献を参観してもこれを写しとり正確に読んだ人はいない。今度の私の書写と考証を玩味していただければ、もう一つの新しい古代のロマンが描けるのではないかと思う。

本年はあたかも日中国交正常化三十周年にあたる。近代国家の概念に照らせば、両国はそれぞれの独立主権国家であることは疑いを入れないところである。しかし、日本民族のルーツをたどれば、ユーラシア、東アジア各地からの渡来人も当然われわれの祖先であることは明らかである。

渡来した神々の業績あるいは徐福の筆跡がどうあれ、これらの人々に象徴される古代渡来人に関する懐古は、両国の友好関係を築く一助になるに違いない。

本書は、長年にわたる宮下義孝氏のご厚意により陽の目を見たものであり、また、今回の解禁のご勇断に対し心からのお礼を申し上げます。

平成十四年三月

渡辺長義

目　次

第三章　秦徐福の『富士文献』は語るI（原文）

第一章　『富士文献』偽書説を駁《ばく》す

『富士文献』は、孝霊天皇の時代に富士山麓へ渡って来た秦の徐福が、大古より伝来する三十六神家の記録を集大成したものが根幹をなすものである。従来、阿祖山太神宮の実在や文献の古さを疑う説などが出されていたが、原書を調べた立場からその真書であることを証明する。

はじめに

『宮下文書』とも呼ばれる『富士文献』については、『神皇紀』（隆文館、大正十年）発表当時から偽書説を唱えるものがあった。ここでは包括的な反論を試み、『富士文献』の真書にして偽書ではないことを明らかにしておきたい。

従来の偽書説は、大体三つに要約できるだろう。第一は成立に関するもの。第二は伝来について、第三は内容についてであろう。以下、個別に整理しつつ偽書説への反論を加える。

文献の成立と徐福十二史談

『富士文献』の根幹をなすのは、俗に〝徐福十二史談〟と称される資料であるが、そもそも徐福が編纂したものは、写しとはいえ存在するのか、という問いである。

おそらく、一般に『富士文献』といえば、三輪義熙の書いた『神皇紀』をイメージされるであろう。

原文と『神皇紀』との差異について、『富士文献』（原文）の大部分を筆写した経験から明らかにしておくと、『神皇紀』は原文そのままではない。原文はほとんど漢字書きである。『古事記』『日本書紀』のごとく漢字ばかりでは、当時読む人は少ないので、三輪が『富士文献』中のいくつかの記録文書の内容を調べ、解説文的にまとめたものである。三輪は文意が通じやすいように漢字の一部を平仮名とし、言葉づかいも丁寧に、主観的な偏見などを排除してまとめたものである。文章は大正当時の文語体で叙述されている。

ところで、『神皇紀』に書かれたわが国の歴史は、徐福が編纂した「徐福十二史談」から始まるが、徐福の書いたそのものではないが、写しなら現存するといえる。

『富士文献』によれば、古代中国の国王、炎帝神農氏時代、神農氏の五男であった農立日子は東海の伝説地、日の本の大陸を探検するため、船を建造し眷族五百名を従え派遣されたが帰る者はなかった。

そこで炎帝神農氏は、七男の農佐日子とともに、眷族七百名を従え、大船団を組み、東海へ船出した。朝鮮半島沿いに対馬に渡り、さらに東方へ進んで、北九州から日本海岸を佐渡ヶ島へ行き、そこから能登半島に上陸した。それより今日の北アルプス山脈の山へ登り、はるか遠くに富士山を発見した。

さらに一同は船団を組み、海岸沿いに瀬戸内をへて、東方へ進出、富士山を目標に駿河湾に上陸した。

富士山を周遊し、付近を調査して富士山の北麓に都を定めることとした。命名して家基都《かきつ》という。一行はここに土着することとなった。

ひるがえって、国王をなぜ炎帝と称したのかというと、太陽は万物生成の根元・最高の神であり、国王は太陽崇拝者であったから、一族らは炎帝と称したのである。よって、王子は日子《ひこ》・王女を日女《ひめ》ということとなったのである。

富士吉田市内の丸山にある徐福の墓（徐福祠）

神農氏の諱名《いみな》は、農作日子と称し、みずから土地を耕して農作物を栽培して、生活の基盤をつくった。国民はそれまでの狩猟生活を転換することとなった。

農作日子は文字を作り、子孫に伝え、意志伝達の便をはかった。また、瞽《こ》（目の不自由な人）を集め、百草（各種の薬草）を試食試飲せしめて漢方医薬の開祖と仰がれることともなった。こうして支那震旦国の文字を知り、書くことのできる集団が、富士北麓と淡路島（先発の農立日子がとどまった）を本拠地とするようになったのである。

時代は西暦でいうと中国史との比較からBC二六〇〇年ころのことである。

その後、BC二一七年ころ、古代中国では秦国の時代、徐福は始皇帝の命を受け、不老長生の薬草を求めて、富士山麓の家基都へ渡って来たのである（日本では人皇七代孝霊天皇の時代）。

先に、わが国に渡来していた炎帝神農氏の五男農立日子（諡号、国常立尊）と七男の農佐日子（諡号、国佐槌尊）と祖佐之男尊（多加王、新羅から渡来）の子孫は、各代々世襲して文字を伝えていた。

高天原の家基都に鎮座する祖先の霊に参拝した人皇一代の神武天皇は、そのおり神社に奉仕し、文字を伝えた家系を三十六神戸と定めた。また、祖先の大日留女尊の諡名を天照大御神と改称せられた。わが国創世の時代より、およそ二千年後のことである。

天神七代、地神五代、その後九州の筑紫、日向の高千穂の宮へ遷都して、宇家屋不二合須世五十一代続き、五十一代の神皇弥真都男王尊の第四皇子が神武天皇となるのであるが、この間の記録は長文となるので省略する。

三十六神戸の記録を集大成したのが秦の徐福であり、『富士文献』の源とされるのである。当時の状況を原文で紹介しておこう。

南天竺国時利《より》、薬師如来を求め、文書四十八通利三百六十巻、金銀砂金、銅鉄、米、豆味噌、醤油、塩、酒等、重（充）分沢山、始皇帝欺持参致志、不二山、則、宝来山高間原来利止利、蚕子行（業）登致志、大室、中室仁住居。大工有、土師有、織師有、折（織）子幡折（織）有、衣類縫子有、糸取子有、水引師（紙漉《すき》師）有、金銀銅鉄製造師有、水油・酒・醤油製造師有、徐福始、秦国人一同、天神之神々崇敬致志、恐々謹々申給。

秦国徐福謹而、不二山日向高地峰之高間原古老之人々之口碑、口談、口講、伝言、名々之覚記書尾集目合志、左之十二史談作。

これは、「大山祇、阿東祖、両命暦代、徐福東来記、並、神世拾遺」の一節であるが、徐福がさまざまなものを持参して来朝し、『十二史談』を作ったと伝えている。

(1)神世実記
(2)神都実録
(3)天御中主神、国常立尊、国佐槌尊、日向高地峰不二山中央高間原天降由来記
(4)伊座凪、伊座波尊一代記

(5)大日留女尊一代記
(6)仁仁木尊一代記
(7)筑紫、南嶋（四国）合戦記
(8)火火出見尊、皇太子仁御位尾譲、都尾筑紫移住記
(9)筑紫再合戦記
(10)神武天皇、不二山記
(11)不二山再現記
(12)諸衆系図史

これが俗称、徐福十二史談、といわれるものである。末尾には

秦徐福依利七代之嫡流、秦福寿謹書
建久寅三年三月、宮司是尾宇津須《をうつす》

とある。宮司とは宮下源太夫義仁《よしひと》であり、建久三年は西暦一一九二年である。

阿祖山太神宮は実在したか

次に文献を伝えたという阿祖山太神宮の存否についてである。

結論からいえば、実在したというのが妥当なところである。安元二年（一一七六）宮司宮下源太夫義仁が書写したという絵図がある。秦徐福塚は天照太神宮の側にあり、同所には徐神大神を祭るともあり、遺跡は現存している。本図の富士山側の小室に、七社総廟先元大社とあるのが、阿祖山太神宮といえよう（『延喜式』所載の甲斐国大一座名神大）。標高一五九七メートルの山を古代は阿祖山、または御祖代山というので同一山の麓で、今日は杓子山という。

遺跡は現存するが建物などが残っていないのは、当地方は足利幕府に圧迫を受け権役一切を没収され、『富士文献』も富士（小室）浅間神社の前の龍の川原で焼却されるところを、雨が降ったので、一部は焼けたものの夕方の暗がりを利用し、賊徒の油断を見て、持ち出すことができたとの記録がある。

こうした出来事のため、神社を放棄し、分散することとなった。現在の上吉田の富士浅間神社には宝物の御神鏡を遷《うつ》し、下吉田へは「小室」の名称が移

され、同時に護良親王の頭髪、聖徳太子の木像、親羅三郎義光の木像が移され、いずれも現存している。

滕元である大明見は溶岩大地の現在地へと分散集落をなし、往古の面影は旧社地の森と鎌倉時代の石の祠《ほこら》などに偲ぶにすぎなくなった。日向山、長日向、阿祖山、高座山、天の岩戸といわれる石割山など、神話伝説の山々はすべて富士北麓に現存する。

勝てば官軍、負ければ賊軍のたとえどおり、南朝の重鎮、藤原藤房・神皇正統記で有名な北畠親房・顕家父子、僧侶で活躍した京都、妙心寺の初代管長の関山国師、人皇九十八代の長慶天皇夫妻の墓などは粗末な墓として侘《わび》しく残されている。

『富士文献』の現状

現在の文献は控えだとされるが、宮下源太夫義仁や慶安三年（一六五〇）に岩田為吉によって筆写された文献は、どういう形で現存し、それが自筆か否かなどは証明されているのか、というのが、次の批判である。

証明ということは正直いって難しいことである。

ただ、現状はというと、鎌倉幕府時代の宮下源太夫義仁の書写した紙は、古く黒褐色を帯びて、ぼろぼろになっている。縦十七センチ、横二十四センチの和紙を継ぎ合わせたもので、紙というよりは薄い毛皮のようにも見える。私が実見して判断するところでは、鎌倉時代当時のものではないか、と思う。

紙質については、皇学舘大学の恵良宏教授に、文献調査中に聞いたところでは、クワ科のコウゾの樹皮からできた紙だということである。

岩田五左衛門為吉は、宮下義仁より四百六十年も後世の人で、駿河の今川氏、その後は甲斐の武田氏に仕えたが、のちには浪人となった。東国、つまり伊豆、駿河、遠江、三河、飛騨の五か国を三か年を要して、祖先の応神天皇の子孫がどのように分布しているか、各村を調べたという記録がある。

岩田為吉の手になるものはやはり現存している

が、紙は鎌倉時代の義仁の書写した紙に比して、薄いものとなっている。紙の製法も江戸幕府の初期は大部進歩したということであろう。紙質はやはりクワ科のコウゾ系の紙である。

筆跡を見ると、漢字は当然ながら、平仮名・片仮名・万葉仮名混じりの文であるが、そこそこの学問や教養のあった人であろうと思われる。といっても、創作のできるほどの人ではない。これも為吉の自筆と見て誤りはあるまいと思われる。

宮下（富士）義勝は実在の人物か

いささか乱暴な設問であるが、隠れ南朝派として活躍したという宮下義勝は、実在の人物である。宮下家第五十七代で、富士山周辺富士十二郷の総地頭兼富士浅間神社の宮司であった。鎌倉幕府の執権、北条高時の暴政を非難して、討幕の首謀者の一人となった。その時の名は、富士三浦越中守義勝、南北朝時代の大作『太平記』にみえる名は、三浦大多和平六左衛門義勝である。

参考までに当時の秘密文書の一端を抜粋して次に載せる。

八将団の決議密約

元享二壬戌年（一三二二）河内国の楠木正成の館における、藤原藤房、宮下義勝、楠木正成の三者会談の結果、皇政復古の運動を全国に展開することが決められた。

近畿・中国地方より児島範長、名和長重、四国地方よりは河野道長、九州よりは菊地武時、東海・北陸地方からは井伊道政、奥羽地方よりは北畠親房を選び、明見の宮下の館に同年八月に集合し、次のように各将の部署が決定された。

大元帥　尊治（後醍醐）天皇
副元帥　尊雲法親王（護良親土）
副帥　藤原藤房
西表大将　楠木左衛門正成

東表大将　北畠陸奥守親房
裏大将　富士三浦越中守義勝（本姓　宮下）
副　将　井伊遠江介道政
同　児島備後守範長
同　河野伊予介道長
同　菊地肥後守武時
同　名和小太郎長重
三僧　骨山和尚・宗峰和尚・恵玄和尚

以上、三師のもとに、三将、五副将、三僧が団結し、鎌倉の北条幕府を討滅後、南朝擁立の基となる。

富士義勝は、新田義貞とは義兄弟で、義貞と足利尊氏は、同族であることから、尊氏を離反させることには、楠木正成ともども反対であった。が、後醍醐天皇は同志の意見を尊重せず、致方なく対立となり、南北両朝並立《へいりつ》の事態となる。

『富士文献』密封の経緯と開封

寛文八年（一六六八）、なぜ『富士文献』は密封され、隠蔽されねばならなかったか、という疑問は誰しも抱くことであろう。

大要を次に述べよう。

江戸幕府は四代将軍徳川家綱の時世、郡内《ぐんない》地方は幕府の直轄地で、領主は秋元喬朝《たかとも》であった。年貢米上納について、都留郡内の地域は高原地帯のため寒暑の差が大きく、冷害があり、収穫量に変動が大きいので、武田氏時代のように、五か年の平均作をもって上納の割当を願いたいと、『富士文献』所有の大明見村庄屋・宮下惣右衛門と朝日村庄屋・惣左衛門は、郡内総百姓代表として領主へ陳情に及んだ。

ところが、農民を煽動して上納米の割当を下げろとは不届き者だとして、惣右衛門らは金井河原で、斬殺《ざんさつ》にされた。

この事件にからみ、古文書の中には、松平家康が徳川の系図を取り上げて、徳川に改姓することを記したものや、徳川の世は不開の巻などが存在するので、没収を恐れ隠蔽したのである。

この事件より約二百年経過して、文久三年（一八六三）、隣家より火災が発生した。延焼を防ぎながら、『富士文献』などの包みは搬出したが、錦の御旗、金の采配、皇子方の携帯した大小刀二腰、守り刀三振、天照皇大神の御神体と称する神代の武器、御用文書入れの古箱一個は焼失したと当時の状況が伝えられている。

古文書はその後、明治十六年（一八八三）になって初めて開封されたのである。

『富士文献』には偽文書が多いか

次に文献の内容についてであるが、『富士文献』には偽文書が多い、という批判がある。この批判は神原信一郎工学博士が提起したものである（「富士古文書の自然科学的研究」）。『富士文献』の大部分を書写した私の経験からすれば、文献中にこれが偽作、創作などと指摘できる、疑わしい文書は見当らなかった。

神原博士が何を根拠にそのように述べられたのか、私は理解に苦しむのである。推測すれば、『富士文献』の内容を知らない、初期のうちのことではなかろうか。

神原氏は三輪氏に次いで、昭和二十年に他界するまで、『吉野朝勤皇秘史・宮下記録と其考証』という、『富士文献』の南朝記録をガリ版刷でまとめていた。『富士文献』所蔵者の宮下義孝氏より、この原稿をどうしたらよいかと言われ、製本屋を頼み整理した覚えがあるが、七冊となる膨大な資料であった。

神原氏は昭和四年八月、『富士山の地質と水理』を出版しているが、このころから『富士文献』を利用しているのは、『富士文献』の信憑性が高いからである。『富士文献』で太古の時代は湖とされている場所は、今日でもボーリングすれば水は無尽蔵に湧いてくる。また温泉にしても同様である。

これらから推測しても、『富士文献』は正確であり、「偽文書が多い」との批判は当たらない。

神代史にも偽作の可能性があるか

これは前項からの延長として出されたものであるが、既述のとおり、「偽文書が多い」との批判が当たらないのであるから「宇家屋不二合須世《うかやふじあわす》・神皇五十一代暦代記」「開闢神代暦代記」などの批判としては有効でない。

一般的に言って、わが国の古代史は『古事記』『日本書紀』が元本で、『富士文献』などはこれらの歴史大系に学び、いつの時代かに盗作ないしは偽作したものだろうと考え、化けの皮を剥ぎとろうと思う人が多いようである。

ところが、わが国の古代史は徐福が三十六神家の人々が伝えていた記録を集大成したのであって、記紀の成立はそれよりも九百二十年の後世のことである。「宇家屋不二合須世・神皇五十一代記」が伝えるような神武天皇以前の神皇五十一代などを、記紀が脱落させたとみるのが、正当な理解と想定されるので、記紀にないから偽作だということは考えられないことである。

『富士文献』のように、「宇家屋不二合須世・神皇五十一代暦代記」があってこそ、徐福が持参した「支那震旦国皇代暦記」や司馬遷の『史記』と比較して、わが国の古代史が検討できるのである。

記紀は具体性に欠け、隣国との関係を検討する余地に乏しいと言わざるをえない。

註 宇家屋《うかや》とは、三字とも表意文字で、家居《いえ》住、住まいとすることである。不二は富士の語源で、同意である。合須世《あわすよ》は、高間が原の家基都時代に続く世、つまり分離しない世代の意で、神皇は世襲して世代を継ぐことを約束し移住した。

『富士文献』の用語・語句は新しいか

『富士文献』に対して、その用語が新しいとの指摘がある。代表例は村田正志博士の「皇統に関する熊沢一派の俗論を筆誅する」（『日本歴史』四三号）であろう。

氏は、「小倉宮伝記」にみえる「陛下」という敬称語が上表文等儀礼的文書以外には中・近世を通じて存在しない、その一節に「帝は大日本国の諸人民の司」とある文句は室町時代の用語ではない、したがって、「小倉宮伝記」は近代の偽作と断定された。

わたしには、新しい言葉とは思えない。『富士文献』を世に出したのは三輪義熙氏であるが、おそらく「新しい」と主張する論者の念頭にあるのは、氏の『神皇紀』の文章であろう。すでに述べたとおり、『神皇紀』の原文を当時の文語体とした解説文的なものなのである。

しかし、『富士文献』でも、南北朝の時代となると、用語も大部近代化してくるので、その一部を披瀝してみたい。

次に掲げるのは村田氏が偽作として斥けられた「小倉宮伝記」の一部である。

後亀山天皇、第一皇子、広成親王御来暦
良泰親王事、幼名、広成親王は、天授六庚申年（一三八〇）二月二十二日、吉野の小倉御所の水泉宮に於て御誕生、熙成天皇の第一皇子にして、母は皇后・福田門院也。養母は楠木正勝の妻・菊江也。
長じて元中九壬申年（一三九二）五月、北朝征夷大将軍、足利義満、大内義弘、六角満高に命じて、南朝と和睦を望む。南朝の義士は決せず、亦、北畠顕泰を以て南北両帝の血統は、番替えに御位に即《つ》く事にて様々評議一決致せども、皇太子尊、正良親王（長慶天皇第一皇子）は応ぜす、依て、広成親王を替て皇太子に立つ事に一決し、日野右少弁邦氏を勅使として北朝に申し送る。
足利将軍義満、申して曰《いわ》く、我が祖父尊氏、帝は大日本国、諸人民の司なるに依て、帝の諱《いみな》は、仁の一文字を、天皇代々付け給うことに定め置くに依て、皇太子殿下の諱を改め、実仁親王殿下と致したる上、南朝陛下と共々京都に上り、北朝の帝に三種の神器を御授け給う上は、御和睦仕り可しと答え給うに依て、勅使は吉野に帰り、勅使は右の次第を言上し給う。御評議の上様々和睦調之京都に上り、同閏《うるう》五月五日、三種の神器を北朝帝に授け給い、即位式を致し給う也。

但し、広成親王事、実仁親王と改名致し、皇太子殿下と成らせ給うなり。

それより南帝は嵯峨の大覚寺を皇居と定め、皇太子と共々御越給う。北畠顕泰を始め、楠木正勝、同正光等と秘密に評議の上、皇太子実仁親王を、顕泰、密かに伊勢国に御供致し、家臣の大宮道綱に申し含め、夜舟にて富士谷に送り来たり、前天皇（長慶）に右次第を言上奉り、道綱は警護の兵を引きつれ帰りける（以下省略）。

傍点の箇所が、村田氏が問題とした用語が出てくるところである。読んで見れば文章の流れから不自然なところはなく、原書を見ても書き加えた形跡もない。したがって、当時のものと考えてよいと思う。


中国より渡来して、文字を伝えた三十六神戸の祖先

太真祖命
火照須命
火須勢理命
火火出見命
阿田都彦命
大国主命
大多真命
天古屋根命
栄日住命
金山彦命
猿田彦命
大物主命
前玉彦命
武甕槌《たけいかづち》命
経津主《ふつぬし》命

稚《わか》武主命
建御名方命
豊城入彦命
豊玉彦命
手力男命
石堀理留命
塩土老翁命
櫛明玉命
稲蒼魂《いなくらたま》命
味鉏高彦根命
醜太男命
高照日女命
下照日女命
宇津目日女命
五十猛彦命
天香護山命
顕国玉命
興玉命
託彦根命
大山祇《ずみ》命

時に、祖佐之男命より七十八代の遠孫、尾張田長彦、宮守司長とある。
人皇七代、孝霊天皇五十庚申年三月十九日夜神夢により、天皇は不二山高天原の小室に行幸、三十六神戸の職掌を定め、これ等の子孫は文字を書き、記録するを世襲したと伝える。

富士吉田市内の高座山にある高座《たかざす》神社の祭神

一、高皇産霊神（炎帝神農氏・農作日子の諡《おくりな》名）
二、神皇産霊神（右の婦神・農作日女の諡名）
三、国常立尊（右両神の五男農立日子の諡名）
四、国佐槌尊（右両神の七男農佐日子の諡名）
五、伊座那木（凪）尊（国佐槌尊の五男・田仁知日子の諡名）
六、伊座那身（波）尊（伊座那木尊の婦神、母は国常立尊の女、諡名は白山姫）

七、月夜見尊（右神の一男・月峰命の諡名）

八、祖佐之男尊（多加王の諡名）

イザナギ・イザナミ尊の義子、大日留女尊、月夜見尊とは義兄弟となる。多加王は新羅王の四子とあり、炎帝神農氏の二男朝天氏大陸の東州（朝鮮半島）を治めるとあり、その子孫、集団渡来。

註

一、以上の八神を地元では神社を八神様と崇敬する。

二、伊座那木は「いざ凪《なぎ》」で、日の本島を波静かに治められた国王の意と解される諡名《おくりな》である。

三、諡名の習慣は太古より伝来とある。

不二山元宮神都復興、並に勅定

神武天皇即位四年四月、天皇不二山に来たり。天照大神を始め、諸々の天都神々に、諡名を捧げ、大山須見命の遠孫、丹波彦に再度諸々の万《よろず》の天都大神の宮守を申し付け、年々四月二十五日を、不二山の大祭日と定め給也。

それより年々勅使は四月二十五日に来たりて、大祭を致すなり。

明年、大和国の柏根山麓の長池の岡の上に、不二山高天原の万の大御神の御祈願所を定め、不二山高天原の諸々万の大御神の御霊を、それより年々祭り給うなり。

人皇七代、孝霊天皇五十庚申年、三月三日初申の日の夜、不二山の大御神、天皇の夢枕に立ち願給うに依って、諸臣を従え不二山に来たり、宮守《みやもり》の宮において、七日七夜祈願致し、祈祷終る日は、即ち四月初申の日、不二山の煙は皆消滅し、明らかに（山体）現われ給うに依て、これより火地山を不二山と改称し給う。

大山須見命の遠孫、玉武男命を不二山宮守司と定め、祖佐之男命の遠孫、尾張田彦を副司と定め、都に帰るものなり。

これより天皇陛下には、伊勢崎に年々不二山大祭日に、不二山を遙拝致すことに御定目給うなり。不二山、二度煙消滅して、明らかに現われ給うによって、この所を二度見が浦と申すなり。

同天皇七十三年（皇紀四四三年、BC二一八）秦徐福、秦帝・始皇帝を阿座無気《あざむき》、南天竺国より薬師如来を求め来たり、信仰致し、老若男女五百余人を従之勤仕、早くは十五年延引して二十五年、三十五年の見積り、金銀、米、塩、酒、味曽、五穀、砂金、銅等並びに珠玉、油等、五百人以上に三十年以上の見津茂利の分量を十分に致し、大船四十八船造り、総体積入れ、五百余人うち乗り、不二山を目当てに皆無事に、日本の西島に、それより南島（四国）に移り、又、大島（本島）に越し阿知古知を巡り、ようやく不二山を見付け、不二山高天原に登り、大室、中室に止まり、天照大神を始め、不二山の八百万の大神を崇敬し、

第一に業務には蚕子《かいこ》を致し、まゆを女子等に糸を引かせ、幡を織る（機《はた》は後世か）。第二に農夫。その他、大工、壁塗、猟人、紙師、紙すき、笠張、楽人、仙人、衣類仕立工女、酒製造夫、醤油製造夫、油製造夫、鍛冶夫、鋳物師、諸細工夫、医師、石工夫、塩製造夫、其外一切の諸職夫を従え召し連れ、不二山中央高天原の大原の阿祖谷に止どまり、徐福大将にて諸職業を励むによって、不二山高天原は、これより大盛んとなり、阿祖谷を始め、不二山近山の沢々は、徐福に付き従い参りたる人々の子孫三分の一となる。徐福は男子七人ありて、一男を福岡、二男を福島、三男を福山、四男を福田、五男を福畑六男を福海、七男を福住と申して、七箇所に別れ、子孫繁昌して、日本国中に広がり、秦姓、又は福を付ける氏姓、地名は皆徐福の子孫、又は共々来たる五百余人の子孫のしるしなり。秦国の徐福は、支那様《よう》の諸々の書物を博学したる大学者なり。別して孔子の諸作の諸書物の各種を持参致し来たり。後、不二山元宮阿祖山神社に納め置き、阿祖山神社の宝物となった。

但し、延暦十九年（八〇〇）福地山大噴火の時、大部分宝蔵に納め置いた諸々の書類は焼失致した。

徐福は、不二山を見失ない、筑紫、南島（四国地方）を尋ね巡り、本島の紀伊国の大山に登り、不二山を探すため、三年三月居たる場所なるによって、二男の福島に眷属五十人従え、紀伊国の大山に移し、その土地を開くことを命じ、この大山のために、不二山を見失ない、この山に迷い居た山なるによって、この山を、久真野山と名称し、これより不二山を本宮と申し、久真野山を新宮と申すなり。

これより、不二山と久真野山は、相互いに交際のまじわりを深く致すなり。

武内宿祢は、徐福学に深く信用致し、徐福学の門人に入り、徐福学を深く学び、男子をも徐福学の門人に入れ、深く学ぶ人となりたるによって、秦の意を取りて、秦徐福学の門葉（一門・一族）なるによって、羽田矢代宿祢《すくね》と名付け申した。武内宿祢大臣は、人皇八代、孝元天皇の御皇子なり。

人皇十代、崇神天皇六年（BC九二）皇女豊鍬《すき》入姫をして、天照大神、不二山中央阿祖谷高天原の中室の麻呂山より、大和国笠縫の里に移し祭り、淳名城《ぬなぎ》入姫をして、大国魂神を祭り、天社、国社神地、神戸を定め、武淳川《たけぬな》別命と吉備彦命を、同年六月、不二山高天原に来たり。阿祖原谷、高天原一帯の地を、天社地と定め、不二山一帯を、神地と定め、阿祖谷高天原一帯に、三十六神戸を定め給うなり。不二山を、福地山と改称し給うなり。

人皇十一代、垂仁天皇即位三年、武停川別命、勅詔に依て、高天原七座総名、阿祖山神社を、相模・甲斐・駿河の三国の境、山村の上の大塚に分け移し祭る。これより山村を山宮村と申すなり。

福地山は、相模・甲斐・駿河の三国の境界なるに依て、三国第一山と申すなり。この福地山は、三千世界に二つと無き名山なるによって、不二山と申すなり。神世の始めは、火を噴く山なるによって、火地山、または噴地山と申すなり。

同天皇二十五年（BC五、皇紀六五六年）天照大神を伊勢国度会《わたらい》に移し、斉宮を五十鈴川上に建て皇女倭比女に命じて祭らしむ。伊勢内宮の斉宮は倭姫が始めなり。

東北の国々の神世の大神の遠孫の将々方と、西南の天皇方の国々の将々方と、二派となり、東北の国々の八百万の神々の遠孫は、大日本国を開く始めの止座々《とどめまします》四海万国を、治めたる福地山中央高天原を、この世あらん限り、帝都と定め、天皇を移し止《とど》め座々《ましまし》て、四海万国に勅詔を伝え、四海平和に治めることを論ず。

西南諸国の将々方は、中央の国を帝都と定め置き、四海万国を治めることを主張し、しばしば論ずれども、意見まちまちにして、議論合わざるによって、神代の遠孫の将々方は大いに憤《いきどお》り、大山須見命の遠孫、阿曽彦王を総大将とし、副将を武佐加彦、武大名彦、軍師を秦徐福より四代目の福仙とし、そのほか四十八将を、東北の国々より軍兵を集め、帝都に攻めのぼり、帝都を攻めつぶし、天皇を守護奉り来たりて、福地山高天原に神代の神都の再興を計らんとした。

早くもこのことが帝都に漏れ聞こえた。

人皇十二代、景行天皇四十年（一一〇）、皇子の小宇《こうす》須命に勅命して、総元帥とし、大伴武日を副帥と致し、東国に攻め下り、東軍の計策皆水の泡《あわ》となり、小宇須命に謀り返され、東軍皆亡び失せにける。これより東北の国々穏やかならず（詳細は別記録にあり）。

人皇十六代、仁徳天皇の時、前帝の二の皇子、大山守皇子を担《かつ》ぎ立てて、東北の国々に隠れ忍び居たる将々方が現われ、再度戦いを致し、西軍を計策にかけ、半殺しに致すと言えども、つまり、和睦となり、日本国中央に帝都は定め置くことと、福地山高天原は神代に復し、神都と定め、福地山一円は往古神代の如く、神地と定めること。

（本文は以上で終り、これより勅定状の写）

（一）
勅定　司
御間城入彦五十瓊殖《みまぎいりひこいそにえ》尊（人皇十代、崇神天皇）
不二山中央高天原尾神都登定目、三十六神戸尾、
天社之地登定目賜事。
七社元宮仁、不二山一円授賜神地登定事
右、天皇六年（BC九二）六月二十五日
任命、武渟川別《たけぬなかわわけ》命　宮
佐賀見国　不二宮守司
　並仁、三十六神戸

註　三十六神戸とは、わが国創建時代より文字を書き、
　神社に務め世襲した家名。

（二）
勅命司
　　　　大臣　蘇我馬子　花押
今度　福地元宮七社大神　再興之事
福地山仁、仏寺建立之事

勅定
泊瀬部《はせべ》若雀《わかさき》尊（崇峻天皇）二年（西暦五八九）
六月三日
　　勅使　厩戸皇子（聖徳太子）
福地山七社太神宮司　宮下記太夫元照
建久五寅年（一一九四）二月
山宮、宮司　宮下源太夫義仁　花押

（三）
　　勅願状
天之真宗豊祖父天皇（四十二代、文武天皇）
勅願之事
寒川明神尾改称志社号尾福地八幡大神登致事
神領圭田四十八束寄付致事
授正一位尾賜事
右条々閣議勅定仍而如件
　大宝元年六月十三日勅
勅使　忍壁《おしかべ》親王　花押

福地山宮守司

宮下源太夫元道

福地八幡大神謹啓白

(四)

天宗高紹天皇(四十九代、光仁天皇)

従一位左大臣藤原永平　花押

勅願仍而福地山元宮七社大神総名

阿祖山神社尾先現太神登改称ス

勅宝亀五寅年六月一日

勅使中納言

鎮守府将軍　坂上刈田丸　花押

福地山元宮

七社太神大宮司

福地記太夫元村

(五)

大政官牒状

使観察使従五位上守　坂上田村麻呂

従五位上行玄番頭　藤原朝臣千引

従五位下守大和守　藤原朝臣永貞

牒為国政福地高天原元社七社大神再興勅定之事

一幣司授正二位尾事

七社大神之宮皆再創立致事

福地山尾富士山登改称致事

右条々勅定□□《不明》聴使検校一状謹而追状□□《不明》

大同元年六月三日勅定

観察使従五位上

征夷大将軍坂上田村麻呂

甲斐国山背郡阿祖谷鎮座

富士山元宮七社大神宮司

宮下記太夫仁元

富士山元社太神　敬白

(六)

道康天皇(五十五代、文徳天皇)

左大臣　源常　花押
右大臣　良房　花押
勅
為天下泰平五穀成就之富士山
元宮七社明神想各先現神社仁授
従一位大社号
□□□□□□□□□□（不明）
勅使大納言　源信之
甲斐国山背郡阿祖谷鎮座
富士山元宮七社明神
大宮司宮下記太夫仁元

（七）

惟仁天皇（五十六代、清和天皇）
太政大臣　藤原良房　花押
左大臣　源信之　花押
右大臣　藤原良相　花押
勅

作年消失致志多留七社之内四社之
再建創立致須事尾勅ス
貞観七酉年七月十三日
勅使大納言藤原氏宗　花押
甲斐国八代郡阿曽谷鎮座
冨士七社先現大神
大宮司宮下記太夫明政
想宮守中

（元書よりこれを写す）

註

一、宮下記太夫元照は、本文中の大山守皇子より第十七代の宮司。本文書写人の宮下源太夫義仁は、第四十九代の宮司。

二、勅使として来麓した聖徳太子は、時に十八歳、『富士古文献』を宮司の元照より見せられはじめて知り、驚く。文人の秦河勝を太子の側近者にし、『旧事記』完成。記紀の種本となる。

三、人皇十代崇神天皇以前は、三種の神器を当地より大和《やまと》朝まで携行し皇位継承の式典が行われたが、それ以降は式典に必要な器具が召し上げられ、高天原の家基都は、朝廷より軽視されるに至る。現在の伊勢神宮も元は当市内の麻呂山、別称、お伊勢山より移すが、その見返りもなく、人皇十二代景行天皇のとき、不平不満が募り、日本《やまと》武《たける》尊の東征となった。富士北麓の剣丸尾、供乱原は戦場の名残りである。

勅旨文についての解説

一、勅旨とは、『広辞苑』には天皇の意思、詔勅の趣旨とある。勅定、勅使とは、天皇が政治を担当する左大臣・右大臣等と協議の上、定められたことの文書を持参して目的を果すよう当事者に伝えること。

本文は、人皇十代崇神天皇が、不二山中央高天原（今日いう富士山は、当時は不二山と書く。）中央高天原は今日の富士北麓の家基都《かきつ》、現富士吉田市、天神七代、地神五代、わが国の首都のあった場所）を、神都と定め、三十六神戸は神社に奉仕しながら世の出来事を記録せしめ、三十六神戸の人々の住む場所を天社の地と定め賜わるとのこと。使者は四道将軍の一人武停川《たけぬなかわ》別命《わけみこと》とある。

二、本文は、人皇二十三代崇峻天皇の勅使・厩戸皇子（聖徳太子）が本文書を持参し、福地（富士）山七社大神の宮司に通達した勅旨文書。

三、人皇四十二代、文武《もんむ》天皇が、寒川明神という名称は相応しくないとお気に召さず、大宝元年（七〇二）忍壁親王が勅使として、奈良平城京から福地《ふじ》（当時は富士山を福地と書く）当地まで、福地八幡大神と改称する勅願状を持参し、福地山宮守司の宮下家二十四代の宮下源太夫元道に通達した文書である。場所は、坂下の宮に沿った場所にある。社格は正一位を授くとある。

四、四十九代光仁《こうにん》天皇（諱名　天宗高紹天皇）は、阿祖山神社を先現太神と改称致すこととした。勅使・中納言兼鎮守府将軍坂上刈田丸、日付は宝亀五寅年（七七四）とある。命令、通達先は、福地山元宮の大宮司宮下家二十五代の福地記太夫元村とある。

註　阿祖山とは、同神社の裏山の地名。標高は一五九八メートル。今日は杓子山という。

五、大政官牒状。大同元年（八〇六）は五十一代平城天皇の時代、福地山は桓武天皇の時代、延暦十九年に大噴火をし大災害をもたらした。当時は自然現象とは理解せず、人災と考え、福地山の文字を富士山と改称。神社の名を、富士山元宮七社大神と改め、再建することを、征夷大将軍坂上田村麻呂を使者に、宮守司、宮下記太夫仁元に命じた。

註　宮守司は今日で言う県知事格の地方長官の権限を持っていたといえる。

六、本勅旨は、五十五代文徳《もんとく》天皇（諱名　道康）仁寿三年酉年五月（八五三）、天下泰平、五穀豊穣は、神山富士山を信心祈願することによって、なしとげることができるので、阿祖谷鎮座の富士山元宮七社明神に、社格を従一位大社号を授く、と大宮司宮下記太夫仁元に、勅使の大納言源信之は本文を持参し、京都より来麓した。

註　本文献を見ても、『延喜式』所載の甲斐国明神大の大社は当社に相違ない。

七、五十六代清和天皇（諱名　惟仁天皇）の貞観七年（八六五）七月十三日、朝廷の最高官、太政大臣・左大臣右大臣の連名にて、前年焼失した七社の内、四社の宮は、噴火の際（最は当字）富士大神の現わし賜う通り、再興創立致す事を勅す、と甲斐国八代郡阿曽谷鎮座、富士七社先現大神の大宮司（氏名）総宮守中とある。

註　富士山は貞観六年に大噴火をした。当時は延暦の噴火後、富士北麓は八代郡に編入された。

【参考】新羅三郎源義光の墓地について送納状

（送り届けた文書）

新羅三郎源義光朝臣《あそみ》、当十八日、病死致す。仍而《よって》、日本神都の第一富士山阿曽山、小室の里、福地八幡大神の社に送り葬れとの遺言によって、市川村駒谷重太夫二男、駒谷庄五郎作の木像を死骸に相添え御送り給う者也。我が君新羅三郎義光朝臣は鎌倉鶴が岡八幡大神の拝殿にて御約束致しあるとの遺言也。

大治二年未年（一一二七）三月二十四日

武田義清
平賀義信
跡部上野介
飯富左馬介

第二章　秦徐福一族集団の渡来と古代中国の歴代王朝史

秦徐福の祖先の経歴（徐福子系暦）

徐子者、福子、供言也。

炎帝・神農氏一男、黄帝・有熊《うゆう》氏之四男

(1)忠顕氏　西山氏之女、實貞婦人尾《を》妻而、少昊余《しょうこうよ》最《さい》氏仁仕《につかえ》、記書役尾務、記最氏尾産《をうむ》。

(2)記最氏　天濃氏之女、賢正婦人尾妻而、平仙氏尾産。

(3)平仙氏　北礼氏女、真美婦人尾妻而、高泰氏尾産。

(4)高泰氏　張良氏女、正加婦人尾妻而、義雄氏尾産。

(5)義雄氏　要良氏女（但シ要良氏者中山国之国王也）金永婦人尾妻留《めとる》。此迄代々記書役尾司取給也。義雄氏、萬正氏尾産。

(6)萬正氏　農政氏女、良正婦人尾妻而、夏王、大禹帝仁仕。書記、農作尾司取、農賢氏尾産。

(7)農賢氏　農仲氏女、玄貞婦人尾妻而、農記氏尾産。

(8)農記氏　夏王、大慶帝仁仕、正農氏尾産。

(9)正農氏　田原氏女、中原婦人尾妻而、夏王、大康帝仁仕居、職尾辞而、中央国仁入隠、山中之農作人登也居、正農氏、農正氏尾産。

(10) 農正氏　田泰之女、貞木婦人尾妻而、畑立尾産。

（以下、氏は省略）

(11) 畑立　北先之女、美福婦人尾妻而、山田尾産。

(12) 山田　玄正之女、谷田婦人尾妻而、平林尾産。

(13) 平林　目田之女、天美婦人尾妻而、海心尾産。

(14) 海心　正慶之女、政美婦人尾妻而、泰幸尾産。

(15) 泰幸　長安之女、美山婦人尾妻而、清心尾産。

(16) 清心　道山之女、春心婦人尾妻而、天農尾産。

(17) 天農　仙高之女、清美婦人尾妻而、農三尾産。

(18) 農三　天要之女、知應婦人尾妻而、田水尾産。

(19) 田水　永明之女、加奈婦人尾妻而、農思尾産。

(20) 農思　兵甲之女、松江婦人尾妻而、西永尾産。

(21) 西永　寅丸之女、田鶴婦人尾妻而、正永尾産。

(22) 正永　天慶之女、榮明婦人尾妻而、正徳尾産。

(23) 正徳　永□《不明》之女、桟木婦人尾妻而、春山尾産。

(24) 春山　庚木要之女、甲斐婦人尾妻而、信永尾産。

(25) 信永　幸永之女、美光婦人尾妻而、太正尾産。

(26) 太正　治太之女、竹子婦人尾妻而、幸永尾産。

(27) 幸永　地天之女、眞長婦人尾妻而、泰須尾産。

(28) 泰須　太木之女、海奈婦人尾妻而、藤正尾産。

(29) 藤正　政木之女、花子婦人尾妻而、小正尾産。

(30) 小正　雨天之女、小松婦人尾妻而、泰重尾産。

(31) 泰重　永孝之女、佐治婦人尾妻而、農正尾産。

(32) 農正　元永之女、照子婦人尾妻而、農元尾産。

(33) 農元　深天之女、美正婦人尾妻而、元永尾産。

(34) 元永　用明之女、佐美婦人尾妻而、一成尾産。

(35) 一成　加元之女、永孝婦人尾妻而、正仁尾産。

(36) 正仁　伴幸之女、尾長婦人尾妻而、正傳尾産。

(37) 正傳　祖永之女、白美婦人尾妻而、天重尾産。

(38) 天重　小玉之女、尾見婦人尾妻而、正人尾産。

(39) 正人　小中之女、夏子婦人尾妻而、正清尾産。

(40) 正清　青木之女、竹尾婦人尾妻而、正太尾産。

(41)正太　仙勇之女、小里婦人尾妻而、正根尾産。
(42)正根　正雄之女、日高婦人尾妻而、正善尾産。
(43)正善　三清之女、清美婦人尾妻而、正南尾産。
(44)正南　記三之女、雪子婦人尾妻而、正北尾産。
(45)正北　丹澤之女、孝水婦人尾妻而、正東尾産。
(46)正東　親木之女、眞木婦人尾妻而、正西尾産。
(47)正西　元立之女、白玉婦人尾妻而、正中尾産。
(48)正中　元龍之女、元始婦人尾妻而、正系尾産。
(49)正系　深泉之女、泉美婦人尾妻而、正界尾産。
(50)正界　元明之女、明貞婦人尾妻而、正永尾産。
(51)正永　天元之女、元永婦人尾妻而、正榮尾産。
(52)正榮　元田之女、政永婦人尾妻而、正立尾産。
(53)正立　元南之女、美奈婦人尾妻而、正勝尾産。
(54)正勝　元治之女、治幸婦人尾妻而、周王、武王仁仕留人也。
此之人者、地理学《ちりがく》仁武而《にたけて》、諸文尾学ヒ、軍功大志。依而、武王依里、賜二徐姓一、楚《そ》國之首長登也給。

(55)武永　此之正勝、武永尾産。
(56)武正　田忠之女、吉永婦人尾妻而、周王、成王仁仕、武正尾産。
(57)武建　天久之女、安正婦人尾妻而、周王、庚王仁仕、武建尾産。
(58)武長　安最之女、泉應婦人尾妻而、周王、昭王仁仕、武長尾産。
(59)長良　永幸之女、久美婦人尾妻而、周王、穆《ぼく》王《おう》仁仕、長良尾産。
(60)武達　清忠之女、天木婦人尾妻而、周王、共王仁仕、武達尾産。
(61)武富　眞清之女、東永婦人尾妻而、周王、懿《い》王仁仕、武富尾産。
(62)長佐　元正之女、仲心婦人尾妻而、周王、孝王仁仕、長佐尾産。
(63)武天　幸佐之女、眞先婦人尾妻而、周王、同孝王仁仕、武天尾産。
伴慶之女、湖南婦人尾妻而、周王、夷

王仁仕、武宗尾産。

(64) 武宗　忠慶之女、北貞婦人尾妻而、周王、厲王仁仕、武彦尾産。

(65) 武彦　長良之女、湖東婦人尾妻而、周王、後共王仁仕、武晴尾産。

(66) 武晴　賢正之女、山海婦人尾妻而、周王、宣王仁仕、武賢尾産。

(67) 武賢　山孝之女、貞心婦人尾妻而、周王、幽王仁仕、幽王衰而、天下不レ治。依而、領国仁歸里、楯籠留《たてこもる》也。武賢武顯尾産。

(68) 武顯　忠泰之女、和田婦人尾妻而、武祖尾産。

(69) 武祖　春木之女、吉田婦人尾妻而、武刀尾産。

(70) 武刀　元田之女、常子婦人尾妻而、武春尾産。

(71) 武春　庫正之女、西古婦人尾妻而、鄭子《ていし》尾産。

(72) 鄭子　深永之女、宅子婦人尾妻而、榮公尾産。
榮公之父　鄭子者、後、郲喜仁殺礼、

(73) 榮公　榮公者母、宅子婦人登供供深山仁入隠忍而生長須。鄭子之弟、榮楚再度起而、楚領国尾再建志給也。
榮公者、生長之後、深山野一入洞尾開起志、農仙実田之女、澤田婦人尾妻而、農人登成利、農務尾司取居、農雄尾産。

(74) 農雄　幸田之女、草花婦人尾妻而、農眞尾産。

(75) 農眞　茂田之女、花香婦人尾妻而、田眞尾産。

(76) 田眞　秋元之女、夏木婦人尾妻而、泰田尾産。

(77) 泰田　傳忠之女、八重婦人尾妻而、国永尾産。

(78) 国永　円田之女、秋木婦人尾妻而、洞山尾産。

(79) 洞山　宝宅之女、松木婦人尾妻而、徐子尾。

(80) 徐子　清現之女、木花婦人尾妻而、原田尾産。

(81) 原田　眞太之女、津根婦人尾妻而、田學尾産。改名、子路。
子路者、孔子之門人也。忠永之女、眞仁婦人尾妻而、男子七子産。諸學仁勉強博學而、三男太達仁傳。

(82) 太達　萬永之女、小白婦人尾妻而、光正尾産。諸文學仁若心勉強志而、光正仁傳。

⒀光正　楚山之女、澤津婦人尾妻而、八子産。

諸文學仁苦心勉強志而、二子良永仁傳。

⒁良永　古山之女、玉木婦人尾妻而、四子尾産。

諸文學仁苦心勉強志而、三子長良仁傳。

⒂長良　三永之女、竹仁婦人尾妻而、六子尾産。

諸文學仁苦心勉強志而、長子、范曜《はんよう》仁傳。

⒃范曜　齊知之女、実永婦人尾妻而、四子尾産。

諸文學仁苦心勉強志而、長子、
⒄徐子　仁傳（『史記』には徐市とある）。

徐者姓、名者、徐子。字名者徐福《じよふく》。子路《しろ》者孔子之門人仁入志依里、此迄七代。諸文學仁苦心勉強致志、本朝之国學尾博久學《ひろくまなび》尾、中天竺《ちゅうてんじく》仁渡里、釋迦如來之一最経之佛學尾七年苦心勉強志而學尾、藥師如來之像尾求目而、本国仁歸里、秦国王、始皇帝之命仁従《したがう》。

勲功、大久昇進致共、無《なし》二見顧《けんこ》一所《するところ》幸仁、秦国三年春、始皇帝、東国御巡之時、朝嶧山《ちょうえきざん》之峰仁登里、東海之大海仁遊仁、蓬莱《ほうらい》山島尾見付、遙拜致志、皇城仁歸里給也。

依而、此吉幸成利《これきつこうなり》、登《と》、徐福申而日久《いわく》、東海之蓬莱山島者、全世界之大元祖国仁志而、大元祖之神々止座須《とどまります》御国仁志而、此之蓬莱山島仁者、長生不死之良薬有里、此之良薬尾用意給場《もちいたまえば》、千万年寿命尾保津《たもつ》良薬也。此良薬尾求目来留仁者、大舟八拾五船尾造利、老若男女五百余人仁、金・銀・五穀・塩・味曽尾、澤山八十五船之舟仁積、十五年懸而求目歸礼留箇《かかつてもとめかえれるか》、亦者、二十五年、三十年懸而モ、貴度求目來留要《きつともとめくるよう》、登、始皇帝尾、詐欺《さぎ》僞而《いつわりて》、泰金尾掛、大舟八十五船尾造利、砂金・正金銀・衣類・穀物類・塩・味曽等尾澤山積、老若男女五百余人従ヒ、蓬莱山、亦之名、不二山尾目印仁、東海之日本国仁渡里、不二山尾、見宇志奈伊《みうしない》、十方仁暮《とほうにくれ》、舟依里陸仁上里止居古登三年、舟仁乗里而、大海仁遊ヒ、東海仁不二山尾見付、大井仁祝日、三年居太留所尾、紀居国、登申志而、三年止利居太留山尾、東海仁掛留無久魔晴、不二山明仁現礼給仁依而、此之山尾、久魔野山、登申也。

其依里、八十五船之大舟仁 諸《もろもろ》之諸品尾積、五百余人宇知乗里《うちのり》、不二山尾目印仁、住留《するが》家濱仁付給。此之処尾、宇記島原、亦之名、吉原登申也。

松岡驛依里、水久保驛尾越エ、山村仁伊出、割石峠尾越志、不二山中央高天原仁入、川口驛依里、阿祖山谷、三室之一、小室家基都驛仁止利給也。

但シ、徐福之婦人、福寿婦人者、秦国王、始皇帝依利賜志女也。字名、福井婦人登申也。

徐福、秦国出立之時者、則、秦国三年六月二十日、日本国之孝霊天皇七十二年也。

日本国之久魔野山裏仁付太留箇《つきたるが》、同年十月二十五日也。亦、同天皇七十四年九月十三日久魔野山尾出立致志、不二山高天原、家基都《かきつ》驛仁付《つき》給日者《たまうひは》、則《すなわち》十月五日也。

孝霊天皇七十六年十月十日爲㆓後世之㆒秦国人徐之徐福謹記置也。

安元二丙申年八月中、寒川神社寶物之内尾、宝蔵ヨリ借受写置書也。

山宮二所明神大社

大宮司

宮下源太夫義仁　謹記　花押

註　歴代数を算用数字で補い、また適宜旧漢字を当用漢字に置き換え、句読点を付した。原文中の二行割りは（　）に入れた。

秦徐福同行者の名簿

秦徐福一家

秦徐福・妻福正女・一男福永・妻白蓮女・二男徐萬・三男徐仙・四男福寿・一女天正女・二女寿安女・三女安正女・孫一丸・同次正女

以上十二人

老人男分

徐永・徳正・藤光・伴光・円光・円万・伝正・明
天・徐宝・知国・智泰・徳正・国世・要金・不最・
昌光・永明・長生・勘貞・平喜・仙知・源工・元清・
忠永・信正・加姓・久安・興大・明徳・戸山・湯元・
福美・富仁・甚永・清明

以上三十五人

老人女分

清白女・美白女・目永女・貞流女・貞受女・並白
女・気伝女・夜音女・日波女・日仲女・日向女・月
江女・光正女・角永女・丸長女・作仁女・忠流女・
波天女・小天女・尾波女・真仲女・真正女・正面女・
身津女・仲正女・春正女・夏河女・秋志女・冬木女・
冬寒女・春花女・加津女・多仁女・太玉女・与目女・
長太女・身根女・下根女・加和女・加瀬女・登根女・
戸開女・久佐女・弥佐女・太根女

以上四十五人

妻有人男分

利益・忠時・要領・熊佐・治稍・経京・清明・
天雲・元両・長進・長流・長日・伴貞・泰領・
光敬・三造・三弥・三東・陸清・海明・海蔵・
永雲・清応・慶山・明山・勇応・吉世・大造・
小明・庄海・行安・気玄・動山・金明・銀山・
鉄山・鉄人・用応・元宝・元忠・絢明・宝山・
知明・知山・光明・明山・見敬・寛成・人当・
伝保・白応・山保・明湯・重山・泰保・政人・
清永・永天・心明・親孝・孝明・孝徳・古山・
平真・波連・伴平・平作・田奈・田王・田吾・
田史・波最・雪山・清丹・元丹・郡明・国政・
家明・利明・泰元・仙田・見真・真治・信正・
吾佐・貞治・義身・義正・頼光・正金・実正・
治永・明仁・王道・志摩・貞摩・宝慶・安貞・
光貞・一保・二保・善治・平間・伝治・秦治・

中清・熊治・申進・元之・正之・正行・正勝・
真宮・真高・正進・仙知・一応・余田・君治・
公明・公雲・高清・道治・谷見・弥身・弥尾・
宿光・宿心・面治・津治・都幸・奈治・加幸・
永幸・時明・宇明・谷仁・玉応

以上百三十八人

夫有人女分（内七人後家）

龍永女・天龍女・明水女・水泉女・大姉女・小姉
女・津気女・波間女・身目女・加目女・佐目女・岩
水女・登志女・波加女・津根女・加和女・加久女・
加伊女・非佐女・与志女・登久女・平間女・真目女・
津伊女・守利女・曽幸女・宮目女・永目女・久志女・
波久女・富加女・富美女・不出女・孝身女・加久女・
奈加女・佐加女・田根女・波留女・間根女・身根女・
太仁女・佐和女・身知女・川水女・加和女・奈身女・
瀬奈女・津目女・波羅女・久仁女・宇根女・登目女・
君身女・宇羅女・時身女・久佐女・木根女・太目女・
伊京女・佐根女・佐永女・津知女・津真女・湯佐女・
湯気女・羽根女・真佐女・知永女・加根女・太津女・
阿志女・判目女・手長女・太伊女・佐目女・佐多女・
身坂女・加佐女・津伊女・富根女・宇志女・宇永女・
志毛女・志茂女・奈津女・富志女・弥間女・皆和女・
与根女・与佐女・早目女・佐尾女・太知女・太身女・
太永女・長天女・中天女・加時女・奈佐女・泰一女・
小丸女・中目女・太丸女・下手女・西太女・北根女・
東風女・小一女・小嵐女・大北女・手奈女・足奈女・
加太女・久和比女・加多女・小太女・太田女・小奈
女・小奈身女・太日女・根仲女・尾気女・一根女・
和加女・日加根女・尾目女・登伊女・伊佐女・佐伊
女・平身女・小目女・阿佐女・奈目女・五三女・
五七女・茂身女・真目女・阿和女・根尾女・日根女・
奈仁女・波根女・津永女・目加女

以上百四十五人（阿和女以下未亡人）

若人男分

元定・信永・国晴・山貞・海良・浪松・身金・銀保・仙千・一六・応泰・知重・永治・千武・万丹・代太・万金・千寿・千金・長正・登仙・安慶・茂三・徐京・福元・徳成・建保・建重・京太・始明・常仙・千根・伴丹・波司・彦古・間古・長建・勇千・司長・仲谷・深山

以上四十一人

若人女分

阿根女・貞目女・佐加女・要目女・利佐女・湯和女・太根女・久志女・仁和女・佐仁女・波仁女・波田女・田慶女・真津女・宇目女・一目女・奈和女・真田女・田尾女・波加女・弥佐女・伊佐女・伊根女・安和女・安等女・木世女・気目女・気和女・気志女・身佐女・目仲女・登伊女・志仁女・根辺女・宇根女・佐手女・真千女・真加女・間佐女・間目羅女・津身女・富美女・不気女

以上四十三人

幼人男分

貞彦・仲天・司天・京源・千丸・大丸・忠子・長子・源太・仙丸・金弥・金太・桂良・信丸・伝治・国摩・第丸・日子・月子・豊丸・竹子・仲治・仲丸・少記・司小・大良・光子・真子・浜子・政子・正司・山子・寿身子・命佐子・伝加子・知丸・金根子・銀房・天房・身佐・千海・三米丸・倉丸・根志子・大王子・大目子・吉根丸・吉富子・気長男・津知男・波久男

以上五十一人

幼人女分

比売女・比久女・与里女・玉江女・美比女・白天女・津奈女・弥座女・弥根女・津知女・太加女・都根女・一始女・太気女・加根女・加志女・仁木女・火出女・火目女・阿江女・見美女・目小女・目和女・大目女・富佐女・登和女・大和女・身世女・久佐女・

佐美女・福志女・福根女・不出女・安佐女・阿久女・
志目女・手玉女・足利女・身津女・晴礼女・奈気女・
徐美女・加美女・志身女・根弥女・仁志女・阿佐女・
気根女
　以上四十八人
　右合計五百五十八人

　秦徐福、南天竺《てんじく》国時利《より》、薬師如来尾求目、文書
四十八通里、三百六十巻、金銀砂金銅鉄、米、豆、
味噌、醤油、塩、酒等充分沢山、始皇帝欺《あざむき》持参致志、
不二山、則、宝来山高天原来利止里、蚕子業登致志、
大室、中室仁住居《すみいる》、大工有、土師有、織師有、織子《おりし》
幡織《はたおし》子《し》有《あり》、衣類縫子《ほうし》有、糸取子有、水引師有（紙漉《かみすき》
師《し》）金銀銅鉄製造師有、水油、酒、醤油製造師有。
徐福始、秦国人一同、天神之神々崇敬致志恐々謹々
中給。
　秦国徐福謹而、不二山日向高地峰高間原、文字を
知る三十六神家之記録、口談、口講、伝言、名々之

覚記書集目合志、左之十二史談作。
(1)神代実記
(2)神都実録
(3)天之御中主神、国常立尊、国狭槌尊
(4)日向高地峰不二山中央高間原天降由来記
(5)伊邪那岐、伊邪那美尊、一代記
(6)大日留女尊、一代記
(7)仁々記尊一代記
(8)筑紫、南島合戦記
(9)火火出見尊、皇太子仁御位《みくらいを》譲《ゆずり》、都《みやこを》筑紫《ちくし》移住
記
(10)筑紫再合戦記
(11)神武天皇、不二山記、不二山再現記
(12)諸衆系図史
以上十二史。
秦徐福依利七代之嫡流、秦福寿謹書。
建久三年、宮司是尾写（宮下源太夫義仁）

註

一、本原文に続き「阿東祖命歴代記」、つまり『古事記』にいうスサノオノ命の遠孫歴代記、さらに秦徐福の子孫七代までの歴代記があるが省略し、前記文のみを抜粋した。

二、旧漢字は当用漢字にし、句読点、番号数字は筆者が入れ、判りやすくした。

三、ここに掲載した徐福の祖先系歴は、わが国の創始時代を比較検討するに資する意義があり、日本人の源流を知るうえにも参考になるものである。

四、文字の伝来は応神天皇の御代、百済《くだら》から王仁《わに》博士が来朝、『論語』十巻、『千字文』一巻を献上したのが始まりとされてきた。時に西暦二八五年であるが、徐福の渡来は紀元前二一八年、五百年も以前である。また、記紀より九百年も以前である。

五、秦徐福同行者の名簿が今日に伝来することは、驚異的奇跡なことであり、日本人の氏名が、古代中国人と大差のないことがわかる重要な資料である。

六、宇宙郷の長生村《ながいき》は、徐福同行者の土着より集落をなしたと伝えられ、同所より秦という文字の黄金《おうごん》印が発掘された。日本最古のものとも認められ、物的証拠でもある。

徐福大神と祭られる

支那震旦国、国王の黄帝有熊《うゆう》氏の時代（BC二七〇四～二五九五年）、黄帝の父、炎帝神農氏は黄帝の弟、五男の農立氏に東海の日の本島を探検し報告するよう命じたが復命なく、七男の農佐氏を伴い、一族眷族およそ七百名の集団をもって日の本の島、つまり太陽の出る大陸を探し求め、日本へ渡来した。

文字は黄帝の時代に史官の倉頡《そうけつ》等により発明されたとあり、日本へ渡来した文化の進んだ神々（人々）の集団は、文字によって意志を伝達し、記録して後世に残すことができた。文字を世襲する家を三十六家とある。木皮、石などに記録していたという。ただし神武天皇の時代に、戦功に大帛《はく》を与える、という記事がある。大帛は、布《ぬの》か、紙かいずれかである。

　秦徐福一行の渡来は、人皇七代孝霊天皇の時代(BC二一八)で、最初の神々が渡来した時代とは、およそ二千四百年の隔たりがあり、日本国の創始時代と比較する参考資料となる。

　第一節に、秦徐福の祖先の経歴を書いたように、徐福の最初の祖先は、黄帝の四男、忠顕氏より始まり、世襲して八十七代目であり、この間、孔子の高弟となった有名な子路より数えて、七代目が徐福である。徐福は始皇帝に仕え、勲功大いに昇進し、本文中には記載されていないが、他の記事によれば書記長官になっていた。しかし、始皇帝には希望するところなく、伝説の日の本の蓬莱島の蓬莱山、つまり富士山を目標に渡来し、富士北麓の家基都へ土着したのは、BC二一七年、孝霊天皇七十四年に当る。

　家基都(富士吉田市)には、わが国の創始時代、天神七代、地神五代の瑞穂の国という時代に、筑紫(九州)の高千穂に遷都し、五十一代継続した鵜茅王朝時代の記録、その後、今日の近畿地方で周国、新羅国(韓国)の扇動によって反乱を起した長髄彦《ながすねひこ》を鎮圧し大和朝を開設した神武天皇の討征時代の神代記、その他各種の記録が保管されてあった。

　秦徐福の同行者には進歩した紙の製造技術者があり、徐福はこれらの記録を紙に集大成した大学者であった。

　わが国の文字文化の発達、蚕糸、織物、醸造など、産業文化発展に貢献したことから、秦徐福は、徐福大神として家基都の中室に祭祀された。『富士文献』のうち、該当文書を抜粋し以下に紹介する。

　秦ノ徐福、始皇帝ノ命ヲ受ケ、天竺《てんじく》ビシヤウリ州ヨリ、薬師如来ヲ求メ、長イキノ薬ヲ不二山ヨリ取リマイラントテ、男女子共々五百余人ヲツレ、日本ニ渡リ、不二山ニ来リ、中央ニ登リ、大室ノ原ニ止リ、小室ニ往ミ、高座山峰ニ宝蔵ヲ立、薬師如来ヲ納給ナリ。五百余人ノ男女子共大室、中室ノ地ニテ蚕子ヲ始ルナリ。此レ当地蚕子、織物ノ始ナリ。コレヨリ東国ニテハ、織物ニテ着物ヲコシラエテ着るコトノ始メナリ。コレマデハ高間原ノ神々ハ、小室ノ大柏木ノ葉ヲ藤ニテツナギ着てイルナリ。

人皇八代孝元天皇七癸巳年、秦ノ徐福、中室ニテ死シ給。コノ日二月八日ナリ。中室摩呂山峰ニ葬ルナリ。（中略）

人皇十五代応神天皇三十七年六月、勅命、武内宿祢司取来リ、御祖代山峰ノ天照太神宮ヲ中室ノ湖上摩呂山峰、徐福ノ墓ノトコロニ引キ移シ、天照大神ヲ始メ、天兒屋根命《あめのこやねのみこと》・天太玉命《あめのおおたまのみこと》・天鈿女《あめのうずめの》命《みこと》・石凝姥命・作田彦命・高照姫命・下照姫命・並ニ秦徐福ヲ始、徐福ノ眷族《けんぞく》ノ霊ヲ祭、中央ノ右方ニ天照太神、同左方ニ徐神大神・左《さ》ノ通《とおり》ニ右ノ七神ヲ祭《まつり》、摂社ト申給ナリ。徐福大神通ニ右ノ徐福ノ眷族《けんぞく》ヲ祭給《たま》イ摂社ト申シ給《たまう》ナリ。大日本神都ノ元始大社ト申ハコノ不二山高間原ナリ。

大山祇《ずみ》命子孫代々ト、祖佐之男尊子孫代々ノ言申伝ヲ、大山祇命ノ遠孫、源太夫ト、祖佐之男尊ノ遠孫、記太夫ノ咄《はなし》モノガタリヲ、応神天皇三十七年（一一三七）八月中、大山守王書キ記シオクナリ。（以下略）

註

一、小室とは、今日の大明見の一帯をいう。

二、中室とは、今日の小明見の一帯をいう。

三、大室とは、今日の前記以外の富士吉田市以西の上九一色村にある大室山あたりまでの広範囲をいう。

四、中室の湖上摩呂山とは、湖は今日に残る明見湖、摩呂山はその北側に残る小山で、山頂に天照太神社と、秦徐福を祭る石の祠と木造の小社がある。

五、中国文字を今日では漢字というが、聖徳太子の時代（六二〇）には秦字といった。太子は『天皇記』『国記』などを著すが、『旧事記』巻六十に秦字を広めたいと書いている。

徐福の直系子孫系譜

秦徐福

- 一男　二 福永（改名、福岡）
- 二男　福万（改名、福島）
- 三男　徐仙（改名、福山）
- 四男　福寿（改名、福田）
- 一女　天正女
- 二女　寿安女
- 三女　安正女
- 五男　福畑
- 六男　福海
- 七男　福住

福永（二）── 三 徐光（次正女）── 四 福仙 ── 五 福泰 ── 六 徐京 ── 七 福寿 ── 八 福永改め阿徐 ── 九 福岡福馬 ── 十 福岡福連 ── 十一 福岡福真 ── 十二 福岡福仁 ── 十三 福岡福清 ── 十四 福岡徐教 ── 十五 福岡福佐 ── 十六 福岡徐進 ── 十七 福岡福秦 ── 十八 福岡徐長 ── 十九 福岡福房 ── 二十 福岡徐最 ── 二十一 福岡徐海 ── 二十二 福岡福平 ── 二十三 福岡泰良 ── 二十四 福岡徐宝 ── 二十五 福岡福信 ── 二十六 福岡秦徐 ── 二十七 福岡福衛 ── 二十八 福岡秦太十政福 ── 二十九 福岡長衛太忠福 ── 三十 福岡万七太徐教

◎福万改め福島は眷属五十余人を引き連れ、紀日国新宮へ移る。

◎福仙は阿祖山神社の神官になり、子孫代々継承する。日本武尊の東征のときは、東軍の総大将阿曽彦、軍師に福仙がなり、日本武尊の軍勢と戦う。この戦乱により徐福一行の子孫の一部は、新天地を求め東北の地域まで分散する動機となる。

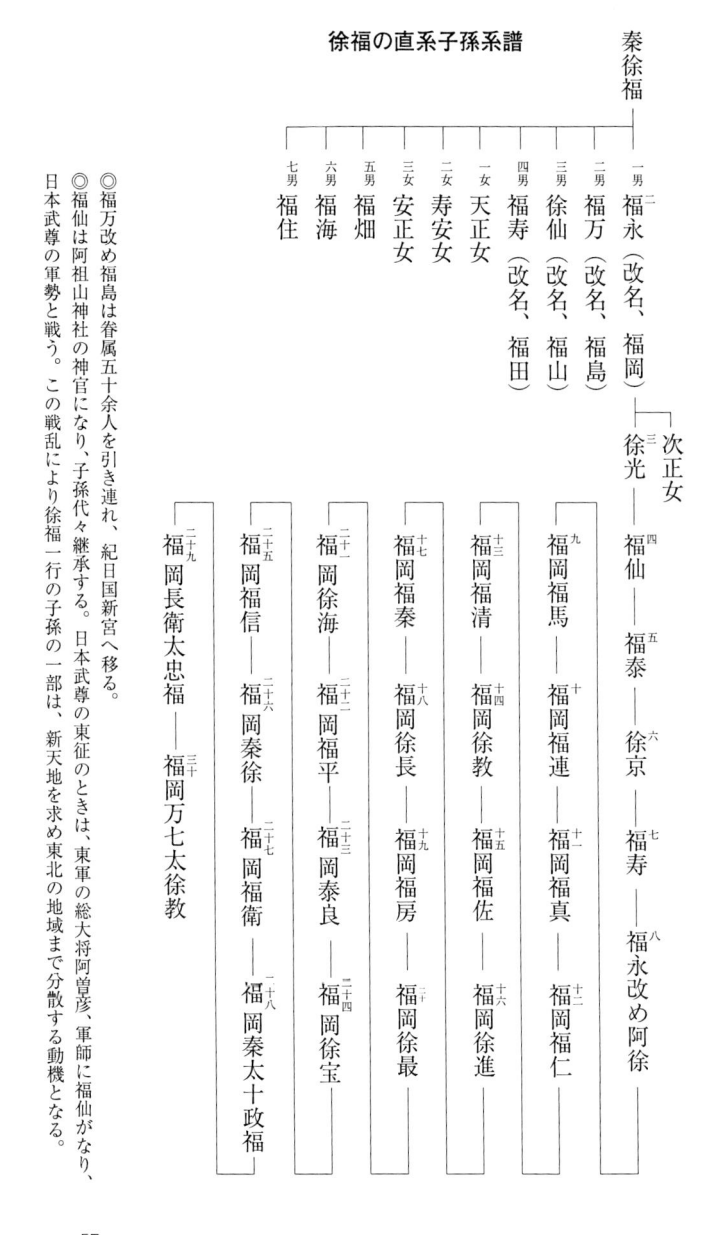

註　徐福の直系子孫系譜

一、（　）内の数字は、世代番号の数字である。

二、初代の徐福は本姓は徐、秦国から日本へ、人皇七代孝霊天皇時代（BC二一九）渡来以後は、秦徐福という。

三、徐福より三十代の福岡万七太徐教の時代は、人皇五十代桓武天皇の時代で、延暦十九年（八〇〇）の富士山大噴火当時の記録を書き残している。

四、この間、徐福が集大成したわが国の古代史、並びに秦字を学ぶため、人皇十五代応神天皇時代、武内宿祢の一男、八代宿祢《しろすくね》は、同天皇の三皇子、大山守皇子、準総別皇子、根鳥皇子と共に来麓し、これより姓を秦・羽田と改め土着した。

五、人皇三十二代崇峻天皇二年（五八九）、厩戸皇子（聖徳太子）神社復興・仏寺建立のため来麓、徐福による、わが国の古代史を知る。ときに秦字《はたじ》を読み書きする秦川勝を連れ行き、家臣に任用、『旧事記』ができる。

六、徐福より三十代の後胤、福岡万七太徐教は、延暦十九年（八〇〇）の富士山大噴火記録を書いた人物であるが、その記録によれば富士山周辺の被災戸数と人口は次のようになっている。

甲斐国分　戸数二三六〇、人数八一〇〇
駿河国分　戸数二九六二、人数七五九八
合　計　　戸数五三二二、人数一五六九八

福地山高天原を始め、近郷近国は、東北国々奥羽迄、神代の八百万の子孫八分、秦国徐福一行の子孫二分、但し、福地山高天原を始め近郷は、神代の八百万の神々（人々）の子孫七分、秦国徐福一行よりの子孫三分とある。ときの征夷大将軍坂上田村麻呂の始祖は、四道将軍武渟川別命《たけぬなかわわけ》の女《むすめ》、佐加姫、秦国人徐福の四男、福田に焦《こが》れ福田の子を生み、田武根という。その遠孫、藤原鎌足公に仕え、以後子孫朝廷に仕え、坂上田村麻呂となり、子孫は東北の重鎮、伊達《だて》家、田村家、信夫《しのぶ》家となる。系譜は今日に残る。

『姓氏家系大辞典』に見る秦氏

編者の太田亮氏は、秦氏について次のように記している。

秦、ハタ、ハダ、天下の大姓にして、その氏人の多き事、殆んど他に比なく、その分支の氏族もまた尠《すくな》からず。而して上代より今に至るまで、各時代共、つねに相当の勢力を有することも、他に類例なかるべし。

概観　予輩かつて記あり、系譜と伝記に秦氏程、偉大な氏はちょっとない。したがって、その調査は面白い。と言っただけでは納得すまいから、今急に思いついたその偉大さの一部を例記して見よう。

数　この氏族は、伝説によると、応神天皇の御大、弓月君という人が、既に率ゆる百二十県の百姓を伴って帰化したということになっている（応神紀・古事記・姓氏録）。応神紀は百二十県、姓氏録は百二十七県とも、または二十七県とも伝えている。その後、雄略天皇の朝、小子部の雷《いかづち》に命じて調べさせたところ、九十二部、一万八千六百七十人あったといい（雄略紀・古語拾遺・姓氏録）、次いで欽明天皇の朝には、「秦人戸数惣七千五十三戸」と書紀に載っている。（渡辺註・弓月君は疑問）

分布　かように氏人の数が多かったばかりでなく、その分布が極めて広い。粗密の度こそあれ、すでに中古の初めにおいて、北は奥羽より、西は九州に広がっていたのであって、どこの国の氏族を調査しても、大抵なところには、この氏族が見出されるのである。

氏　この氏族に属する氏は極めて多い。すなわち朝原・依智秦・依智・太秦・太秦公・大蔵・大蔵秦・葛野秦・香登・加味能・河勝・惟宗・桜田・宗・高椅・高尾・時原・寺・秦・秦下・秦許・秦子・秦部・波陀・秦姓・秦冠・秦大蔵・秦佐比佐・秦物集・秦田村・秦栗栖野・秦川辺・秦倉人・秦前・秦常・秦高椅・秦達布・秦中家・秦人広秦・秦長蔵・秦長田・秦井手・秦小宅・秦原・広幡・物集・三林・令宗・井手・川辺・倉人・達布・中家・長蔵前・常・原・小宅・長田等で、これらは主として、六国史、姓氏録から集めたものである。

しかして、以上の上代姓氏は、鎌倉時代以後において、幾多の苗字を発生せしむるに至ったのである。そのうち、特に有名なものは、薩隅の島津氏、越中の神保氏、対馬の宗氏、または稲荷、松尾、両神社の社家族である。

就中、島津氏一族には、阿蘇谷、伊佐、伊集院、石坂、河上、樺山、北郷、末弘、新納、原、道祖、町田、山田、知覧院、宮里、中沼、大野、和泉、佐多、上総、蛤良、碇山、根古、鎌田、桂、伊勢などの名族があって、今日も顕貴の地位に上っている人が少くない。

なお、この秦氏と同族に、己智族がある。それには、己智、己智部、長岡、奈良、楢、大滝、山村、山村許智、日佐等が姓氏録などに見える。

姓　この秦氏は、最初公姓を称し、後、造姓を賜い、天武朝に連姓、程なく忌寸姓、次いで宿祢姓を賜うのであるが、一族中には勝姓、首姓、比登姓、伊美吉姓などがあって、秦部、秦人、秦人部、秦子または秦許などの小首領たりしを表わしている。

しかし、これらは他の大族中にも存在しているから、いまだ異とするに足らないが、この秦氏中には、なお秦冠、秦姓、秦下、秦前などの如く、冠、姓、下、前などと言うカバネ研究上頗《すこぶ》る注目すべきものと思う。

以上のほか、波多臣、波多祝、波多君、波多国造、波多村主、波多造、八多、羽田真人、八多朝臣などもあるが、国史、姓氏録の上にて異流となっているから、暫く別のものとしておく。

政治の勢力　以上の如き大氏族であるから、政治上に及ぼした影響も実に大きいものであったが、特に財政上に貢献した点は特筆大書せねばならぬ。すなわち、雄略天皇の朝、大蔵を創設した場合、この氏の酒公がその長官となったのである。

その後、大蔵秦公志勝という人が見え、次いで欽明天皇の朝には、秦造大津父が大蔵省の長官となる大蔵卿に任じられている。つまり世襲的にこの氏は、大蔵を掌る、換言すれば財政方面の重鎮であったのである。

皇極天皇の朝、蘇我入鹿が聖徳太子御子、山背大兄王の威望高きをねたんで、失い奉らんとした際、三輪文屋君は、大兄王に勧めて、深草屯倉に移り、東国秩父の民をもって戦えば、入鹿を破ることができると言った。深草屯倉は、この秦氏の一根拠地で、以って秦氏の勢力の大であったことが想像できるのである。以上は上古のことだが、中古には惟宗氏あり、代々明法博士としてその名高く、鎌倉以後には、西海の重鎮、島津氏、また宗氏あり、共に天下の治乱興廃に関係なく、よく七百年間、雄藩たる地位を保ったが、殊に維新の大業に当って、島津氏の貢献の大なるは、余輩の蛇足をまたないであろう。

外交方面　上古にありては、この氏族の一部なる己智部が、奈良日佐、山村日佐、相楽郡の日佐、野州郡の日佐となりて、漢土、韓国との訳語通事を掌り、また近右以来、宗氏は朝鮮との、島津氏は琉球との外交を掌っている。大体室町以来、外交の衝に当った氏は、大内氏にしろ、宗氏にしろ、島津氏にしろ皆帰化族であると言うことは偶然ではあろうが、不思議な感を与える。

神祇方面　稲荷さんが天下至る所に祀られるに至ったのは、この大氏族の氏神であったことと、この氏が殖産工業に貢献するところが多く、延いて稲荷さんが、特に殖産の守護神となったこととに原因する点が少くないのである。

また、松尾神社、上下加茂神社の発展も、この氏に負うところが多かろう。松尾神社が酒の神となったのは、秦酒公との関係を認めねばならぬ。また鎮西の大社、筥崎宮《はこざきぐう》、讃岐の一宮等、この氏人を大宮司とする神社が甚だ多い。

渡辺註　稲荷の起原は中国から最初に渡来した国常立尊、または豊受大神に由来し、稲作の方法を教え広める神として稲荷大明神と崇敬されるに至った。秦徐福が文書を書いていることから、同行の子孫によって普及されたことが想定される。また、酒、味噌の醸造も同様に、これらの人々の子孫の貢献が大である。

仏教方面　秦川勝が聖徳太子に仕えて、弘法に功の多かったこと、太秦の広隆寺がその時代に建てられた大刹であることのみを載せても、この氏の仏教に貢献した点がわかろう。その他、秦氏から出た名僧、高徳には大法師勒操、護命僧正、観賢僧正など少くない。

殖産工業方面　秦は機に通ずるほど、この氏は養蚕、機織《はたおり》と関係が深いのである。姓氏録には、応神天皇の朝、この氏が金銀玉錦、種々宝物を献じたといい、次いで仁徳天皇の朝、秦氏を諸郡に分置して、養蚕織絹に従事せしめたと見える。日本書紀の雄略天皇巻にも多くそのことを載せている。

このように偉大な秦氏族の起源は何であろう。それは我古代史を鮮明ならしむるに重大なる使命を持っているものである。（以下略）

以上のように、太田亮氏は、秦氏の一族同行の子孫がわが国の枢要にあって、各方面にわたって活躍した事実を述べたうえで、このように偉大な秦氏族の起源は何であろう、それはわが国の古代史を鮮明ならしむるに重大な使命をもっている、と疑問をなげかけたが、それは、秦徐福一行の渡来が、伝説に包まれたまま不明になっているからである。秦徐福の一団は富士山麓に土着以後、子孫が各方面に分散し、活躍したことは『姓氏録』によっても知ることができ、郷土に最も関係が深いと思い、『姓氏家系大辞典』の関連箇所を挿入した次第である。

日本人の主流はどこから来て今日があるのか、秦氏の一例をあげても、古代中国の漢民族と思われ、朝鮮半島を経て来た、祖佐之男命一族を始め、その後の渡来者をもって子孫繁栄したのが、日本人の主流であるといえよう。

震旦国《しんたん》（中国）皇代暦記

蓬莱山《ほうらい》高天原、天都州《あまつくに》より、大昊伏義《たいこうふくぎ》氏は東洋婦人と共々、大陸の大中原に天降り座《まし》て、炎帝神農《えんていしんのう》氏を産み、神農氏は大広氏の女、山海婦人を妻にして、七男九女を産み給う。

一男　黄帝有熊《うゆう》氏、天勇氏の女、孝賢婦人を妻にして、大陸の大中原に止座《とどまりまし》て、大陸の州《くに》の大皇帝と致し給うなり。

二男　朝天氏は、大東氏の女、東海婦人を妻にして、東州を治める。

三男　南陽氏は、南中氏の女、仲陽婦人を妻にして、南州を治める。

四男　清賢氏は、西永氏の女、美天婦人を妻にして、西州を治める。

五男　農立氏は、父の命に依て、東州を巡回の時、東海に蓬莱山を見付け、あまたの眷属《けんぞく》を従え東海に行く（日本へ渡る）。

六男　農永氏は、北永氏の女、忠正婦人を妻にして、北州を治める。

五男の農立氏は、阿真多《あまた》の日夜を重ねるも帰らず、よって七男の農佐氏はあまたの眷属を従え、東海に兄の農立を尋ねに行き、亦帰らず（炎帝神農氏と共に日の本島へ渡る）。

(1)大王黄帝有熊《うゆう》氏、少昊金《しょうこう》天氏を産み、

(2)少昊氏、宝正氏の女、玉木婦人を妻にして、

(3)専項《せんこう》高陽氏を産み、高陽氏は最幸氏の女、宝田婦人を妻にして、

(4)帝告高辛《こくこうしん》氏を産み、帝告高辛氏は伝光氏の女、

良正婦人を妻にして、

(5)帝堯《ぎようとうとう》陶唐氏を産み、陶唐氏は幸永氏の女、順貞婦人を妻にして、

(6)帝舜《しゆん》有虞《うぐ》氏を産み、有虞氏は賀天氏の女、賢婦人を妻にして、州元の須弥蓬莱《すみほうらい》山島の豊阿始原瑞穂の国（古代の日本国名）は、全世界の祖国なるによって、大陸国に付け置き給うとして、大軍をもって度々これまで攻むれども一度も勝たず、大軍皆滅亡《めつぼう》し給うによって、大王有虞《うぐ》氏、大いに怒って本婦をはじめ、婦人七人召し連れ、大舟三百六十船を造り、大軍を従え、東海に押し出し、大いに戦えども、全世界開闢《かいびやく》の祖々神止《とど》まります蓬莱山《ほうらいさん》に、黒雲現れ、神風吹き来たり、大爆風のために、大王並びに婦人等をはじめ、大軍皆大海の藻屑《もくず》と消え、皆亡《ほろ》び給うなり。（日本国王仁仁木尊《ににき》～鵜茅葺不合尊《うかやふきあえず》時代、BC二二五八―二二〇六、中国史年表による）

これまでを中国は開闢《かいびやく》より、三皇五帝と申すなり。この須弥蓬莱山島《すみほうらいさんじま》、豊阿始原瑞穂《とよあしはらみずほ》の国は、全世界開闢の始めの祖々神《そそじん》の止《とど》り座《まし》ます御国なるによって、祖々神方の神罰《しんばつ》なりと、大陸を始め、四方の諸々《もろ》の国人皆恐れ給うなり。

◯神農氏の二男、東州の国王、朝天氏の彦新羅記《ひこしらぎ》王の四男太加《たか》王は眷属《けんぞく》三百余人を従え、祖祖国の蓬莱山島、豊阿始原の瑞穂の国を大領（占領か）し、祖国の大王となり、全世界を皆従え、全世界の大王と成る目的をもって、大日本国に渡り、国王大日留女《おおひるめの》尊《みこと》を計略をもって妻に従え、諸々の万《よろず》国の大王と成ることを計れども、かえって眷属は皆殺しとなり、国王の大日留女尊に従い、兄弟の契約を結び、大日留女尊を姉君と崇め、国皇より太加王を改め、祖佐《そさ》之男命《のおみこと》と諱名を賜り、祖祖《そそ》国蓬莱山《ほうらいさん》島、豊阿始原瑞穂国の守護神となりたると申し伝うなり。（BC二四三二―二三六三頃、『古事記』にいう須佐之男命《すさのおみこと》）

○神農氏の三男、南州国王、
(1)南陽氏は夏陽氏を産み、
(2)夏陽氏は元清氏を産み、
(3)元清氏は南正氏を産み、
(4)南正氏は孝庚氏を産み、
(5)孝庚氏は夏国氏を産み、
(6)夏国氏は大禹《う》氏を産み、
(7)大禹氏は西帝王の女、賢正婦人を妻にし、中国震旦《しんたん》国一帯を、南州より起こり、乱人を皆切《き》り鎮《しず》め、一天下に治め、大陸の大王となり給う。よって、南州より起こるによって、国号を夏国と改め給う。年月の暦を六六の法をもって定める。月の晃《ひかり》初めより、月の晃《ひかり》終るまでを、二度合せて六十日を一《ひと》月と定め、六か月を一年と定め、此れ即ち、一年は三百六十余日なり。

○夏国、王朝時代（この標題は筆者記入）
(1)大禹王、大慶王を産み（BC二二〇五―二一九八）
(2)大慶王、天中氏の女、円光婦人を妻にして、
(3)大康王を産み、大康王は仲礼王の女、佐知婦人を妻にして、仲康王を産み、
(4)仲康王、政仲王の女、美見婦人を妻にして、
(5)帝相王を産み、帝相王は山礼氏の女、澤江婦人を妻にして、少康王を産み、
(6)小康王、仙田王の女、春日婦人を妻にして、
(7)帝杼《じょ》王を産み、帝杼王は田仲氏の女、実永婦人を妻にして、帝槐《かい》王を産み、
(8)帝槐王、原田王の女、津合婦人を妻にして、
(9)帝芒《ぼう》王を産み、帝芒王、藤田王の女、真沖婦人を妻にして、帝泄《せつ》王を産み、
(10)帝泄王、元貞王の女、光陽婦人を妻にして、
(11)帝不降王を産み、不降王、善光氏の女、夏木婦人を妻にして、帝啓《けい》王を産み、
(12)帝啓王、真清王の女、大和婦人を妻にして、
(13)帝僅《きん》王を産み、帝僅王、徐仙氏の女、孝要婦人を妻にして、帝孔甲《こうこう》王を産み、

(14)帝孔甲王、知秋婦人を妻にして、
(15)帝楽《らく》王を産み、帝楽王、道山氏の女、若桜婦人を妻にして、帝発《はっ》王を産み、
(16)帝発王、仲世王の女、正木婦人を妻にして、
(17)帝桀《けつ》王を産み、帝桀王、西正王の女、真心《ましん》婦人を妻にして、天下を治むれども政治衰え、夏国大王以上十七王、五百五十八年にして滅び給う。
(BC一七六六)

真心婦人は若王を懐中にいだき、古里の西州に落ち行き、西州王の兄、成陽王を頼るなり。

○商・並びに殷国王朝時代（標題筆者記入）
成陽王の祖先は、神農氏の四男、清賢氏にして、西永氏の女、美天婦人を妻にして、西州を治める。
(1)清賢氏、天忠氏を産み、
(2)天忠氏、明忠氏の女、春木婦人を妻にして、
(3)円光氏を産み、円光氏、丹山氏の女、花山婦人を妻にして、
(4)時春氏を産み、時春氏、宝山氏を産み、
(5)宝山氏、忠慶氏を産み、忠慶氏、
(6)庚天氏を産み、庚天氏は、
(7)用明氏を産み、用明氏は、
(8)寒山氏を産み、寒山氏は、
(9)秋正氏を産み、秋正氏は、
(10)冬春氏を産み、冬春氏は、
(11)春永氏を産み、春永氏は、
(12)田泉氏を産み、田泉氏は、
(13)阿始氏を産み、阿始氏は、
(14)玄光氏を産み、玄光氏は、
(15)長命氏を産み、長命氏は、
(16)元始氏を産み、元始氏は、
(17)洞泉氏を産み、洞泉氏は、
(18)帝明氏を産み、帝明氏は、
(19)西正王を産み、西正王は、
成陽王（BC一七六六―一七五四）を産み、成陽王、南陽王の女、美徳婦人を妻にして、西州国より起り、

国中の乱を鎮め、一天下に治め、大名、中国震旦国の大王となり、国号を商と改め、また年月の暦を改め給うなり。此れ則《すなわ》ち、月の晃《ひかり》初めより、晃の終るまでを、一月と定め、此れ則ち一月を三十日と定め、一年を十二月と定め給うなり。此れ則ち、一年は三百六十余日なり。

(1)成陽王、大甲王を産み、
(2)大甲王、金天氏の女、安貞婦人を妻にして、
(3)沃丁《ようてい》王を産み、沃丁王、須南氏の女、松江婦人を妻にして、大庚王を産み、
(4)大庚王、長天氏の女、春名婦人を娶《めと》る。此の時、大軍をもって、祖国の蓬莱《ほうらい》山島を攻むれども勝たず、大海の藻屑と消え給うと申すなり。

註　日本国は日向の鵜茅王朝第二十四代、久真佐彦尊時代、即位十三根、西大陸より、敵船数百隻をもって侵攻あり、烈風にて沈没すると『富士文献』にある。BC一六六七頃。

大庚王、春名婦人を妻にして、小庚王を産み、
(5)小庚王、甲元氏の女、花山婦人を妻にして、
(6)雍己《ようき》王を産み、雍己王、応甲氏の女、秋木婦人を妻にして、太戊《たいじゅん》王を産み、
(7)太戊王、山通氏の女、照子婦人を妻にして、
(8)仲丁《ちゅうてい》王を産み、仲丁王、南仲氏の女、渡坂婦人を妻にして、外壬王を産み、
(9)外壬《がいじん》王、天利氏の女、政礼婦人を妻にして、
(10)河亶甲《かだんこう》王を産み、河亶甲王、元中氏の女、東永婦人を妻にして、祖乙王を産み、
(11)祖乙王、甲幸氏の女、真仁婦人を妻にして、
(12)祖辛王を産み、祖辛王、丁天氏の女、久真婦人を妻にして、沃甲王を産み、
(13)沃甲王、祖清氏の女、青木婦人を妻にして、
(14)祖丁王を産み、祖丁王、伴忠氏の女、浪江婦人を妻にして、南庚王を産み、
(15)南庚王、辛仁氏の女、海泉婦人を妻にして、
(16)陽甲王を産み、陽甲王、武仙氏の女、若美婦人

を妻にして、盤庚王を産み、

(17)盤庚王、庚中氏の女、山吹婦人を妻にして、

(18)小辛《しょうしん》王を産み、小辛王と称す。このとき、国号を改め、殷《いん》と称す。

小辛王、富山氏の女、加和江婦人を妻にして、小乙王を産み、

(19)小乙王、蓬太氏の女、晴江婦人を妻にして、

(20)武丁王を産み、武丁王、蓬山氏の女、久羅婦人を妻にして、祖庚王を産み、

(21)祖庚王、祖庚王、瑞泉氏の女、心貞婦人を妻にして、祖甲王を産み、

(22)祖甲王、幸明氏の女、杉山婦人を妻にして、

(23)稟辛《りんしん》王を産み、稟辛王、西天氏の女、湖江婦人を妻にして、庚丁王を産み、

(24)庚丁王、栄甲氏の女、栄永婦人を妻にして、

(25)武乙王を産み、武乙王、祖山氏の女、湖南婦人を妻にして、太丁王を産み、

(26)太丁王、湖南氏の女、島田婦人を妻にして、

(27)帝乙王を産み、帝乙王、甲永氏の女、桜木婦人を妻にして、紂辛《ちゅうしん》王を産み、

(28)紂辛王、周天氏の女、梅花婦人を妻にして、天下を治むれども政治衰え、国中乱れ滅亡し給うなり。

商国、並びに殷国大王以上、二十八王、八百八十四年にして亡び給うなり。日本国は、日向の鵜茅王朝第三十三代、田仲雄男王尊、即位三十六根、殷国紂辛王は、周の武王に亡ぼされ、紂辛王の三男、対馬王、日本に亡命、ときに殷暦、十干、十二支が日本へ渡り、採用されわが国の暦のはじまりと、『富士文献』にある。また、対馬王をして、最初に土着した、朝鮮海峡の付き島の守護司、初世《はせ》太記頭《たきがしら》に任命し、これより同島を、対馬《つしま》といい、日本領土となる。(BC一一二二頃、筆者註)

○周国王朝時代

神農氏の二男、朝天氏は、大東氏の女、東海婦人

を妻にして、東州国を治める。
(1)朝天氏、陽清氏を産み、
(2)陽清氏、天京氏を産み、
(3)天京氏、新羅記《しらき》氏を産み、
(4)新羅記氏、朝正氏を産み、(四男、太加王は日本へ渡り祖佐之男命と改名)
(5)朝正氏、庫金氏を産み、
(6)庫金氏、長元氏を産み、
(7)長元氏、庚丹氏を産み、
(8)庚丹氏、正丁氏を産み、
(9)正丁氏、南陽氏を産み、
(10)南陽氏、木正氏を産み、
(11)木正氏、元孝氏を産み、
(12)元孝氏、十陽氏を産み、
(13)十陽氏、一陽氏を産み、
(14)一陽氏、二陽氏を産み、
(15)二陽氏、三陽氏を産み、
(16)三陽氏、四陽氏を産み、
(17)四陽氏、五陽氏を産み、
(18)五陽氏、六陽氏を産み、
(19)六陽氏、七陽氏を産み、
(20)七陽氏、八陽氏を産み、
(21)八陽氏、九陽氏を産み、
(22)九陽氏、十一陽氏を産み、
(23)十一陽氏、十二陽氏を産み、
(24)十二陽氏、十三陽氏を産み、
(25)十三陽氏、長陽氏を産み、
(26)長陽氏、源陽氏を産み、
(27)源陽氏、平陽氏を産み、
(28)平陽氏、中陽氏を産み、
(29)中陽氏、貞京氏を産み、
(30)貞京氏、半泰氏を産み、
(31)半泰氏、須見氏を産み、
(32)須見氏、善泉氏を産み、
(33)善泉氏、正中氏を産み、
(34)正中氏、太清氏を産み、

⑶⑸太清氏、西仲氏を産み、
⑶⑹西仲氏、金陸氏を産み、
⑶⑺金陸氏、用正氏を産み、
⑶⑻用正氏、春須氏を産み、
⑶⑼春須氏、明泰氏を産み、
⑷⑽明泰氏、金天氏を産み、
⑷⑴金天氏、金中氏を産み、
⑷⑵金中氏、金山氏を産み、
⑷⑶金山氏、金谷氏を産み、
⑷⑷金谷氏、金格氏を産み、
⑷⑸金格氏、金長氏を産み、
⑷⑹金長氏まで、朝天氏より四十六代なり。

金長氏、元古氏の女、王貞婦人を妻にして、男子二人産み、文王、勝王と言うなり。これを西州王、東州王と申すなり。

西州王の文王は、国中を切り鎮め、四方の国を治めるにより、国号を周国と改め、大王と成るなり。

文王は、福始氏の女、陽命婦人を妻にして、
⑴武王を産み、武王の次に
⑵成王を産み、成王の次に
⑶庚王を産み、庚王の次に
⑷昭王を産み、昭王の次に
⑸穆《ぼく》王を産み、穆王、
⑹共王を産み、共王、
⑺懿《い》王を産み、懿王、
⑻孝王を産み、孝王、
⑼夷王を産み、夷王、
⑽厲《れい》王を産み、厲王、
⑾後共王を産み、後共王、
⑿宣王を産み、宣王、
⒀幽《ゆう》王を産み、幽王、東州国王、朝鮮王の女、菊花婦人を妻にして、天下を治むれども、国中乱れて衰退におわる。

東州国王、朝天氏より四十六代の孫、金長氏の二男、勝王氏、

(1)忠王氏を産み、忠王氏
(2)慶王氏を産み、慶王氏
(3)正王氏を産み、正王氏
(4)山界氏を産み、山界氏
(5)長王氏を産み、長王氏
(6)甲王氏を産み、甲王氏
(7)庚王氏を産み、庚王氏
(8)明王氏を産み、明王氏
(9)元王氏を産み、元王氏
(10)幸王氏を産み、幸王氏
(11)栄王氏を産み、栄王氏
(12)朝鮮氏を産み、

【朝鮮国独立】

朝鮮氏、宣王の女、柏木婦人を妻にして、七女三男を産み、長男を平王氏と言う。二男を韓王氏と言う。三男を元王氏と言い、三子皆知仁勇の三徳備わりし賢人なり。

わけても二男の韓王氏は、古今希なる知識人にして、国中に下知《げち》を伝え、計略をもって国中を切り鎮め、一天下に治め給う。よって、国号を東周国と改め、兄の平王を大王と致し給うなり。兄平王より、国中を切り鎮め、再度一天下に治め給う大功によって、韓王に東州一円を賜わり、東州国の国王と致し、独立国に免じ賜い、大国名を朝鮮国と名付け、国号を韓国と定め給也。(BC七七〇、朝鮮半島の独立)

東周国大王、平王の副王に韓王は任命される。三男の元王は、北州国王、寒山氏の女、古寒婦人を妻にして、養子となり、北周国一帯を独立する(今日の東北地区、満州一帯か)。

韓王は、幽王の女、実貞婦人を妻にして、三男子を産み、王子の名を、高麗《こうらい》、百済《くだら》、新羅《しらぎ》と名付け、韓国を三分に割って右三男子に譲り賜わるなり。よって、これを三韓国と申すなり。

この三男子の婦人は、皆平王の女なり。

(1)平王、山東王の女、湖静婦人を妻にして、桓《かん》王を産み、

(2)桓王、荘王を産み、
(3)荘王、僖《き》王を産み、
(4)僖王、恵王を産み、
(5)恵王、襄《じょう》王を産み、
(6)襄王、項王を産み、
(7)項王、祖国の蓬莱山島を、大軍を阿津目《あつめ》、軍船を阿真太《あまた》造り、侵攻したが勝たず、引き帰るなり。(BC六一八―六一三頃)
(8)匡王、定王を産み、項王、匡《きょう》王を産み、
(9)定王、簡王を産み、
(10)簡王、霊王を産み、
(11)霊王、景王を産み、
(12)景王、敬王を産み、
(13)敬王、元王を産み、
(14)元王、貞定王を産み、
(15)貞定王、考王を産み、
(16)考王、威烈王を産み、
(17)威烈王、安王を産み、これ則ち、此の威烈王を始め、父考王、長子安王の三代七十五年、大軍を集め、軍船数多《あまた》追々造り、祖国蓬莱山島、豊阿始原の瑞穂の国を攻め取り、全世界の大王と成る目的を以て、大金を集め、大いに入費を使い、追々大軍勢を送り、押し寄せ戦い盛のところ、諸々の祖々神あまた集り止《とど》り座《まし》ます蓬莱山に黒雲現われ、忽ち神風おこり、暴風吹き来たり、あまたの軍船皆破れ崩《くず》れ、粉みじんとなり、諸々の大軍勢皆沈み、大海の藻屑と消え失せ給う(威烈王の在位BC四二五―四〇二)。

註
これは中国の周王朝時代に日本国に侵攻した記事であるが、『古事記』『日本書紀』では、長髄彦《ながすね》の反乱軍と、日向の鵜茅王朝時代の神武天皇の官軍が戦ったという程度でその他は不明である。ところが『富士文献』には、神代記一つ取り上げても、このときの天下分けめの戦いが詳細に記されてい

東周第六代、襄王二十五年、晋国の永大王は、秦仲子の師、恵元氏を殺害するによって、秦仲子は、晋の永太王を討ち殺し、独立となる。これは同襄王二十八年なり。

この秦仲子は、中山州湖北に生まれ、晋王に仕え居たる人にして、往古、西州を司りたる、西方氏の遠孫なりと申すなり。

(1)秦仲子、幸仙を産み、
(2)幸仙、天元を産み、
(3)天元、伴栄を産み、
(4)伴栄、敬須を産み、
(5)敬須、泰敬を産み、
(6)泰敬、強泰を産み、
(7)強泰、

范睢《はんよう》の女、鏡美婦人を妻にして、白起と改め、同五十五年、趙《ちょう》を討ち、降人四十万人なり。これより秦は盛大となり、同五十七年、また趙を討ち、大いに勝ち、東周の後恵王元年、秦は益々奮《ふる》い、同七

る。裏付け文書として、長髄彦の残党が東北の津軽に逃亡し、後世まで大和朝廷に反旗を翻し、服従しなかったことを伝える『東日流外三郡誌《つがる》』がある。神武天皇即位は、中国史の年表より、BC四二〇辛酉《しんゆう》の時と推定、日本史では、神武天皇の即位はBC六六〇としている。中国史と比較して二百四十年異なることが推定される。

(18)安《あん》王、烈《れつ》王を産み、
(19)烈王、顯《けん》王を産み、
(20)顯王、慎静《しんせい》王を産み、
(21)慎静王、赧《たん》王を産み、
(22)赧王、後恵王を産み、
(23)後恵王（BC二四九亡ぶ）

東周二十三王、後恵王まで、千二百三十一年にして、周国は滅亡する。

○秦の諸公

年秦は東周を亡す。よって呂不韋《ろふい》を宰相《さいしょう》とする。同楚《そ》・魯《ろ》滅亡する。亡後十九年、韓《かん》を亡《ほろ》ぼし、同二十一年趙《ちょう》を亡ぼし、同二十四年魏《ぎ》を亡ぼし、同二十六年燕《えん》を亡ぼし、また同年代《だい》を亡ぼし、明年、白起大政は御位につき、名を改め、秦始皇帝と申し暦を秦元年と改め給うなり。

同年斉《せい》を亡ぼし、四方の国を皆討ち亡ぼしたと言えども、北州は頑固に服従せずに終る。

同二年、李斯《りし》は小篆《しょうてん》を作る。

同三年、秦始皇帝は眷属を従えて、東州を巡見した。ときに朝嶧山に登り、東海に蓬莱山島を見付け、遙拝致し、不二山と申して、始皇帝は、眷属を従え皇城に帰り給うなり。

※　※

以上をもって「震旦《しんたん》国皇代暦記」の本文は終っている。別紙に「震旦《しんたん》国国法略記」等があるが省略し、「徐福子系歴」の中に、前文に関連した記事があるので、補足として次に記載する。

（前略）蓬莱山島を見付け、遙拝致し、皇城に帰り給うなり。よって、これ吉幸なりと、徐福は申して曰《いわ》く、東海の蓬莱山島は全世界の大元祖国にして、大元祖々神の止《とど》まります御国にして、此の蓬莱山島には、長生不死の良薬があり、この良薬を用い給えば、千万歳の寿命を保つ良薬がご座います。この良薬を求めて来るには、大舟八拾五船を造り、老若男女五百余人に、金銀、五穀、塩味噌を澤山八十五船に積み、五年かかって求め帰れるか、またはもっと長く、二十年、三十年かかっても、屹度《きっと》求めて来ますと、始皇帝を詐欺《さぎ》偽《いつわ》り、大金を掛け、大舟八十五船を造り、砂金、正金銀、衣類、穀物類、塩・味噌等を沢山積み、老若男女の技術者、五百余人を従え、蓬莱山またの名、不二山を目標に、東海の日の本の国に渡り、不二山を見失い、途方に暮れ、舟より陸に上り居ること三年、止まり居たる山を紀伊国と申し、それより不二山を見付け、住留家《するが》浜の宇

記島《きじま》原、またの名、吉原に上陸し、不二山中央天原、家基都駅に止まり給う。（以下省略）
孝霊天皇七十六年十月十日、為二後世之一
秦国人徐之徐福　謹記置也。

安元二丙申年（一一七六）八月仲
寒川神社宝物之内宝蔵より借受写置書也。
山宮二所明神大社　大宮司
宮下源太夫義仁　謹記（花押）

註

一、原文はすべて漢字であるが、文意に支障のない文字は平仮名にし、宛字は当用漢字に置き換え、句読点を付し、読みやすくした。また、王名、人名などの系譜については適宜改行を施し、括弧付きなどの数字を加えて、歴代数を表示し、平易に理解できるよう配慮した。

二、『富士文献』には、わが国の創始時代およそBC二六〇〇頃からの記事があり、今後の史学界諸賢の検討を期待したい。その前提として、徐福の実在と、その記録を知ることが必要であり、古代中国、震旦国時代の本稿を載せることにした。

三、本文中、古代中国の周王朝の威烈王が（BC四二五—四〇二）わが国に侵攻した記事はとくに注目され、本邦では鵜茅《うかや》王朝第五十一代弥真都男《やまとお》王尊より神武天皇の時代にあたり、紀元の判定に役立つ重要資料なので、注釈を施した。

徐福日本渡来に関する中国側の論文

徐福——日本古代文明の開拓者

李歩青（煙台市文管会）
唐禄庭（龍口市博物館）

徐福、またの名、徐市《じょし》、字は君房、琅邪《ろうや》人（今、江蘇省贛楡《かんゆ》県徐福村人、参照、徐福学術研究）秦代の方士である。戦国末期から秦始皇帝時代にわたり、大いに活躍して、日本で死んだ。

彼は博学多才の者で、文学に通ずる才能にすぐれ、神仙方術《しんせんほうじゅつ》、医薬学、煉丹《れんたん》（化学）気功《きこう》学、観相《かんそう》、天文、気象、航海等の技術的科学者、社会学者、ならびに心理学者であった。彼は機を見て変ずることがたくみで、秦始皇帝の暴虐《ぼうぎゃく》統治下、よくその保身を果たした。彼の仲間四六七人は、秦始皇によって、坑殺《こうさつ》されている。一方、彼は、大勢の青年男女と財貨、さらに、五穀、百工を引きつれて、遠くに走った。その熟練した航海術と地理の知識において、大船隊を引きつれて、島国日本に航行して、その地に定住した。斉《せい》国の先進、農工、科学技術、ならびに神道思想を日本に伝えて、そこに止まった。今日我ら徐福を研究する。

彼により、日本の文明が大きな影響を受けたことのみでなく、戦国、秦《しん》、西漢の沿海文明と中日友好の淵源《えんげん》とを知ることは、大きな意義がある。

徐福の活動地域

徐福は戦国末期の人で、彼の学術は、やはり、斉《せい》国《こく》領域の学問の影響を受けて、成長していった。当時は、百家争鳴で諸学派が盛んに興っていた。この中に神仙家と方士《ほうし》の名前が見えるが、実際には、それは、海上を研究する神道方術の学問である。それは、沿海で生れ、そこで活動したから、海上神道学派と云うべきであろう（徐福は斉国の道家方士、廷生氏考、BC二五五年まれる）。

徐福の名前があらわれるのは、琅邪《ろうや》である。秦始皇二八年、東巡して、之罘《しふう》および成山《せいざん》を経て、琅邪に到着したようだ。ここで三か月間遊んだ。この時、斉人《せいじん》徐市《じょし》らが上申し、海中に山神山あり、と言う。たくさんの人が上申したが、唯一人徐福の意見が受理された。彼が、方士の中でも著明な権威者であったことを知ることができる。

そこで、秦始皇は、徐市を童男女数千人と共に派遣して、海に出て仙人を求めさせた。これが彼の第一次出海である。

当時、琅邪はおおかたの神仙学説の研究基地の一つであった。徐福の郷里からも遠くない、この地方、連雲港《れんうんこう》一帯と琅邪《ろうや》は、海上神仙家らが、常日頃活動していた地方であった。この外、膠東《しゃんとん》黄県北海岸に一つの古城址があり、徐郷城と呼ばれ、士郷城と称している。欽の注によれば、「徐福この地にて仙を求めたことにより、この名あり」と言う。この地方には、古い海神の遺跡があり、村名は、海廟《かいびょう》徐家である。しかも、西周、戦国、秦および漢の遺跡がある。

黄《こう》県に姓が徐なる者があるが、これは徐福の後代のものと関係があるという。このことは、「斉乗《せいじょう》」に記載のことを受けていると考えられ、欽《くいん》と秦《しん》では、遠く離れているが、史料価値がある。

このとき、徐福は、ここに居住して、仙を求めたが、これはたしかなことである。秦始皇は、東巡して、黄睡《こうすい》をすぎて、成山をたずね之罘《しふう》に登ったが、主体は、仙を求めて、不死の薬を得て帰るためのものであった。彼はこの地方では、徐福と会っておらず、琅邪に至って、はじめて会っている。これは、徐福が琅邪にいたことを証明している。山東《しゃんとん》半島沿岸一帯は、古代海神の遺跡の数が多く、さらに広がって、南は海州湾、北は渤海《ほっかい》湾にまで至っている。

蓬萊《ほうらい》、方丈《ほうじょう》、及び、瀛洲《えいしゅう》の三神山は、皆紅海から渤海中にあると思っていた。この種の伝説は蜃気《しんき》楼《ろう》をもとに生まれ、蓬萊（秦は黄地とする）に最も多く出現する。この大自然が構成する幻影は、古人は信じて、実体のあるものとし、海中には確かに仙人が居住すると考えた。これが海上神仙説のもとである。これに多くの人の目が向けられ、追求が行われた。これから、この道の研究家があらわれた。この専門家は単なる士であるが、彼等は、これを系統整理して、方士の学を形成した。このように、一般群衆のみならず、秦皇および漢武に至るまで、これが真実だと、皆信じた。

秦始皇三次の山東《しゃんとん》地方の巡行では、海岸をくまなく歩き、また、秦徳をたたえ、威風を顕彰《けんしょう》するために石に刻した。これはさらに、長生不死の薬を求めるためのものである。斉国地は海岸にあり、漁塩の利、経済の発達、および文化の高度化などで、斉都臨淄では、いろいろな生産が行われて、当時著名な方士徐福のために、沿海に特別区をつくり、彼は常に、これに通った。彼は、海産物の栄養作用を悉知《しっち》して、解散品医薬学を発展させた。また、海岸の地勢を理解して、航海技術を深めた。これによって、海に入り、神山の不死の薬を手に入れて、秦始皇の信任を得ようとした。この後に、この学派を継承した者に、李《り》小君《しょうくん》、少翁《しょうおう》、恋大了《れんたいりょう》がある。いずれも徐福には及ばなかった。

神仙、方士学の起源と発展

方士の名がはじめて「周礼、秋宮、方士」に見える。この方士は官名で、王の子弟、公卿および大夫、を宮司より、管理する者である。この方士は、秦漢の方士とは別のものである。秦漢の方士は、海上神仙の術を研究することが多く、このため、斉および燕《えん》の沿海一帯に流行して、早くから三神山の伝説が渤海中にあった。方士の起源は、神に対する崇拝であり、その際に人間は、化学と地理では、自然界に発生する一切を解することができないとした。万物はすべて一つの神によって、司《つかさ》どられるものと考えた。古代文明にあっては、エジプト、ギリシヤも、皆、このようなものであった。

最初の崇敬の神は天である。すなわち太陽神を説明して、天神とは、万物を引き出したるものと言っている。『易・系辞』では、日月は推量できない神と説いている。『管子』に言う順民の経は、鬼神を明らかにすることにあり、山川を祀《まつ》る。社会の発展につれて、神々は多くなってゆき、日、月、星辰《せいしん》、風、雨、山川《さんせん》河海、樹木、動物、祖先および有徳の人々などとなる。中国五、六千年の長い歴史の中で神は、社会生活の中にあり、今日でも、なお、全部なくなってはいない。

考古資料より見ると、わが国五千年以前に、すでに、祭祀を専門とする神域が出現している。この遺跡は、遼寧《りょうねい》省南部 凌源《りょうげん》および建平《けんぺい》二県の境界の牛梁河《ぎゅうりょうか》（古くは燕《えん》国に属す）で発見された。神域遺跡の断崖と残壁の間には、泥塑《でいそ》人像、動物および陶制祭品などが堆積している。このあたりは、一村全域が神域という大型神域であることから供奉するものは、一群の女神と動物の神である。この遺跡は、紅山《こうざん》文化後期に属し、測定した年代は、今より約五千年前のものである。江蘇省の北部、連雲港市に、太陽神および祖神を祭った崖《がけ》に刻した画像がある。年代は、夏時代のものと定められている。筆者の見るところ、年代は、もっと古いものではないか、岩壁上に散乱しているものに、日、月、星の符号と人形人面がある。これらは、水昌、石英などの硬質石材で磨いて作っている。小山の頂上に巨石が二つに割れたものがある。年月を経て、傾いている。付近には、典型的な細石器文化、巨石器文化および新石器文化遺跡が見られる。

海州湾から渤海湾に至り、日、月、祖先の神の起源が、きわめて、早くからあったことは、実物が証明している。このように、わが国の神の崇拝と神話の起源を、蓬莱（沿海）系統より早い昆侖《こんろん》系統とするのは誤りであり、これに反するものである。

『山海経』「海外東経」の中に、朝陽の穀神は天昊《てんこう》および陽穀《とうこく》、十日とある。この伝説は、子虚烏有《しきょうゆう》ではなく、考古学により、将来逐次、明らかになるであろう。連雲港市号一の漢代の道に、仏《ぶつ》と合せた画像神が崖《がけ》石に刻まれている。神に対する沿海における崇拝が、古くから行われていたことを示している。『史記』「封禅書」の中で、司馬遷《しばせん》の八神について、触《ふ》れている。すなわち、始皇、遂に、海上に東遊して、名山、大川、および八神を祭り、仙人を羨門《せんもん》の族に求む。八神は、古くからあって、これは、太公以来、これが作られたという。

この種の神に対する崇拝は、陰陽学の学説から生まれたもので、その後、発展したものである。騶衍《かんやん》は、陰陽学者で斉人《せいじん》である。陰陽と大九州の学説を創造した。彼の理論による推想では、彼は、海外に行くことを好み、海外に陸地のあることを知っており、陸地の先は、また海となると説いた。彼は「大九州」学説を提出したが、これは世界認識の一大進歩である。

斉国の神を崇拝する風俗は、古く、また、多く、戦国に至って、斉《せい》の威《い》王は、宣《せん》王の時、海上神仙の説がさらに盛んになり、当時、宗母忌《そうぼき》、正伯僑《せいはくきょう》、告尚《こくしょう》、羨門《せんもん》、子高《しかう》など著名人がおり、ほとんどが方仙道術（仙人をたずねて、術を学ぶ）のことを研究し、船に乗って渤海《ぼっかい》に行き、仙薬を求めた。庄子は道学派で（但し、東漢以後の道教とは異る）『庄子逍遙』に、至人《しじん》は己《おのれ》なく、神人は功なし、藐姑《やこ》射山《やさん》神人ありて居す、と記している。道家は、黄老《こうろう》の学を治め、伝説の黄帝は、医学の発明者であるとしていた。現在の『内径』は、黄帝の名を借りている。黄老の学者は、ほとんどが医薬の学問を修めていたことを知ることができる。黄老の術については、郭沫若《かくまつじゃく》は、『十批判書』の中で、実際は、斉でめばえ、そだち、そして昌盛《しょうせい》したものと言っている。

子細な研究を行って、以下のような結論を得た。すなわち、黄老医薬の術は斉国では、その起源が、きわめて早く、かつ、かなり発展していたことである。また、間接的ではあるが、方仙道家、すなわち方士は、単に海上の神仙の術を研究するのみならず、医薬物学家であったことである。

人体、疾病《しっぺい》に対する、海産物の生死の作用について、方士らは、長期にわたり研究を重ねて、海上に出れば長生不死の薬が得られるという妄想《もうそう》にとりつかれた。長生不死の薬は、当時の人にとっては熱望するものである。

神仙と道学を源とする方士の学は、神仙道学の発展により、医学、薬学、煉丹《れんたん》（化学）忌引《きいん》（気功）針灸《しんきゅう》などの科学的発展につながった。さらに、航海学、海洋学および造船技術方面において、推進作用を行うことになる。

古代日本文明に対する徐福の影響

徐福以前において、大陸の沿海人が日本に到着した話はほとんどなく、あっても少人数で、また、偶発的《ぐうはってき》なもののようだ。渡ったまま、帰らないから、当然、当地の土着民族に帰化したことになる。

大規模で計画的であり、先進技術を帯《おび》て日本に渡り、大人数で永久定住したのは、数千の童男童女を率《ひき》いた徐福が第一人者である。これは大量の移民であり、彼は各種の科学技術をもって日本に進出した。彼等は、日本民族の資質、ならびに文明の発展、および生産に対して、大きな影響をおよぼした。徐福は、十年間に三回、大勢の人を引きつれて日本に渡った。少なく見ても、三千人の童男女が渡ったとして、千五百家である。この千五百戸は、今を去る二千二百年前のことである。この戸数がその後、どのような数字になったかは別として、今日、日本人の中に居る。その比率は相当数にのぼるはずである。その比率を調べるのは、日本古部族学、および民俗学の研究問題であるから、ここではふれない。

徐福は海岸の人で、たしかな遠洋航海の知識をもっていた。彼は早くから、日本諸島を知ることができたはずである。彼は、その地に一人行ったのではなく、童男女、五穀、百工を必要としている。その理由は、海外に長期居住することを計算したからである。しかも童男女は、すべて、徐福が徴発した人々であり、風俗、言語はみな同じ人々で、ほとんど琅《ろう》邪《や》人である。今日に至っても、膠東還留《しゃんとんかんりゅう》には、福山、福来山、召市山、徐山、徐郷、士郷、望児石などがあり、徐福の伝説と遺跡とに関連している。一方、日本には、数多くの徐福伝説と遺跡がある。これは、日本における徐福の影響が偶発的なものではない証拠である。

徐福がどこから出航したかは、確定することが難《むず》かしい。しかし、徐福村付近から出土した、戦国、秦、漢時代の遺物の中に、いくつもの大石で作られた碇《いかり》がある。長形と三角形の自然石である。これらは、中間に、人工孔《じんこうこう》があり、これは、ともえ縄にかかわるもので、漢以後のものではない。まさに、秦およびそれ以前の碇《いかり》にあるものである。この種のもの実物を見、これと、この地理環境および、その他の文物とを合せ考えると、徐福村付近は、古代には大港口《だいこうこう》であったと思う。

徐福はまず、この里より起航して、その後、沿岸を北上し、山東半島の最東端に至り、西南風を利用して、簡単に朝鮮南部に到着し、再び、朝鮮半島沿いに東航する。ここで、対馬島《つしまとう》を望み、ついで対馬島に至って、日本九州西部の山脈を望むことになる。この航路が隋《ずい》、唐《とう》時代以後、最も安全な航路の一つであった。当時、漁民らは、すでに季節風の知識をもっており、日本へのこの航路は、決して不可能なことではない。

徐福が日本にたずさえた文化は、多方面であり、単に物質文化のみならず、精神文明もある。『史記』「淮南衡山《わいなんこうざん》列伝」の記載に、男女三千人、五穀の種および百工を派遣して、行かしめる。徐福、平原広《こう》沢《たく》を得て、王として止まりて帰らず、とある。五穀とは、各種食料品のことであり、また百工とは、各種手工業を含むものである。考古資料から見ると、日本の原始農業および手工業は、ほとんど中国の影響を受けている。日本の古代の服装は、戦国から秦代の陶太俑《とうたいよう》に類似している。日本弥生時代、前中期の出土品の銅鏃《やじり》、剣、鏡などの銅器、さらに壷《つぼ》、器《き》（日本では三宝という器である）などに至るまで、これらは山東半島で発見できる。但し、その形は、膠《しゃんとん》東半島（山東半島）出土品のうちで、西周、春秋時代の銅鐸《どうたく》、鐘《しょう》などに近い。

このことにより、日本の銅鐸文化は、この基礎の上にでき上り、装飾様式のうえで、日本は、やや改良を加えたと看《み》るべきである（参照、『東アジアと日本』研究発表参考図録、日本考古学協会、一九八五年）。

日本の富士山下の秦字《しんじ》金印は、徐福が遺留《いりゅう》したものである可能性が、きわめて大である。日本の本当の造船は、徐福時代より始まる。徐福がもたらした五穀の種と先進的な生産工具技術は、日本社会に、農耕経済および農業の発展をもたらし、階級的生彦を行わせるようになる。これにより日本は、徐福文化、東渡の以後、すなわち、縄文時代末期及び弥生文化初期に、階級社会に入り始めた。

思想方面では、日本最初の哲学は、神道学である。神仙ならびに道学は、日本で最も古い思想体系（『日本哲学思想史』永田広志、一九七八）で、儒教および仏教は、これ以後伝来したものである。その他医学、薬学、占易学《せんい》、煉丹学、古詩、歌、楽器、舞踏《ぶとう》などが、一度に渡来した。徐福文化の東渡は、日本社会の変革の重大原因となった。これは歴史的事実である。

縄文・弥生時代の日中交流の船と航海

東海大学海洋学部教授
茂在寅男

縄文晩期（BC一〇〇〇―BC二〇〇）に日中間の海上交通が可能であったかどうかは、これまでの常識では全く疑問視され、まして「五穀・百工のほか童男童女三千人」の航海など伝説に過ぎないと葬り去られていた。この一般常識に反して、その可能性を考えたい。第一に文献の記述や古墳の壁画などを見直して、古代船を追求したい。次に、一九八六年、弥生時代中期後半の航洋船と思われる線刻画の発見があったので、これを考察する。第三に徐福時代の航海を展望する。

I　古代の舟について

1　古文献における航海船

中国の古文献について、航海船に関する記述を求めても、春秋時代（BC七七〇―BC四〇三）以前にあいまいな点が多く信頼性が低いが、『左伝』（春秋左氏伝）には、僖公十二年の頃に「秦ここにおいて粟を晋に輸す」として、これを「汎舟の役」と呼んでいる。そのころすでに大規模な舟運の行われていたことが記されている。また春秋時代末、呉越の戦いについて「水軍によりて海より攻む」とある。さらに戦国時代（BC四〇三―BC二二一）に張偽が楚王に曰く、「秦の西に大船あり、粟を積んで楚に至る三千里、一航に五十人と三ヵ月の食を載す、一日行くこと三百余里」と、船の積載量や航程距離まで示して、大型船が実用されていたことが記録されている。

これらによって秦の始皇帝時代（在位BC二二一―BC二一〇）にはすでに、五十人を乗せ三ヵ月分の食糧も積み得る船が存在していたことが知られる。日本では、この時代の文献がない。

2　古代壁画の船

田代太田、珍敷塚、弁慶ヶ穴、五所山、竹原など九州の古墳には多くの船の壁画が見られる。ここで論じている時代よりくだるけれども、古代日本の船を知るうえで、貴重な資料である。

これら古代壁画が描く船は、相当数が二隻の舟を横に並べて結びつけた双胴船である。五郎山古墳前室左奥壁の船の絵、太田古墳中室右側壁の船の絵、弁慶ヶ穴古墳前室右側壁の船の絵など、すべてこれである。しかも、それらの各船体はゴンドラ型で、船首と船尾が高く反り上がった形をしている。これは装飾と考えられがちであるが、実は、航洋船が高波につまづかないための方法なのである（平水上で使うカヌーのような場合は、船首も船尾も平らでよい）。その点で、これらは航洋船であることがわかる。

双胴船は横揺れに強く、積載量も大きい。牛馬も積める。弁慶ヶ穴古墳前室右側の壁画は牛馬を積んだ船の絵である。竹原古墳にも船の上に馬の絵が描かれているが、これなどはこれまで宗教的な意味にしか解釈されていなかったが、双胴船による船の安全と積載量の増大をはかった古代の知恵を見直す必要があるのではないだろうか。古代の船に関係ある祭事、美保神社の青柴垣の神事でも、鹿島香取のお船祭りでも双胴船で行われることに注目すべきであろう。

3　考古学的発掘物としての古代船

福州の北東百五十キロ、連江県の浦江という小さな港で一九七五年、古船が発掘された。C14の測定によれば、今から二千百七十年（プラスマイナス九十五年）前のものであることがわかった。船の材質は樟《くす》で、根の部分を含む大木をくり抜いて、三分の一の部分を残して造った丸木舟である。いわゆる日本史に出てくる楠舟なのである。もっとも日本では樟も楠も同一視しているが、中国では同属ではあるが区別している別の木である。この船は軟質部が溶けてしまっているが、硬質部がよく残っており貴重な資料となっている。

工作には金属工具が使われたと判断されるが、隔壁のあとは見当らない。船首が細く船尾が大きくなっているが、その両先端はわずかにそり上がっているだけで、水止めの垂直板、すなわち戸立《とだて》があったかどうかはわからない。船の中央線上で中央若干後部船底部に突起を掘り残してある。四十八×六十センチの長方形で、マストの台座であったろうと考えられる。船体の長さは七・一メートル、船首部の幅が一・二一メートル、船尾部の幅が一・六メートルである。船尾に近い舷側が最も高く残っており、最高〇・八三メートルである。船の長さ七メートルというのは現在商船学校などで訓練に使われているカッターと大体同じである。中国では前漢時代にこれだけの丸木船があったのである。この出土船は福州の福建省博物館に展示されている。

4 その他

ジョセフ・ニーダムは『中国の科学と文明』第十一巻「航海技術」で、特に『徐福の航海と船』について、大型帆走筏《いかだ》が利用された可能性を述べている。筏は現在も台湾で竹筏として使われている。しかし、ここでは船種と型式とは特定せずとも「航海成功の可能性ある大船」を造り得たかどうかに論点がある。その「可能性」は大いにあると強調したい。

Ⅱ 弥生土器に描かれた船

一九八六年、奈良県天理市庵治《おうじ》町の清水風遺跡から弥生時代中期後半の絵画土器片約三十点が橿原考古学研究所によって発掘された。同作業に従事された方々のご業績に敬意を表しつつ、私なりに考察させていただくならば、これは船の歴史を研究するうえで極めて貴重な資料と考えられる。徐福東渡のわずか後、弥生時代に船の長さ二十メートルに及ぶ大型航洋船が日本にも存在したという可能性が強くなったからである。

1　この船絵から言えること

(1)この船はゴンドラ型（船首尾がそり上っている型）であり、外洋航海に耐える船として造られたものと考えられる。

船首はこの絵では左方と考えるべきで、船首を高くするのは飾りの意味もあるが、基本的には波につまずかないためで、耐航性を高めるのがためである。ゴンドラ型は銅鐸や古墳壁画に数多く見られる。

(2)櫂《かい》は全部で三十六本で、漕ぐための櫂が左右十七本ずつ、舵《かじ》をとるための櫂が船尾に左右舷《げん》一本ずつ、二本ある。船尾の二本だけは櫂の水かき部が特に大きく描かれていることで、舵櫂《かじかい》であることがわかる。

(3)船体胴部が梯子《はしご》のように描かれていることは、単純な丸木舟ではなく、丸木舟の上部に波よけの外板が取りつけられ、漕手座を兼ねた梁《はり》、すなわち腰掛梁が絵では十九本描かれていて、横強力を保っていることから、準構造線と考えられる。

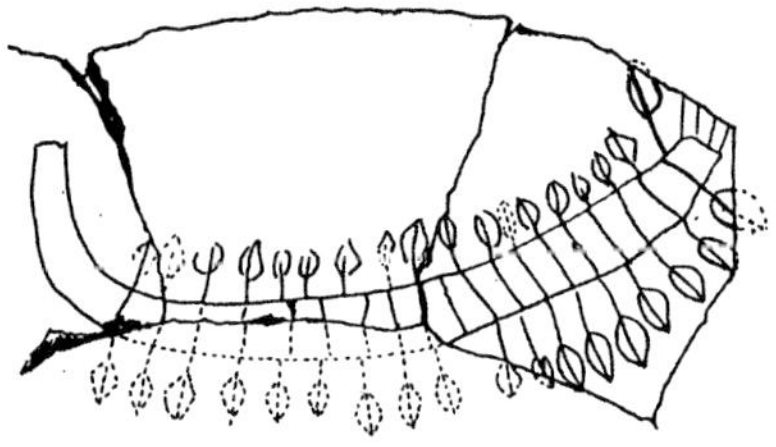

（上）清水風遺跡出土の船絵に基づく復元想像図
（下）清水風遺跡出土の土器推定復元図

丸木舟の上端に外板を取りつける方法は、木釘《くぎ》などは使わず、両側に穴をうがち、それに植物繊維《せんい》の縄を通して両側をしばりつける方法が、オセアニア各地でとられていたが、日本でも似た方法がとられたと考えられる。

(4)漕ぎ手座ごとに櫂が両舷に描かれていることで、カッターのように両舷に漕ぎ手が並んで漕いだことがわかる。漕ぎ手は全部で三十四人、舵取りが二人と数えられる。ほかに船長が一人いたのであろう。土器の欠除部分は両舷同じとして考えるべきであろう。

(5)前後のほぼ中央、すなわち船尾の方から数えて十本目の漕ぎ手座にだけは櫂《かい》がついていない。このことから、ここには帆柱が立てられたと考えられる。帆柱には何らかの形のムシロ帆、あるいは類似の網代帆《あみしろほ》のような原始的な帆が掛けられたと考えられる。珍敷塚《ちんしきづか》古墳壁の船にも帆と思われるものが描かれているし、船塚古墳にも同様のものが見られる。

(6)櫂の形は桜葉のような形で、オセアニア各地で使用された櫂の形からすれば、ハワイで用いられた古代の櫂と最もよく似ている。

2　船の大きさについて

船の大きさを決定づける要素は、三十六本の櫂が描かれていることで、それがどの程度の船でなければならないかを実感をもって理解するために、その復元図を描いてみた。

復元図は、帆が想像であるほかは、船体や漕ぎ手の配置などは土器に描かれているままを、極めて忠実に復元したものであって、何らの誇張もない。船の大きさについては、文献では『日本書紀』に三十メートルの船が記されている。『常陸風土記』には四十五メートルの船のことが記されている。しかし、それらの記事を裏付けするものはない。このため、『日本書紀』にある十丈（三十メートル）も『常陸風土記』にある十五丈（四十五メートル）も、当時の寸法で「丈」の長さが現在より短かかったという説をとなえる者が多い。この種の論者には「三十メートル、四十五メートルもの大型船が古代に造られたはずがない」という先入観がある。それに束縛された考えから推論しているだけであって、学問的な考え方とはいえない。これと同じ例がエジプトにあった。

ハトシェプスト女王の墓に彫刻された航洋船の長さが二十一・五メートルと推定されたが、一部の学者が「BC十六世紀にそんな大型航洋船が造れる道理がない。これはハトシェプスト女王の業績を誇示したものである」と主張し、それが定説とされつつあった。ところが一九五四年に、クフ王のピラミッド周辺で、地下洞窟に大型の船が埋められているのが発見された。その船の長さは実に四十五メートルもあり、BC二十六世紀のものであることが証明された。この船は現在「太陽の舟」として展示されている。

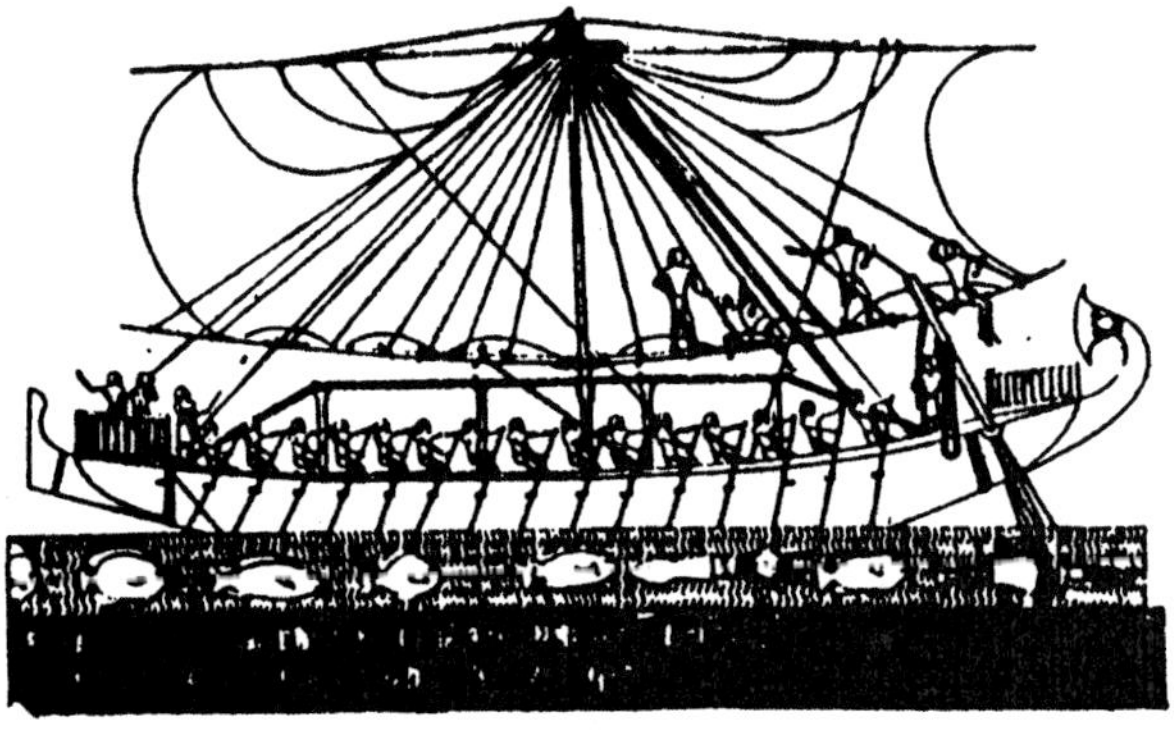

エジプトのハトシェプスト船

日本における三十メートルの船、四十五メートルの船の記述が、いつ発掘土器の絵とか壁画などによって証明されるか、これは非常に関心が持たれる話である。その点で清水風遺跡の船絵発見は大型船証明への第一歩であるといえよう。

それでは、この船の実物の大きさはどの程度であったか、ハトシェプスト女王の船が片舷十五人の漕ぎ手で、船の長さ二十一・五メートルと推定されている。これを基準に片舷十七人の清水風船の長さを計算すれば、二十四・四メートルになる。

また、ギリシヤのガレー船は片舷の櫂の数が二十五本あり、船の長さは約三十七メートルとされている。これを基準として片舷十七本の櫂を持つ清水風船の長さを算定すれば二十五・二メートルという値が出る。したがって、清水風船はだいたい長さ二十五メートルくらいとみていいであろう。

3　その他の問題

(1)土器に描かれている梯子《はしご》状の数多くの線は、準構造船の腰掛け梁と解釈される。

(2)今までに発掘された丸木舟のうち、古墳時代以前のものの中で大型のものを挙げれば、難波《なには》のいたち川出土のものは十一・六×一・二メートル、今福鯰《なまず》江《え》川出土の十三・四六×一・八九メートル、大阪市大今里本町出土の十・二〇×一・一二メートルなどあるが、長さ十五メートルを越えるものは見つかっていない。

(3)弥生時代の船として発掘されたものの中にはゴンドラ型の船は見当たらず、現在までのところ、左図のように分類される。しかし、銅鐸や古墳壁画などには非常に多くのゴンドラ型船が描かれている。その多くがゴンドラ型船双胴船であることは前述のとおりである。清水風船は櫂が両舷にあることから双胴船と考えるべきではないと思われる。すなわち単体船と考えるべきであろう。

(4)単体船であるならば航洋船としては、その安定のために充分の船幅が必要である。しかし、この船幅を土器に描かれた船絵から割り出すことはできない。船幅については「常陸風土記」の既述が手がかりになる。「常陸風土記」には「軽野以東大海浜辺。流着大船。長さ十五丈。闊《こう》一丈余」、すなわち「軽野より東の大海（太平洋）の浜辺に流れ着ける大船あり、長さ十五丈（四十五メートル）、ひろさ一丈余（三メートル以上）」とある。

この船の長さ四十五メートルと比すれば清水風船は二十五メートルと推定されている小型であるが、洋上における船の安定のための船幅は、航洋船である限り長さと比例して狭くなることは考えられるので、この「三メートル以上」という古文献記載の船幅に準拠すべきであろう。清水風船の場合、三～四メートルくらいと考えるのが妥当ではないだろうか。

4　結論

(1)縄文晩期から弥生時代にかけて、日本と中国との交流を可能にするだけの船は存在した。

(2)当時の船は帆を用いたと思われる。前漢時代には帆を使ったことが考古学的遺物などで立証されているからである。

(3)船の積載能力については「一航に五十人を乗せ、その三ヵ月の食糧も一船に積み得た」という記載から、それ以上の能力を持つ船が使われたと思われる。遣唐使船は初期のものでも百二十～百四十人が乗っていた。

(4)船の材質は竹筏説が有力だったが、これは「浦江の古船」発掘以前の説である。船材は楠材を中心とした木材であったと思われる。

(5)船型は基本的に「帆船」ではあっても、それはジャングの初期の形態であったと考えられるが、現段階では決定的な証左は発見されていない。双胴船を含む各種の型が用いられたものと考えるべきかと思う。

Ⅲ　徐福の航海

徐福東渡の航海について技術的に考察したい。司《し》馬遷《ばせん》は、徐福がすでに東方はるかに豊かな土地があることを知っていて、そこへ旅立つ計画を立てたのだと示唆《しさ》している。『史記』以外に記録がないので、歴史学的考察をはなれて、航海術のうえから当時の航海について考察を試みたい。それによって言えることを以下に整理して述べる。

1　概説

(1)日本における徐福渡来の地といわれる伝説の地は佐賀、福岡、鹿児島、宮崎、山口、熊野、和歌山、名古屋、駿河、富士山麓……と非常に多い。これを航海の方から考えると、これら伝説の地がすべて黒潮の洗う地に限られている点が注目される。ということは、古代の航海術は海流の影響が大きく、黒潮によって運ばれた徐福船団の到着地点として納得できる地にしか伝説がないことは、徐福東渡の真ぴょう性を示す一つといえよう。

(2)童男童女三千人のほか五穀百工を積載した徐福の船は、単船であるはずはなく、数十隻という大船団であったと考えられる。その大船団を整えるには一つの港では無理であり、いくつかの港から出帆したはずである。中国に徐福出航の地というのがいくつもあるのは当然である。同様に日本側にも多くの地に徐福船団到来の伝説が残るのも当然のことといえよう。徐福船団到着の伝説の地は、上記のほか朝鮮半島沿岸の島々、沖縄諸島、伊豆、小笠原諸島、さらにはミクロネシア、ハワイ諸島、そしてアメリカ大陸に数ヵ所ある。船団としてとらえる時、これはうなづかれよう。

(3)徐福船団は帆船の船団と考えられ、航海術は原始的であったと思われる。しかし、「原始的な時代の船乗りが天体を手がかりにしなかったとはいえない。彼らはごく早い時期から星や太陽を見て舵をとっていた」（ニーダム著『中国の科学と文明』）とあるとおり、私も同意見である。古代の航海術をあまりに低く見る考えは修正する必要がある。

(4)徐福船団の出発は一度に全船団が出航できるわけではなく、準備ができた順序に出発したと考えられる。このことは中国側の伝承がその通りであることを現地で確認した。彼らは徐福の出発日を祝って祭りを続けているが、それは陰暦二月十九日、六月十九日、十月十九日を毎年祭日としている。出発時の季節がそれぞれに異なるので、当然季節風に変化があり、その選んだ航路、すなわち「東に向けて船を進めるため」の航路は、吹く風と海流に順応して、いくつか別の航路（後の遣唐使船の北路と南路に似た）が選ばれたろう。

2　気象・海象と航路

今から約二千年前の気象・海象が現在と全く同じであったとは考えられない。しかし、主要な季節風と大洋の海流などの基本的な気象・海象については、現在とあまり大きな変化をしていないと考えて各種の推理をしても必ずしも誤りとはいえないであろう。

ここでは陰暦二月十九日、六月十九日、十月十九日ごろの気象海象と海路を考える。太陽暦ではだいたい四月初め、七月末、十一月末に当たる。

日本近海の海流は次頁のとおりである。台湾方面から北東方向に流れる黒潮が強くて、日中交流にはこれが最も影響を持つ。もう少し詳しくいえば、沖縄の西方を北東に向って流れ、大部分は九州南岸を洗いつつ北東に進むが、一部は九州の西を北進し、対馬海峡を通って日本海に入る遂魔海流となる。黒

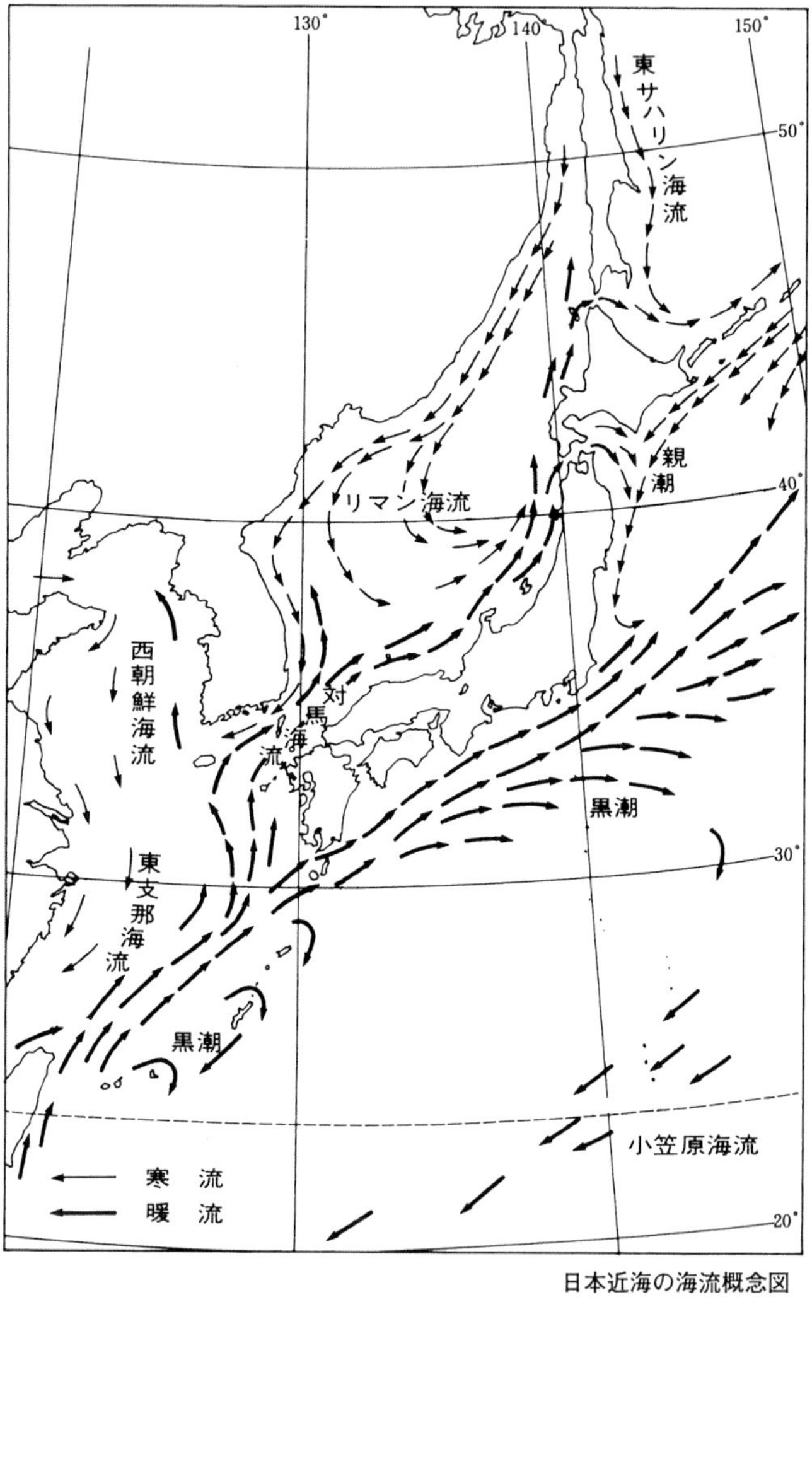
130°
140°
150°
50°
40°
30°
20°
東サハリン海流
リマン海流
親潮
西朝鮮海流
対馬海流
東支那海流
黒潮
黒潮
小笠原海流
寒　流
暖　流

日本近海の海流概念図

潮系のほかに北方から南西に向って流れる寒流があるが、これは日中交流に影響はない。黒潮が沖を流れる場合の陸岸周辺はだいたい本流に対して反対方向の弱い反流が九州西岸や大陸東岸でみられる。

次に季節風について考えると、出航から約一ヵ月の航海とみて、四月、八月、十二月の季節風を示した。

このうち問題になるのは北緯三十度以北の東シナ海と黄海である。

十二月には比較的強い北および北西の季節風、あと四月も八月も比較的おだやかな南寄りの風である。これらの図を海流図と重ね合せて考えれば、徐福船団がどの航路を選んだかの判断はつくであろう。

古代航海術は「地乗りの航海」、最近の言葉でいえば「沿岸航法」が主であった。仮りに連雲港を出発するとすれば、大陸の陸岸を見失わないようにしながら北東に進み、山東半島の先端まで船を進める。ここから朝鮮半島の西岸までの距離はわずか二百キロ以内である。仮りに船が時速五キロとしても四十時間の距離である。風待ちをして、追い風が吹けばわずかの時間で黄海横断ができる。その後は朝鮮半島西岸を追い風の時は帆走で、弱い逆風のときは櫂を漕いで南下したであろう。強い向かい風のときは島陰に仮泊して幾月でも風待ちをしたはずである。こうして場合によっては済州島へ寄港、やがて対馬海流を横断し、ある船は九州北岸につき、ある船は九州西南岸の黒潮反流に乗って有明海に入ってきたであろうことは想像される。

一方、冬出発することになった船団は、自然の現象として、いや応なしに大陸沿岸を、東シナ海流と北風に乗ってまず南下した船が多かったろう。しかし彼らは長江口付近で、長期の風待ちをさせられ、やがておだやかな南寄りの風に送られて東に向かえば黒潮本流に乗ることができて、五島付近に接近することになったであろう。

南路については最近、戦国時代の有名な五つの交易港のうち寧波《にんぽう》（当時は句章）に徐福ゆかりの「蓬萊山遺跡」が発見された。
この蓬萊山の山上にある「東渡庵」は徐福の伝承を伝える徐福廟のひとつであるが、「徐福の東渡」を描いた画像刻石が残されており、寧波よりの南路としての日本への東渡の出航地遺跡だと伝えられている。

「倭人《わ》は夏に韓に渡り市をなし、秋に倭に帰る」と倭船が日本と朝鮮半島の季節風をうまく利用して航海していた事実が古書に書かれているが、古代でも季節風と海流をうまくセットにして利用すれば、中国大陸から日本へ東渡することは可能だったと思われる。

一方、日本から中国大陸へ渡ることは季節風も海流も逆方向になる場合が多いので、これは相当の難事だったと考えられる。

3　古代航海術の要点

(1)秦代の船乗りが方位について十分な感覚を持っていたことは、「東の方向の海遥かに…」とあることからうかがえる。また古代中国の天文学は今から四千年前に始まったとされており、BC十三世紀甲骨文に「四方を巡るためには天（星や大洋）の助力が必要である」とあり、天文と方位とが人の長距離移動に利用されていたことが知られる。秦代に太陽や星が航海術に利用されていたと考えるのは無理な話とはいえない。

(2)戦国時代（BC四七五—BC二二一）には磁石による南北指示のために「司南」が作られていた。秦代、これを航海に利用しようとすれば利用できたはずであるが、その記録は不明である。

(3)殷時代（BC十七世紀—BC十一世紀）には十干・十二支が作られており、方位においても十二支を基本とした十二割、さらには二十四分割の方法ができていた。北を子《ね》とし、東を卯《う》、南を午《うま》、西を酉《とり》とする方位分割法で、「ね・うし・とら・う・たつ・み・うま・ひつじ・さる・とり・いぬ・い」と方位名がつけられていた。これが青銅鏡に刻まれたものが漢代以後のものにある。

占星術と道教の影響と考えられているが、これは同時に太陽コンパスとして使われた可能性が強い。鏡をひもで水平に吊るし、たとえば日の出からの経過時間の感覚によって現在が仮に「巳の刻」（九時から十一時）とすれば、この方向位盤の「巳」を太陽の方に向け、方位盤の示す「子」の方向が「北」とわかる。

(4)彼らは北極星の高度（角）によって、自分の位置が南に移動したか、北に移動したかを知ったと思われる。それには単に右手をいっぱいに伸ばして親指と人差指をいっぱいに広げてこれを垂直になるようにし、親指の先端を水平線に一致させれば、人差指の先端までは角度で約十五度である。秦代より後になるが、航海術に関する中国の文献には、この指の使い方が書いてある。昔からこの方法が知られた可能性はある。

4　結論

(1)彼らは船団で出発した。出発港は一つではなく、海州湾、膠州湾、山東半島沿岸の各港が考えられる。

(2)到着地も各船ばらばらに各地に着いた可能性が強い。その中で徐福がどこに上陸したかは、伝承や考古学的調査によって決まるものと思う。

(3)佐賀の諸富海岸は徐福上陸地と信じられているる。有明海が遠浅のため徐福船団の上陸には適しないとの説があるが、喫水の浅い古代船にとっては浅海は気にならず、潮の干満の差が大きい有明海は良港として利用されたと思われる。

(4)徐福の航海は「東へ行く」という方向感覚を持っての航海であった。その方向を間違わないだけの航海術は心得ていたとみるべきである。

第三章　秦徐福の『富士文献』は語るⅠ（原文）

大陸の時代

須弥《すみ》四州仁和加留、須弥仙山、南人種百根（歳）、西人種二百五十根、北人種千根、東人種五百根。

古野、須弥仙山尾、天竺登言、真田和、天台山、登申須奈利、人種四種類阿利而、須弥四州仁和加留奈利、古礼尾、東陽、南陽、西陽、北陽、登申須成里

阿間都州　阿間野世七代

一代　天日野穂火夫神
　　　天日野穂火母神

二代　天日野太加穂男神
　　　天日野太加穂女神

三代　阿日野太加千穂神
　　　阿日野太加千火美神

四代　阿日野太加木彦神
　　　阿日野太加木美神

五代　阿日野久佐男神
　　　阿日野久佐女神

六代　阿日野太加波羅男神
　　　阿日野太加波羅女神

七代　阿日野身波志羅比古神
　　　阿日野身波志羅比女神

阿間野世七代、凡、十七〇五手日、眷属、凡男女共十〇八千神。

註

一、須弥仙山を天竺または天台山という。これが日本国外であることは明白である。今日、中国とインドの境界はヒマラヤ山脈であり、中国と旧ソ連邦の境界は天山山脈である。その中央部は、世界の屋根といわれるチベット高原、パミール高原からなっている。本原文にいう、天竺または天台山は、これらの山岳地帯を指してのことと想定される。

二、人種は四種類あり、須弥四州に分かれ、東陽・南陽・西陽・北陽と、太陽の陽の文字をもって分類していることは、海洋民族といわれる、日本へ土着した先住民の発想でないことも明らかである。

三、阿間津州（天つ国）阿間野世（天の世）七代とは、場所は不明であるが、前記により、中央アジアのパミール高原西側の古代文化をなしていた民族と想定される。この時代の国王の名は、天日、つまり、天・雨・上空に高く立つ、山の威容な姿をもって、頭文字として命名されている。日本人は、チベット、ネパール、トルコ人にも似ているといわれるが、混血したか最も似ているのは、朝鮮半島の人々であり、中国の華北平原の漢民族であるといえる。物資交流のシルクロードによって東欧の文化を知り、わが国の古代人は、太陽と月を崇拝し、天体運行の不思議さに興味と疑念を抱き、その源を探究しようと、造船航海の技能を訓練し、集団移動をした。

四、当時の計数の表示「天の世七代、およそ十七〇五手日」について。五手日とは、両手指を十回繰り返し、その五倍、つまり五百日である。当時は算木を用い、蔓《つる》で作る一輪を一千とした。従って、〇は千の単位と理解される。よって、十七〇は十七輪であり、「十七〇五手日」は今日の表示では一万七千五百日となる。懸息（眷属）つまり一族の集団人員十〇八千神は、一万八千人と理解される。

五、当時の年令計算は、月を基準に、月の満ち欠けを見て、今日の一月をもって一根、または一歳とした。太陽暦の今日においては、一年間に十二歳となり、年々十二歳づつ加算した年令であった。このような日数計算は、古代の中国、震旦時代も続き、さらに日本列島へ渡来した当時も用いられた。

天竺震旦国　天之御中世十五代

一代　天之御中主神　天之御中比女神
二代　高皇産穂神　神皇産穂美神
三代　宇都峰比古神　宇都穂比女神
四代　宇摩志宇加弥比古神　津木峰目美女之神
五代　天之常立日子神、諱、神農日子
　　天之常立日女神、諱、弥真加身日女
六代　天之御柱立神、諱、農立日子
　　天之御柱女神、諱、農里日女
七代　天之木作日子神、諱、農元日子
　　天之木合女神、諱、農元日女
八代　天之草奈男神、諱、農田日子
　　天之草奈女神、諱、農田日女
九代　天之土奈男神、諱、農畑日子
　　天之土奈女神、諱、農畑日女
十代　天之火明男神、諱、農山日子
　　天之火明女神、諱、農山日女
十一代　天之水男神、諱、農原日子
　　天之水女神、諱、農原日女
十二代　天之金山男神、諱、農谷日子
　　天之金山女神、諱、農谷日女
十三代　天之火山男神、諱、農久仁日子
　　天之火山女神、諱、農久仁日女
十四代　天之田原男神、諱、農真日子
　　天之田原女神、諱、農真日女
十五代　天之神農氏神、諱、農作日子
　　天之神農比女神、諱、農作日女

天之御中世十五代、凡六十七〇五手日、第五代神農比古御代時里《より》、諡《おくりな》尾《を》始留成里。
眷属之神、凡、三十五〇神（三万五千人）
天御中主神、米、粟《あわ》、朽腐里《くちくさり》、淡水登成里太留尾
見付、飲場、塩甘志《しおあまし》、依而、此尾、酒登名付給。
此《これ》、酒之始也。
天之世仁、浜之小砂、亦者、山之小石仁、自物有、
此尾取而、諸々万之物取集而焼而、食須事尾始ム、
但シ此尾、塩登名付給也。
（以上「開闢神代暦代記」より）

震旦国皇代暦記（抜粋）

(1)天都州依里、大昊伏義氏、東陽婦人登共共、大陸之大中原仁、天降《あまくだり》止里《とどまり》座《ましまして》而、炎帝神農氏尾産。

(2)神農氏、大広氏之女、山海婦人尾妻仁而、七男、九女尾産。

(3)一男　黄帝、有熊《うゆう》氏、天勇氏之女、孝賢婦人尾妻仁而、大陸之大中原仁止座而、大陸之州之大皇帝登致志給也。

二男　朝天氏者、大東氏之女、東海婦人尾妻仁而、東州尾治。

三男　南陽氏者、南中氏之女、仲陽婦人尾妻仁而、南州尾治。

四男　清賢氏者、西永氏之女、美天婦人尾妻仁而、西州尾治。

五男　農立者、父之命仁依而、東州巡回之時、東海仁蓬莱山尾見付、阿真太之眷属尾従《したがい》日、東海仁行久。

六男　農永氏、北永氏之女、忠正婦人尾妻仁而、北州尾治。

農立氏・阿真太《あまた》日夜重《かさなり》里重《かさねて》而茂《も》、帰等《かえら》須《ず》、依而。

七男　農佐、阿真太之眷属尾従日、東海仁兄、農立尾、太須根仁行。亦、帰等須。

大王黄帝、有熊氏《うゆうし》、小昊《しょうこう》、金天氏尾産。

(1)金天氏・宝正氏之女、玉木婦人尾妻仁而、顓頊、高陽氏尾産。

(2)高陽氏・最幸氏之女、宝田婦人尾妻仁而、帝告《こく》、高辛氏尾産。

(3)高辛氏・伝光氏之女、良正婦人尾妻仁而、帝堯《ぎょう》、陶唐氏尾産。

(4)陶唐氏・幸永氏之女、須貞婦人尾妻仁而、帝舜《しゅん》、有虞《うぐ》氏尾産。

(5)帝舜・有虞氏、賀天氏之女、賢婦人尾妻仁而、州元《くにもと》、須弥蓬莱山《すみほうらいさん》島、豊阿始原瑞穂国者、全世界之祖国成留仁依而、大陸国仁付置給登而、以大軍尾、度々此迄攻礼共、一度茂不勝、大軍皆滅亡志給而依而、大王、有虞氏、大仁怒而、本婦始、婦人七人目志津礼、大舟三百六十船造利、大軍尾従日、東海仁押出志、大仁戦共、全世界開闢之祖祖神止座《とどまりましま》須《す》、蓬莱山仁黒雲現礼、神風吹来里、為仁大王、並、婦人等始、大軍皆大海之茂久須度消、皆亡給也。此迄尾（中国）開闢依里、三皇五帝登申也。此之須弥蓬莱山島、豊阿始原瑞穂之国者、全世界開闢之始之祖祖神之止座須、御国成留仁依而、祖祖神方之神罰也、登、大陸尾始、四方之諸之国人皆恐給也。

註

一、中国の舜の時代（BC二二五八―二二〇六）は、日本では仁仁木の尊、火火出見の尊の時代で、初代宇茅葺不合尊は不二蓬莱山の高天原の家基都より、現地に居住しながら防戦のため、筑紫の高千穂宮へ遷都された。

二、天竺・震旦国の時代

天竺は、仏教の伝来などから、現在ではインドをさすと思われているが、はたしてインドかどうか、古代中国において、コンロン山脈や、ヒマラヤ山脈を指して、インドの方向にあたることからの名称と想定される。大古の中国大陸は、震旦国といわれた。日本史にはこの国名は見られないが、『広辞苑』に中国の異称とあり、大古の中国を震旦国というのは事実であると汪向栄教授より聞く。

『富士文献』の原文は、秦の始皇帝の時代に日本に渡来した徐福が、高天原つまり富士山麓に神代より文字を世襲し記録していた三十六神戸に伝わる記録を、進んだ製紙技術によって作られた紙に集大成し、後世に伝えたものという。

三、天之御中主神、婦神、天之御中日女神

『古事記』に「天地《あめつち》初めて発する時、高天原に成りませる神の名は天之御中主神」とあることから、天之御中世十五代の時代は、日本国の時代と推定されていた。ところが、本原文では、震旦国、つまり中国大陸の時代であることが理解される。

東洋と西欧を結ぶいわゆるシルクロードの北回り線を、天之神中主神を首領とする一族が東進し、黄河の上流の敦煌《とんこう》を経て、中央アジアから移動したと想定される。彼らは渤海に出て、これより東方が大海であることを知り、古代中国の大陸を調査した。彼らは中央アジア・東欧の文化を知っており、『史記』を見れば、啄鹿《たくろく》、今日の北京あたりに王国をなし、震旦国と命名したのであろう。

四、農耕文化のはじまり

中国でも、この時代までは狩猟生活であったが、中央アジアでは家畜を飼い、農耕による食糧生産が行われていた。天之神中主神の一族は、それを黄河流域の原住民に教え広めたと推定される。

原文によれば、天之御中世、第五代の天の常立比古神から、諡名（おくり名）と諱名（生前の名）の習わしが始められ、その諱名は神農日子であった。以下第十五代まで、国王の頭文字に農の文字が用いられたのは、生産革命を興した農耕指導者が、神として崇敬されたと想定される。また、比古は日子で、農作には太陽の光熱が大切なことから、お日さまを神として崇敬し、国王の子孫は、日子、日女と敬称されることになった。

日本国のはじまり（「開闢神代暦代記」より）

○天都州、海原之四季島之蓬莱之高天原世七代

神農氏神、諸々万之草木尾集目、口仁福味《くちにふくみ》、老薬種尾発明志、農立、農佐、始、子孫一族仁教尾伝栄志ム。

天之農佐比古神、御子御二柱之大神和、則諱尾、農立、農佐、登申成里。是則、国常立尊、国佐槌尊成里。

古野、農立和、大海仁而、蓬莱高砂山《ほうらいたかさごやま》之目志留志尾、見宇志奈伊、大海野小島仁、津間子《つま》（妻子）眷属等登共々止里居利、二度、蓬莱野、高砂山尾見付、不二山高砂山之高天原仁来利、弟、農佐仁巡里阿伊、多賀伊仁、座賀見登言而、泣涕《きゆうてい》致須古登、久志宇志而《してひさしう》、兄仁曰久《いわく》。

我和、西海之小島仁、佐伊子《さいし》、眷属阿礼場、西国仁加伊里、国事尾司取、国事相談和、不二山尾、目志留志仁、当高天原仁、四方之島々依利、寄合伊致《よりあいいた》須古登《すこと》尾約志、間太阿和知《またあわじ》、登言而、和加礼毛留《わかれける》。

其時里《それより》、西海野、農立、止座島尾《とどまりまします》、阿和地島登申須奈利。

其時里《それより》、農佐、兄尾御尾久留地《みおくるち》尾、御尾久里家《みおくりや》、登申須奈利。

古野蓬莱仁、高砂野《たかさご》不二山中央高天原仁和、大室野原野阿里、古之原野仁和、水有利、火有利、湯有利、穀物之草木大伊仁有利、夏木阿間太有利、冬木大伊仁志而、青木原登言、古野原野仁、中室・小室有利、古野間伊野《あいの》湖仁、大鶴之夫婦住居、小室之奥野小池仁、大亀之夫婦住居、其池与里、流出留川《ながれでるかわ》場田仁《ばたに》、大松有利、古野大松之元野龍箇河原仁《もとのたつが》、鶴亀尾愛志、夫婦仁而居、日夜重《かさね》々留古登《かさねること》、十五〇三手六百日、則、十五〇三手六百日和、十五〇三千六百日成里。（つまり十五輪と三千六百日は、一万八千六百日、六百二十歳）

親子兄弟之区別無久根合致志、子孫八〆《しめ》四本、但

シ一〆和、両手之指十本尾合瀬而、一〆登言、四本和、指四本也。（八十四人）

眷属一〇三手三十六〆《しめ》八本之時、農佐日子老死須。

宇宙峰高座《たかざす》山、西沢、菅原仁葬留、津間、白清龍和、日夜三〆五本尾久礼而老死須。

御夫婦之諡和、国佐都知尊《くにさずち》、国佐日女尊登申須也。

但志、後、三百日尾、一根登定目志時、一根和、則、一年成利。

国佐都知尊、寿六百二十歳也、女神、国佐日女尊之御寿、六百十一歳、墓和、夫婦登同所、御夫婦和、敷島之蓬莱高砂野《たかさごの》、不二山仁長久寿命尾多茂地、
止座《とどまりましまして》而、子孫繁昌致志、日之本之豊阿始原瑞穂国尾、開久仁依而、高砂野《たかさごの》千井《ぢい》・婆阿《ばあ》、登申也。

間太和、桃沢野、老夫婆、登申須也。

兄農立和、子孫五〆八本、眷属一〇二手十八〆六本之時、丹羽州仁而老死須、日夜重々而、十五〇六百日、則、五百二十歳也。

同国田羽山仁葬留。


諡、国常立尊《くにとこたち》、登申給。

婦神・神佐加日女和、三手八百日尾久礼而老死須。

寿五百三十七歳、則、十五〇三手八百日、夫神登同所仁葬留。

諡、国常日女尊、登申須也。

是則、高天原世、天神七代之始目、二代二柱大神和、則、是之大御神奈利。

〇農立日子和、天之常武日子之女、神佐和日女尾女取里、阿和路日子一男仁、白山日女之一女尾産ム。

〇農佐日子和、天之古登太留日子之女、白龍清日女尾女取里《めとり》、五男、七女尾産ム。

一男、日本《ひのもと》日子仁、天之常武日子之一男、茂登太手日子之二女、大原日女尾女取里、東国尾司取里居、日夜重々而、寿十二〇三手三〆日仁志而、老死須。

諡尾、宇伊土煮尊《ういじに》、登申也。

婦神、大原日女、日夜重々而、十五〇一手日仁而老死須。

諡、須伊土煮尊《すいじに》、登申也。

二男、農実日子、茂登太手日子之三女、宇津日女尾女取里而、農事尾司取里居《いる》。日夜重々而、寿十五〇三〆日仁志而老死。

諡、大戸道尊、登申須也。

婦、宇津日女、日夜重々而、寿十五〇四〆仁志而老死。

諡、大戸日女尊、登申須也。

御夫婦之墓和、高天原宇津峯、高座山北裾野成里。

三男・穂千日子、天之古登太留日子之一男、天之茂登太足日、四女、千早日女尾女取里、北州《くにを》尾司《つかさ》取里居《どりいる》。日夜重々而、
寿、十六〇三手一〆四日仁志而老死。

諡、面足《おもたり》尊、登申須也。

婦、千早日女、日夜重々而、
寿、十六〇四手四日仁志而老死。

諡、大斗野邊《おおとのべ》尊、登申須也。

御夫婦の墓、北越野国仁有利。

農立日子一男、阿和路日子和、天之茂登太足日子、五女、白滝日女尾女取里、南州尾司取里居《とりいる》。日夜重利《かさなり》、和須加《わずか》、一〇九手一〆八日仁志而、病死、早世。

諡、豊斟渟《とよくむぬ》尊、登申志、阿和路島仁葬留也、其阿登仁、農佐日子之四男、農田日子尾、奈尾志《なおし》、南州尾司取里居。七男、九女尾産。日夜重々而、寿十五〇三手二〆四日仁志而、老死。

諡、尾茂太留尊、登申須也。

婦、白滝日女、日夜重々而、
寿、十六〇六手十〆四日仁志而、老死。

諡、阿夜加志古泥《あやかしこに》尊、登申須也。

農立日子・一女・白山日女仁、農佐日子之五男、田仁知日子尾、見阿和瀬、西州尾司取里居成里。

〇国常《とこ》立尊、国佐槌《さづち》尊之御二柱之御子孫、一〇二手百十二〆八本、眷属二〇八手百十八〆六本之子孫・眷属四方之州栄和加礼《わかれ》住居《すみいる》。国佐槌尊之五男、田仁《たに》知日子《ちひこ》和、敷島蓬莱日本《ひのもと》第一之知者神成留仁依而、四方之州仁現礼、州尾《くにを》興志《おこし》平毛《たいらげ》、高砂《たかさご》不二山中央

高天原仁、不二山尾、目阿手仁加伊里《めあてにかいり》、日向野高《ひむかいのたか》千火《ちほ》之小室仁、穴宮尾造利止座而、四方之州之国政尾司取給居里《おり》。

　国法尾定目、一洞、大沢一組之頭尾定目、一洞之頭尾、洞頭、登志、一沢之頭尾、沢頭登志、一組之頭尾、組頭登定ム。

　国常立尊、国佐槌尊之二柱大神之子孫尾、天津神《あまつかみ》登定目、茂登太手命《もとたて》、元太足命《もとたたり》、二柱神之子孫尾、国津神登定目、大政頭和、天津神子孫尾而《をして》、致須古登、洞、沢組頭和、国津神子孫而致須古登尾定目、大神之左右仁、守神尾置、是尾、頭神登定目、是和、元太手命子孫之知神尾、左頭神登定目、元太足命子孫之知神尾、右頭神登定目、親子、兄弟之根合尾禁止、親子、兄弟、伯父、伯母、子孫之礼儀尾定目、大御神尾始、天津神、国津神之礼儀式尾定ム。

　衣服和、柏木之葉、芭蕉葉、常盤樹《ときわぎ》葉、其外、万之木之葉尾阿津目、葛葉《くずば》之津留尾《つるを》取里而、万之木之葉尾結非付、衣服登致須古登尾天津、国津之諸《もろもろ》万神《よろず》仁示須。

　天津大神尾始、万天津神、諸万頭神之衣服和、諸万之木之葉尾阿津目、催《もよほし》尾付而《をつけて》、上頭・中頭・下頭之区別尾付給也。

　上頭神和、常盤樹《ときわき》之実尾、藤之津留仁、数多《あまた》通志、首仁掛留古登尾定目、
天津女神《あまつひめかみ》和、棗《なつめ》之実尾、藤之津留仁、数多通志、首仁掛、

　国津女神和、榧《かや》之実尾、藤之津留仁、数多通志、首仁掛留古登尾定目《さだめる》。

　諸之万之物尾、加曽栄留《かぞえる》古登尾定目留仁、小木尾・小佐久和里《ちいさくわり》、

一一一一一一一一一

十十十十十十十十十

（中略）

登、加曽栄留古登尾定目《さだめる》。

　四方之州之、諸之悪魔退事之為、竹仁、髪毛尾依里而、津留仁張利、細竹之矢尾茂津而、退治致須古

登尾、四方之州仁、示志給。

一女、二男尾産給。

一女、大市日女《おおいちひめ》仁、四方州、総大御州尾譲里給。諱、大日留女尊《おおひるめのみこと》、登申市給。

一男、月峰命《つきほのみこと》仁、四方州之総大御山尾、譲里給。

二男、蛭子命《えびすのみこと》仁、四方之総大海尾譲里給。

其時里《それより》、田仁知日子命、御夫婦神和、熱都《あたつ》山尾崎、岩長野峰《いわながのみね》仁《に》、毎夜登里、火尾焼、熾照《ししょう》志給。

神祖、神祖尾始、国常立尊、国佐槌尊之御夫婦之大御神仁、毎夜、尾古太里《おこたり》奈久、火尾焼、熾照致志給居、日夜重《かさね》重而、御夫婦之大御神方、寿日、奈《な》良非仁《らびに》、十五〇三千五百日仁志而、神去里、老死給。

但志、田仁知日子命、御夫婦之大御神和、不二山中央高天原、小室之穴宮之大御宮《おおみや》仁而、婦神、一日送礼而《おくれて》、神去里給奈利。

御夫婦之大御神和、高天原、神都、小室、阿田都山、日向穴宮之大御宮野、西尾崎、笠座《かさざ》之岩長野峰《いわながのみね》仁葬留也。

夫神、田仁知日子命、
諡、伊座凪尊《いざなぎのみこと》、登、申志。
婦神、白山日女命、
諡、伊座波《いざなみ》尊、登、申志給也。
高天原之世七代、凡《およそ》十八〇五千日、
大御神之眷属《けんぞく》、
天津神、凡《およそ》十二〇三千神、
国津神、凡二十六〇三千神、
合計、三十八〇六千神也。

（以上「開闢神代暦代記」より）

註

一、前記の合計数は、一千の数に該当する一輪が三十八輪、つまり三八、〇〇〇と六、〇〇〇の合計で四四、〇〇〇神（人）であると理解される。後世、〇を万としたことから、この数字を三十八万六千神と解釈していることは、誤解といえよう。

二、蓬莱《ほうらい》国・蓬莱山について。古代中国の炎帝神農氏

天神七代系譜

炎帝神農氏　諡号高皇産霊神（諱農作日子）
婦神神皇産霊神　農佐日女

黄帝　有熊《うゆう》氏　支那震旦国大王となる

(一)国常立尊（諱農立日子）五男
婦神神佐加日女

(二)国佐都知（槌）尊（諱農佐日子）七男
婦神白龍清日女

(三)豊斟渟尊（諱阿和路日子）一男
婦神白竜日女
淡路島において西州を司取る

一女　白山日女

(四)宇伊土煮尊（諱日本日子）一男
婦神大原日女
高天原家基都において東州を司取る

(五)大戸道尊（諱農実日子）二男
婦神宇津日女
高天原家基都において総農事を司取る

(六)面足尊（諱穂千日子）三男
婦神千早日女
北越において北州を司取る

尾茂太留尊（諱農田日子）四男
婦　白竜日女
阿和路日子の後夫となる

(七)伊座凪《いざなぎ》尊（諱田仁知日子）五男
高天原家基都において西州、東州を合一し、豊阿始原瑞穂国とする。伊座凪尊の子孫を国王と定める。

伊座波尊（白山日女）

系譜註

一、（　）内は、天神七代の順位の番号。

二、炎帝神農氏、五男、七男は其々日本に渡る。その内、天神七代中、知勇に優れた、国佐槌尊の五男、諡名、イザナギ尊の子孫を、国王と定められた。

は、五男の農立日子に命じ、眷属五百人を従え、船団をもって東海の日の本島を捜すため派遣したが帰還者はなかった。心配した神農氏は、七男の農佐日子に眷属七百人を従え、日の本島へ渡り、探険をしつつ、農立日子を探し、富士山北麓にたどり着いた。（途中経過は省略）こうしたことから、日の本島の語源は蓬萊《ほうらい》（＝会いに来たる山）、また不二（富士）山を、会いに来たる山＝蓬萊《ほうらい》山という。

三、高砂《たかさご》の不二山とは富士山のことで、富士山の文字に改められたのは、延暦十九年（八〇〇）の大噴火からである。高砂、つまり高い砂の山の謂で、富士山の別名。不二山の由来は、形姿ともに優れ、この世に二つとない、唯一の名山であると、国佐槌尊によって命名されたと文献は記す。

四、阿和地島は、瀬戸内海の淡路島を指し、農立日子つまり国常立尊《くにとこたち》のお住居になった処である。この島を本拠地とされたのは、要害の地で、先住民族からの襲撃を防ぐに適した島であり、自給自足もできることからであろう。『古事記』では、神々の天地創造からイザナギ、イザナミの尊が最初に産んだ島と因縁を結び、神格化した表現をしている。

五、宇宙峰高座山とは、今日の山中湖から忍野村の一帯にわたる湖を宇宙湖と命名し、忍野村と富士吉田市との中間にある山を宇宙峰、山の最高のところを高座山《たかざすさん》（標高一一四一メートル）といい、山頂近くにはわが国創建時代の八神を祭る高座神社がある。西麓には篠垣塚有りというが、延暦十九年の大噴火による溶岩流のため埋没し、史跡不明。今は、上吉田の小佐野、大古は鳴沢の里。

六、小室の阿田都山とは、富士吉田市大明見と小明見との中間の山をいう。

豊阿始原瑞穂国（「開闢神代暦代記」より）

第一代　天都大日留女尊

大日留女尊和、独身仁而、一世四方之国尾司取里、豊仁国尾治目給。

　藤津留野加和《ふじつるのかわ》尾《を》阿津目《あつめ》、佐羅志木太伊而《さらしきたいて》、阿身《あみ》手《て》、衣類尾津久留古登尾始目、四方之諸《もろもろ》万《よろず》国仁、不礼示志《ふれしめし》給。

月峰命和、泥土煮《ういじに》命之一女尾女取留。

　諱、葦津日女、登申也。四方州之総山尾司取給。

二男、蛭子命《えびすのみこと》和《は》、面足《おもたる》尊之一女、非羅加尾《ひらかお》日女尾女取、四方之大海尾司取里給。此之《この》子孫尾、皆、海神登申須也。

　大日留女尊、太神之御位仁付給而、一〇五千十四之時、新羅《しらぎ》国王、四男、多加王、大陸之東部尾従非、眷属、三百人、目志津礼、不二山尾目阿手仁、豊阿始原瑞穂之国仁渡里、不二山高天原仁登里、大日留女尊尾、妻室登致志手、瑞穂国尾大領致従須古登尾計里、大日留女尊、計志手、従加和須。

　依而、多加王、諸事万事仁、大日留女命仁佐魔太《さまた》毛《げ》尾致仁依手、大日留女命和、深山之山奥之、岩戸仁隠礼給仁付、瑞穂国者、闇国登成留仁依手、大巳貴命、作田比古命に申付、四方国依里、眷属八千余神、阿津真理来里手、手力命、多加王尾伊毛取利、多加王之眷属尾、皆殺志仁致志、大日留女命尾、御祖代山尾、八方依里手区馬利《てくばり》致志多須根《たずね》、八重九重奥之、岩穴仁隠止座仁依手、想方与呂古火《よろこび》、鈿女《うずめ》命、祝之真伊尾真伊、小室日向山之、宮守之宮仁帰幸致志止座給。

　多加王仁、大巳貴命、道理尾、千久一登、気理仁説得志、大日留女命尾、姉命登阿賀目《あがめ》、姉弟之契約尾結、手形尾、柏葉仁尾志、大日留女命仁、太手真《たてま》津留《つる》。

　此《これ》、瑞穂国、印形之始也。但志此者《これは》、手仁木之太《た》木炭尾野利《きすみをぬり》、柏木之大葉仁尾志太手真津留者成里。

　月峰尊二男、諱、寒川日子命、大山住命之弟、山住命仁、眷属二百神副而、守護申付、多加王尾、西北之国仁流志、古之登古呂尾、不二山依里伊出留雲《いでるくも》仁奈曽等伊手《になぞらいて》、悪魔尾流志太留、国奈留仁依手、出雲国、登、名付給也。

弟山住命、工夫《くふう》仁工夫致志、希代仁希代手、製造致志太留、名剣尾以手、諸万神仁危加伊《きがい》尾奈須、悪魔尾退治致志、弟山住命一女、川上日子神、稲田日女、多加王女取、婿引手物仁、弟山住命一男、川上日子登共共、工夫仁工夫志手、希代製造志多留、八角鏡登、宝司之玉尾、日女仁副手《そえて》、多加王仁捧給也。

其《それ》依里、北陸之諸万之悪神、悪魔退治致須仁依而、大御神、大日留女命依里、多加王仁、諱、祖佐之男命、授毛給。

弟山住命、槌手仕事、希□□□□《不明》仁依手、諱、手名槌命、授毛、一男、川上日子、諱、足名槌命、授毛給也。

但志、手名槌命之婦、稲田日女之母者、尾茂太留命之九女、諱、奈留戸日女、登申也。

足名槌命之妻者、蛭子《えびす》命之一女、諱、小浪日女、登申須成利。

其依里、大御神之勅命尾受、宝司玉尾始、名剣登、八角花形之鏡尾、大御神、大日留女命仁捧太手真津利給也。

大御神、古之宝司玉尾、神霊、登名付、名剣尾、出雲国皮川上室《ひのかわのかみむろ》、後世、室尾村登改ム。依里、伊出留仁依手、室雲剣《むろくもつるぎ》、登名付、亦之名、宝剣、登申也。

八角花形之鏡和、内侍所《ないじしょ》之御鏡登名付給。大御神之、三品之御宝、登定目給也。

其依里、多加王仁、大御神、勅命申付、四方島島州国《くにぐに》之、諸万《もろもろよろず》悪魔尾、退治致志給。

但シ申ス。大御神依里、神霊尾、多加王仁授毛、古之御玉和、朕、高祖高祖始、朕大御神代代朕之霊成里、此之御玉尾、汝仁授久。大切仁身躰仁添付、堅固仁守護致志、古之御剣《つるぎ》尾以手、四方之島島州国之、諸万悪神始、鳥獣、大虫、小虫仁至留迄、善神仁害尾奈須諸之万之悪魔降伏退治尾勅命志、祖佐之男命、大軍功尾四方島島州国仁現志、四方之島島州国、海外四海、浪静仁治利、天下泰平之御代登成里給也。

大戸道尊之子孫、三十八神仁勅命志、四方之州島之、大原、小原、大洞、小洞、大沢、小沢之農頭尾命司、田畑之開根《かいこん》尾命須。

二男、農佐日子尾、四方州之農作之頭登定目、諱、作田日子命尾授《さずく》。月峰命之一男、寒川日子命仁、四方之島島州国之、総山守頭、登定目、寒川日子命、□神七□□□□□《不明》子孫四十一神尾合世、四十八神□□□□州国之大山之守護頭仁命知給也。□□大海津見命尾、四海之海守総頭登定目、蛭子《えびす》□□□□神尾、四方島州国之諸《もろもろ》万《よろず》浜之魚夫神之漁師頭仁命知給也。

亦、大御神、寒川日子命仁詔志手曰久《いわく》、今、諸万州国之、諸万神、皆穴居ス。朕、甚太是尾憂。諸万州国之万神之家屋尾作留古登尾命ス。命、拝志手、第七神仁申付。四方国之、諸万、大山、小山之、木尾切、家作之古登尾司取志ム。

大御神、寒川日子命仁（月夜見命一男）諱、正哉山住命尾授《さずく》。

二男仁、弟山住命
三男仁、奥山住命
四男仁、倉山住命
五男仁、繁山住命
六男仁、葉山住命
七男仁、原山住命
八男仁、外山住命

登、諱授給也。

大巳貴命（大戸道《おおとのじ》、一男、諱、大国主命）

伊弉諾尊《いざなぎのみこと》三男、蛭子《えびす》命、登、四方州国之、牛、馬、鹿、十分一尾取立、大御神《おおみかみ》仁捧給。大神、祝手、正哉山住命、詔志手、一子、土平日子命、馬仁乗、馬之走留尾、大神《おおがみ》上覧志手、宇真久《うまく》走留登曰久《いわく》、故仁此之獣尾、宇真《うま》、登名付給。亦、二子、番山日子命、牛仁乗、険阻之大坂尾上留、大神、上覧志、憂《うし》、登曰久、故仁此之獣尾、宇志、登名付給。亦、正哉山住命、鹿仁乗走留尾上覧志手曰久、鹿、明仁走礼共、羽根手、四加太賀奈伊、登曰久。故仁此之獣尾、四加《しか》、登名付給也。

牛馬和、農事仁用井手、便成留可志登手、大神、詔志手、不二山南洞笹山尾、牛馬之、牧場、登定目、是尾四方之州国仁伝示ス。

面足尊《おもたり》一男、倉平顔日子命仁詔志手、穀物之収納法尾、農神仁教志ム。此時依里、莚《むしろ》仁手、俵尾作留古登尾始、四方諸万州仁伝示ス。

泥土煮尊《ういじに》、孫、耀士《すいじ》命一男、火之耀鉾《ほのすいほこ》命仁詔志手、火焚法《ほたきほう》尾、四方諸万州仁教栄伝示ス。

弟火之焼玉命仁詔志手、食物之煮煎《しゃせん》法尾諸万州仁教伝栄示ス。

尾茂太留尊二男、孫、埴安《はにやす》日子命之一子、天野長男命、詔志手、土尾以手、鍋《なべ》、釜《かま》、及非、食器之類尾造等志目《つくらしめ》、其法尾、四方諸万州仁伝示ス。

尾茂太留尊三男、水湧日子命一子、水滿日子命、詔志手、井戸尾掘法尾、四方之諸万州仁教伝示ス。

面足尊之二男、□□□□《不明》甘美金希代命仁詔志手、鉄金尾焼手希絶《きたえ》、剣《つるぎ》、鉾《ほこ》之類尾作留古登尾、□□《不明》登、共共仁発明志、亦和、臼杵《うすきね》尾製志手、米、粟、麦、稗《ひえ》、精留之法尾発明志、大御神、大仁賞志、此尾四方諸万州仁伝示ス。

蛭子《えびす》命一男、大海日子命之一子、海鮨求男命《うみずしねむおのみこと》、藤津留尾取里集日、網《あみ》尾製志、海魚尾取留法尾発明志、大御神仁捧ケ、大神、賞志手、此尾四方諸万州之、諸万浦浦浜浜仁伝示給也。大御神和、勅命尾以手、家系尾定ム。

伊弉諾《いざなぎ》尊之子孫尾、皇族、登定目、神皇仁代津気《よつぎ》無木時和《なきときは》、諸天津神《あまつかみ》相談之上、皇族之内依里、栄等《えら》身手《みて》、御位仁付留古登尾定目、大原、小原、大洞《おおぼら》、小洞《こぼら》、大沢、小沢、一組、亦和、此之頭尾廃志手、大国、小国、大村尾置。

但シ、室、組尾廃志手、村尾置。

国造《くにのみやつこ》、郷司、村長尾置給也。

豊斟渟尊《とよくむぬのみこと》、子孫尾、諸万国之大国造首《おおくにのみやつこのおびと》之家登定目、泥土煮尊《ういじにのみこと》子孫尾、四方之諸万国之小国造首家登定め、面足尊、子孫尾諸万国之大村司《おおむらのつかさ》之家登定目、大戸道尊、子孫尾、小村長《こむらおさ》之家登定目、大戸道尊一男、大巳貴命之子孫尾、諸万国之祖税尾収納致ス家登定目、同二男、作田日子命之子孫尾、四方之諸万国之農神首司之家登定目、月峰尊一男、正哉山住命、子孫尾、諸万国之山守尾司取留家登定目、栄日子《えびす》尊之子孫尾、四海之大海尾司取家登定目給也。

大御神、大日留女尊和、豊斟渟《とよくむぬ》尊御孫、実和、阿和武男之子、豊武日古命尾、御子登致志、祖佐之男尊一女、雲津日女尾見合世、三品之御宝尾副手、御位尾譲利給。大御神和日夜重重志手、寿十二〇三千日仁志手、神去里給。

宇宙峰山南麓之、出張島之陵仁葬留。

諡、天都大日霊神、登申也。

註　この埋葬場所の現在地は、南都留郡忍野村忍草字神地、富士浅間神社の境内にある。

月峰男命和、日夜重重《かさねかさね》手《て》、寿十二〇八千日仁志手、加茂山仁葬留。

婦神、葦津日女和、日夜重重手、寿十二〇八千日仁志手、神去里給。

夫神登、同所仁葬留。

諡、夫神、月夜見命、登申志、婦神、葦津日女命、登申也。

蛭子命《えびすのみこと》、日夜重重手《にちやかさねて》、寿十二〇十四日仁志而、神去給。□□□□《不明》不二崎仁葬留。

諡、栄日海男命、登申也。婦神□□《不明》日女和、尾茂太留尊之一女仁志手、日夜重重手、寿十二〇一千日仁志而、神去里給。夫神登同所仁葬留。諡、静浪日女命、登申也。

註

一、この時代の日数計算は算木棒《さんぎぼう》と、藤《ふじ》つるで作った輪を用いた。輪は〇とし、一輪は千に相当する。よって、算木棒の数と、輪の数が十二輪であれば、十二〇と算木棒の数を書いているので、合計の日数は加算するようである。例えば、大日霊神（天照大御神）の寿令十二〇三千日とあるのは、一万二千日と三千日を合せ、一万五千日となり、月の一循環は三十日であるので、寿令五百歳となる。太陽暦の今日に換算すれば、四十二歳に相当する。

二、幼名蛭子《えびす》命、諱栄日子《えびす》命は、『古事記』では幼少にして葦船に入れ流し去ったとしているが、訛伝である。栄日子命の住居は今日の青木が原で、西湖より本栖湖に連なる大湖、背《せ》の湖《うみ》のほとりにあった。ちなみに、この大湖は延暦一九年（八〇〇）と貞観六年（八六四）の富士山大噴火によって今日の地形になるが、神皇火火出見尊の神后、豊玉姫の生れ里《さと》でもある。蛭子《えびす》命の子孫は繁栄し、後、九州に移るも、青木が原には同神を祭祀する背《せ》の海神社があり、また、地名の根場《ねんば》も今日に残っていることは、往古からの記録を伝えている。

三、祖佐之男《そさのお》命、新羅《しらぎ》国王の四男、諱 多加《たか》王。『古事記』には須佐之男《すさのお》命、『日本書紀』には素戔嗚尊《そさのお》とあるが、同一神である。本古文献は、祖佐之男命について具体的に事実を書き、大日霊神、つまり天照大御神と義姉弟になった経緯を記している。

四、御祖代《みそだい》山とは、陸地測量部の地形図に、山頂を杓子《しゃくし》山または鹿留《ししどめ》山といい、続きの高山の山頂を御正体《みしょうだい》山としているが、古代はこれらの山を、御祖代山、または阿祖山と称し、麓に家基都《かきつ》があった。大日留女命は、この御祖代山の奥の岩屋に隠れ、潜み居た、とある。その場所は高古屋《たかこや》山、別名、石割山の石割神社（祭神は手力男命と鵜茅葺不合尊の母・豊玉姫命）で、ここには一刀両断されたように二つに割れ、上下同幅五十センチメートルほど開き、高さ五メートルほどの巨岩がある。参拝者はこの割れ目を通り身の潔白を示すが、罪人は恐怖して通れないという巨岩で、その下は岩屋となり、同神社がある。湧水が近くを流れているので、この場所であることに相違なく、往古より神社に祭祀されてあり、事実を物語っている。

五、豊阿始原瑞穂国の天神七代・地神五代の時代にわが国の中心であった家基都は、今日の富士吉田市で、南北都留郡の名称はその名残りである。大化五年（六四九）以前は、富士山頂を相模、甲斐、駿河国の三国の境界とし、三国第一山ともいい、都留郡と駿東郡は相模国、八代郡は甲斐国、富士郡は駿河国に属したが、大化の改新以後、山中湖の南側の山頂に三国の境界が移され、これよりこの山を三国山といい今日に至り、富士山は甲斐と駿河の二国にわたる山となったことから、わかり難くなった。

六、家基都《かきつ》の地名は『延喜式』（九二七）にも残る。この時代は甲斐国に編入されていたので、東海道の駅馬、甲斐国三駅として、河口・加吉《かきつ》・水市とある。加吉《かきつ》駅であるが、「加吉」と文字が改められたため意義が不明となった。延暦十九年（八〇〇）富士山大噴火の溶岩流出のため、それまで富士の北麓を巡っていた東海道は通行不能となり、南麓に変更され、箱根山の旧道に結ばれ今日に至るので、河口・加吉・水市の三駅は東海道からの支路であったかのように思われているが、誤りである。大和朝以前は、家基都を中心に道路網が造られ、道祖神が祭られるのは、往古の名残りである。

七、小室日向山とは、往古の家基都、今日の富士吉田市大明見の一帯を小室といい、日向山の北側、つまり小明見一帯を、中室という。日向山を取りまき、祖先を祭る神社を建て、天神七代、地神五代、わが国創建（首都）の場所と古文書にいう。

八、高天原とは、富士山（不二山）を中心にした高原一帯、富士山麓のことであったが、記紀の編者は、神と人間の上下、天界地上界、大孫降臨、神格化の表現上、高天原の場所は知らせないよう、時の朝廷高位高官の配慮により、潤色、作為したと想定される。民は知らしめずして寄らしむべし。神国日本の神々を象徴する信仰上、高天原は神々の留まる所として隠蔽《いんぺい》し、地上界を意識して、具体性を避け書いている。真の歴史を潤色作為したことは、記紀が正史とはいえ、反対に史実を失う神話・伝説の基となり、疑問視されるようになった。

第二代　天之忍穂耳尊

第二、豊武日子命之御代仁和、御世豊仁奈里、四方諸国之四海浪静治留御代仁奈里、婦神雲津日女命、真藤尾製志、蓮《はす》之糸、亦和、万之獣物之毛尾集目、機《き》抒《よ》仁織留古登尾、発明志、四方万国仁伝示志《つたえしめし》給。

一之御皇子、古今希仁、気力強心暴久礼天《あばくれて》仁、手《て》古須里《こずり》、出雲国之大社之宮之祖父之宮仁預毛、生長尾頼身置。

出雲国、大社宮仁置手、祖佐男命、日夜重《かさね》重手、寿十二〇三千日仁志而、神去里給。同国鳥上山仁葬留。

諡、八佐加彦尊、登申須也。

婦神、稲田日女命モ、日夜重重而、寿十二〇五千日仁志手、神去給。夫神登同所仁葬留。

諡、八佐加日女尊、登申須也。

一之皇子、仁仁木命、祖父仁頼身預毛太留日依里、一〇一千日仁志手、不二山高天原、小室沢、阿田津山之日向、宮守宮仁還幸志、正哉山住命、二女、岩長日女之妹、阿田津日女尾女取、三品之御宝尾、御父神皇依里譲受御位仁付給也。

但シ、仁仁木命、幼名、武雄日子登申也。

但シ、阿田津日女命、幼名、菊里日女登申也。

神皇、豊武日子命、夫婦大神和、日夜重重而、寿十〇二千三十六日仁志手、両神同日神去里給。

高天原之御座野山之峰之陵仁葬留也。

神皇、諡、天之忍穂耳尊、登申也。

神后、諡、萬機秋津日女尊、登申也。

但シ、諱名、皇子五神、栲幡日女、女皇子三神アリ、二皇子、太真祖命、伊東阿田見原日金宮仁移留也。

註　天之忍穂耳尊の寿命一〇二千三十六日は、一万二千三十日で、今日の年令三十三才に推定される。

第三代　天津日子仁仁木尊

第三、仁仁木命和、正哉山住命、二女、岩長日女命、妹、菊里日女尾女取、菊里日女、諱、阿田津日女、登改目、神皇之御位仁付給。

但シ、仁仁木命和、祖佐之男命、六男太登示志言手、祖太津礼共《そだつれども》、実者、忍穂耳尊之一皇子也。

同日西北之大陸依里、大軍筑《ちくし》糸島迄攻来留、登、豊玉日子、西国依里、注進使仁来留。

依手、神皇仁仁木命、神后阿田津日女命始、諸万之天津国津神、相談之上、作田日子命尾、道之案内者登致志、経津主命《ふつぬしのみこと》、武甕槌命《たけいかづちのみこと》、玉柱屋命《たまはしらやのみこと》、武御名方命《たけみながたのみこと》尾、軍大将、登致志、神皇仁仁木命和、神霊御玉尾、身仁添、室雲《むろくも》之宝剣《ほうけん》尾持手、神后阿田津日女命和、内侍所之八角御鏡尾、御身仁添、軍勢一〇八千神従ヒ、西国仁出立致志、日夜重而、五十日仁志手、西国住防《すおう》、登、言所仁付給。関尾立而筑糸之賊之大軍尾不瀬木給内、日夜重而、賊将南島仁（但シ、筑紫依里南仁阿太留仁依手、南島、登申須也）筑紫依里、軍勢尾移須尾聞。

神后、阿田津日女自身、軍大将登成而、味耜託《すきたく》彦根命、興玉命尾、副将登致志、軍兵八千五百神従非、作田日子命尾、道案内登致志、軍船仁手、南島仁渡里、賊軍登戦、攻勝手、日夜重而、賊之大軍尾皆追払志時、父母、日女尾安否古加礼《こがれ》、不二山高天原依里、西国仁尋根行道、伊豆浜仁而、母、加茂沢日女、病死ス。寿八〇八十九百日、伊豆浜仁葬留。

此之所者、御送沢、伊豆海、住留家海之出張崎之浜成留仁依手、三島、登申也。

諡、別雷命、登申也。

父、正哉山住命和、南島迄追追尋根行、阿田津比女仁回里合、太伊面《たいめん》致志、妻之次第尾語利、泣涕《きうてい》致事弥弥《やや》久志。妻仁古加礼留《つまにこがれる》加病《がやまい》之元登成里、日夜重重手、寿九〇八千十四日仁志手、三島仁伊久依、登、遺言志手神去里給。
依手、此之土地尾、伊依国、登、名付給。同地仁葬里、謚、大山住命、登申也。神霊、三島明神、登祭給也。

此之時、仁仁木命和、筑紫島之大賊尾平毛、南島仁渡里、阿田津日女仁、太伊面《たいめん》致志見礼場、姫和、早、産月登茂見栄留身体奈礼場、疑伊尾興志而、姫尾恨身給。二度筑紫仁渡里毛礼場、姫驚気、高照日女、下照日女尾従非、不二山高天原仁還幸志給。

依而、作田日子命、此之議尾天之児屋根命仁語礼場、命《みこと》驚気《おどろき》、作田日子命共共、不二山仁還礼場《かえれば》、早、阿田津日女和、我《われ》天ケ下仁、一神崇目守給神皇仁、疑伊尾受毛無仁《うけむに》、面保久仁《めんぼくに》、命《いのち》長等栄而、居羅礼《いられ》留者加《るものか》、我ケ孕居留子供《われがはらみいるこども》、姓阿羅場《しょうあらば》、慥《たしか》仁聞毛、天ケ下《てんが》仁一神之種成留曽、生阿羅場、火之中茂寿命尾太毛知《たもち》、夫神之疑《うたがい》非払志給《はらしたまう》。登申付、小室奈留、宮守□□□□□《不明》野、川合野、真佐小砂《まさご》之小島仁、無戸室尾造□□□□□《不明》産置、四方之壁尾土仁手堅塗付、頼ム頼ム頼ム登言置而、不二山仁登里、熱火中仁、翔飛入《はねとびいり》、神去里給志後仁、天児屋根命、作田彦命、掛付見礼場、火煙里登共仁焼死志神去給。

火煙之中仁、産礼子之泣音、生子計里茂助毛余《うまれこばかりもたすけよ》登言手《といいて》、火煙里之中仁、飛入、生子尾太久登追伊《うまれごをだくとおい》行場《いけば》姫之魂魄仁《こんぱくに》、愈《いよいよ》、火煙里強久、熾吹上里《さかんにふきあがり》、不二山者、煙出《けむりで》消宇瀬仁毛留。天之児屋根命和《あまのこやねのみことは》、小室仁下里、天之太玉命《あまのおおたまのみこと》共共、無戸室之屋根破里、三皇子尾出志手、高照日女、下照日女仁、守護之依頼尾命ズ。右大神之謚尾、此仁依手、天児屋根之命、登申須也。

作田日子命仁申付、猿之乳尾取手、下照日女仁阿《あ》太栄《たえ》、三子之養行尾命ズ。

其依里、天太玉命、天児屋根命、作田日子命之三神之工夫尾以手、神后之御骨火煙之中依里、拾伊集目持来里、宮守之宮仁納置内、四方諸《もろもろ》万国《よろず》之神神、神都高天原仁登里来留目《め》印尾宇志奈伊、神皇仁仁木命尾根身給古登限里奈志。

　四方諸万国皆大騒動仁成留仁依而、天児屋根命、事代命、登、共共鹿仁打乗里、西国仁行、右之次第尾物語礼場、神皇、大伊仁驚、筑紫島尾、塩土老翁命、豊玉彦命仁守世、南島尾、興玉命、味耜託《あじすきたく》彦根命仁守等瀬、住防、下之関和玉柱屋命仁守等世置、外将将始、軍勢従伊、高天原仁還幸致志、玉柱屋命、大物主命仁申付、中国《なかつくに》尾鎮給。

　経津主命、武甕槌命仁申付、東国尾鎮給。

　大国主命、事代命仁申付、北国尾鎮給。

　大力男命仁、神皇詔志而、神后之魂魄《こんぱく》止座太留、火煙之熱火之中依里、大力男命、工夫尾以手、神后之身体之焼志身根《しみこんで》而、魂魄《こんぱく》之止座太留尾《とどまりましましたるを》掘出志、（但シ、此之掘出志太留所尾、野燃栄太《やもえだ》、登申志、此之小山之峰依里、火煙、宇須《うず》尾巻《まいて》而、上留仁依而、宇須久保《うすくぼ》山登申志給也。大力男命此之原野尾、無死《なし》骸原《がいはら》登申也）小室、宮守宮仁持来里、宮守宮仁納置、御骨登合世、御座野原、南金山之峰之陵仁葬留。

註　場所は南都留郡忍野村忍草字臼久保

寿一〇二千六百日、謚、木花開夜姫尊《このはなさくやひめのみこと》、登申也。

此依里、神皇仁人木命、諱、金山男命、登改目給。

其依里、婦神之産給、三子之名尾定ム。神后、不二山之焼火之熱仁入、身体盛焼、盛之時登、身体焼終留時登、身体焼終而、焼火遠座加里太留時仁、仮令《たとえて》而、三子之御子之名尾付給。

　始手産給御子之名尾、火照命《ほてりのみこと》。

　次仁産給御子之名尾、火須勢理《ほすせり》命。

　亦次仁産給御子之名尾、火遠理《ほおり》命、登申給也。

　但シ、熾巻《やけまく》火煙之中依里、大力男命之工夫仁依而、神后、阿田津姫之身体、焼煮志身、神后之魂魄止座《こんぱくとどめまします》、霊石《れいせき》取出志太留功仁依而、大力男命、事、石礙姥《いしごりどめ》命、登、謚名尾給也。

其依里、神皇金山男尊、勅命以而、西国大合戦之軍功定ム。

左大神、天太玉命之子孫一族尾、祖賀家、登定目、

天ケ下大政尾司取、家、登定目、
　右大神、天児屋根命之子孫一族尾、物部家、登定目、天ケ下諸大政尾司取、家、登定目、
　塩土老翁命、豊玉彦命子孫一族尾、西筑紫島一円、守護司役之、家、登定目、
　興玉命、味耜託《あじすきたく》彦根命之子孫一族仁、南島一円、守護司役之家登定目、
　玉柱屋命、大物主命之子孫一族尾、西中国守護司役之家登定目、
　経《ふ》津主命、武甕槌命之子孫一族仁、東国守護司役之家登定目、
　大国主命、事代命之子孫、北国守護司役之家登定目、
　稚武主命、建御名方命之子孫一族尾、北中国守護司役家登定目、此之建御名方命子孫一族和、鹿仁乗里、四方諸万国尾駆巡里、先頭仁須須ム軍大将之家登定目、亦、此之稚武主命之子孫一族者、馬仁乗手、四方之諸万国尾駆巡里、先頭先立軍大将之家登定目、

　石凝姥命、子孫一族者、軍事用武器尾作留家登定目、諸万之物事之数取尾、替改手、一二三三十尾廃志、一二三四五六七八九十、登改目、一十百千之次之〇尾廃志、万、登改目給也。

　此之数取之器和、小木之丸太尾、短区折《みじかくおり》、数取仁使也。此《これ》尾算木、登、後世申也。

　神皇金山男命者、神后之産所之三子生長致須仁従非、神皇仁、顔体《からだ》、真替無久《まがえなく》、伊気宇津志《いきうつし》也。

　神皇、日夜重《かさねる》留保度《ほど》、神后仁古賀礼《こがれ》、病登成留仁依手、天太玉《あまのおおたま》命、天《あまの》児屋根命、老神、作田彦命尾召志談事《めしだんじ》給場、答而曰久。神皇者気病《けびょう》成礼場《なれば》、私仁工夫尾致志真須、登、御受致志、天細目女《うずめ》命、登、石凝姥命尾真根気《まねき》、神皇御祖場《おそば》仁和、高照姫命、下照姫命、三子尾守護《しゅご》奉《たてまつり》居留《いる》所仁、猿二疋津礼《つれ》真伊里《いり》、二疋之猿仁、尾道等瀬《おとらせ》、作田彦命登、細目女命、白髪頭尾宇知不里《うちふり》而、多和ム礼、咄尾歌非《はなしをうたい》、二疋之猿仁、志加太尾佐瀬、石凝姥命、飯尾焚《めしをたき》、器《うつは》尾棒仁手太太木《たたき》、日夜尾送里《おくり》給賀、日夜重《かさね》重手、

寿一万五千八百十五日仁志而、神去給（寿令を太陽暦に換算すると、四十四歳）。

神后登同所之陵仁葬留。

諡《おくりな》名、天津日子仁邇藝尊、登申志給也。

但シ、神后、阿田津日女者、西国依里、不二山高天原仁還幸志、宮守宮之神殿仁、御鏡尾納、無戸室之産殿尾造利、三子尾産置、不二山仁登里、火熱仁入而神去里給也。亦、神皇、金山男命和、西国尾平等毛、高天原小室、宮守宮仁還幸志給、宝剣登、御霊《みたま》玉尾、神殿之御鏡登合世納目、神祖神祖之大御神仁、軍《いくさ》和勝利之天《あまつ》舞《まいを》致給也。

神后産置三子之、火照命和、海狩尾好身、火須勢理命者、農作尾好身、火遠理命者、山狩尾好身、此尾、海佐知日子、農佐知日子、山佐知日子、登申也。

阿留日、火遠理命、兄火照命仁釣針尾備而魚尾釣《つれ》度《ど》モ、魚一疋モ得須、其釣針尾海仁失非、兄火照命怒手免佐須《ゆるさず》、真古登仁古真理、十方《とほう》仁暮而、西瀬湖《にしせのうみ》之浜之龍宮仁止座、四方諸万国之海神之司首、海鰭《うみひれ》根求男《ねむお》命之所仁、川口依里小船仁乗里而、多須根行場、浜仁、日女洗物尾致志居、山佐知日子、物申而曰。日女答手曰ク、此之龍宮和、我ケ父、海神之司首之宮成利登申ス。山佐知日子、然場、父神仁案内尾頼ム。日女、父神之居間仁案内ス。

父神、何用尾《なんようを》登尾《とお》。

山佐知日子、答手、右之次第尾申ス。

海神司首、驚哀《おどろきあわれ》身給《みたまい》非、一女尾身合世、龍宮仁止座置事、千三百十四日也。

註

一、天孫降臨
『古事記』には、ニニギノ尊が高天原の御座所である天の石位《いわくら》を離れて、幾重にもたなびく八重雲を押し分け入って、堂々たる威容に、道を押しひらきに開き、そして天の浮橋の傍らにある浮洲の上に立ち寄って、下界を打ち眺めたあげく、筑紫の日向にある、噴煙絶ゆることのない、高千穂の峰に天降った、とある。文章は漢字ばかりで難《むずかし》く書いてあるが、解読すればそういうことである。しかし、これではニニギノ尊が天界から地上へ降ったように考えられ、神話伝説の謎《なぞ》が解けない。これに対し、『富士文献』には、ニニギノ尊が神都富士山（不二山）高天原の家基都から、筑紫、つまり九州を目指し、軍勢を従え五十日を要して周防《すおう》に到着、その後九州の敵前に上陸、高千穂に遷都したことが記される。記紀には目的が書いてないため、意義が不明で、日本人の遠い祖先は、大陸から渡る先住民と、南方から漂流によって渡る南方民族説がある。

二、日本へ侵攻した国と国王

古文書の本文中には攻めて来た国と国王が書いてないから補足しよう。

古代震旦《しんたん》国（大古の中国）の夏王朝前、三皇五帝の時代の、黄帝より五代目を舜帝といい、名を有虞と申した。時代はBC二二五八―二二〇六ころの帝王。今日よりおよそ四千二百年前の時代、日本は独立国となって、豊阿始原瑞穂国となっていた。中国大陸から見れば属国と考えられていたことだろうが、わが国からの音信もなく、また貢物もないことから、この島国を占領し、従属国にしようと、舜帝の命令によって大軍勢が攻めて来た。この防戦のため、わが国の国王仁々木尊は、婦神の阿田津日女をも伴ない、敵の上陸している筑紫（九州）へ渡り、軍勢の指揮をした。また敵の一部は南島、つまり四国へ上陸しているので、この方面の指揮には婦神を軍大将として派遣した。

三、伊予三島と駿河の三島

この両地に、三島という地名と共に、阿田津日女つまり木花咲夜姫尊の父神・大山住命を祀る『延喜式』に載る名神大社がある。この両社のどちらを本社とするか古くから論争があった。伊予の三島神社は、九州高千穂への天孫降臨説をもって、近くにあることから本社であると主張し、駿河の三島神社は大古からの地名であり、崇拝者も多く、分社の烙印《らくいん》を押されたくないことから論争をしたが結論はつかず、両社とも官幣大社となった。

真相は駿河がもとで、大山祇命の婦神・加茂沢姫がお亡《な》くなりになった場所であり、伊予三島は大山祇《ずみ》命がお亡くなりになった場所である。原文にもあるように月読尊の一男・正哉山住命、諡名・大山住命は「われは三島の婦神の居るところへいくよ」と遺言されたので、この土地を伊予といい、三島明神と祀られた。

四、無死骸原と宇須久保の地名

富士山麓には日米安保条約に基づき、演習場が二か所ある。一つは東富士演習場であり、一つは北富士演習場で、この一帯を今日は梨が原という。この梨が原の語源が、無死骸原《なしがいはら》である。この演習地使用のため、自衛隊の隊舎が設けられているところが、宇名臼久保《うすくぼ》で、寄生火山でできた小山を臼久保と言う。この地名は今日も変わらない。今より約四千二百年以前は噴火をしていたことがわかる。

阿田津姫、諡名・木花咲久夜姫は、夫神の仁々木尊から産まれる三皇子についてわが子でない、と言われたことが口惜しく、身の潔白を示すため、臼久保の噴火口へ投身自殺をした。遺骸がなくなったため、この一帯を無死骸原《むしがいはら》といい、また、野が燃えていることから噴火口付近を、野燃太《やもえだ》と、地名が付けられた。今日は語源を知らず、田圃のできる場所でもないのに、山尾田《やまおだ》という。

五、御座野原と金山の峰

御座野原《おざのはら》は現在の富士吉田市の小佐野《おざの》のことで、桂川《かつらがわ》の流域にあたり、上吉田集落の前身地であり、この地名をもって氏姓とした人々は多い。金山は語源的には「家の根元《ねもと》の山」ということから家根山《かねやま》といい、今日では、武田氏と北条氏の戦乱から、釣り鐘でもあったことからできた地名だろうとして、鐘山という。忍野村から富士山に最も近く、富士山方向に連なる峰山を鐘山といい、西側の原を小佐野原、東側は忍草の集落で、富士の写真を撮る名所として有名である。

六、論功行賞

論功行賞とは、手柄の有無を論じて定めることであるが、神皇仁仁木尊のとき、わが国で行われ、十七神の軍人に日本列島の各地を分割し、守護司役、つまり地方長宮の国司の家と定められ、また、左大神、右大神の祖賀家《そがけ》、物部家《もののべけ》も定められた。

第四代　天津日子火火出見尊

第四、火遠理命者、御父神皇、故仁仁木尊之、遺言仁依而、神去給後、左右大神相談之上、天児屋根命、作田日子命尾道案内登志、西瀬之湖之北、日向山之、麓之浜之、龍宮江火遠理命迎仁行。

海神司首、海鰭根求男命依利、一美女《ひめ》尾貰受、小室沢仁立還里、火遠理命之諱、天津日子火火出見命、登申、海神之一女尾、諱、豊玉日女命、登、名付給。

天児屋根命之御子登致志、神皇仁身合世、宮守宮之神殿仁於手、三品之御宝《さんぼんのみたから》尾《を》捧《ささげ》、御位《みくらい》仁付給也。

神后、豊玉日女命、神皇之火火出見命仁申。妾《わらわ》已《すで》仁《に》妊身《はらみ》、今産時仁臨登申須。

神皇驚、月夜見尊之四男、大山住命之弟、倉山住命仁詔《しょう》志而、南宇宙之湖、出張島仁産殿尾造等瀬、鵜羽《うのは》尾《を》以而《もって》、産殿之屋根葺終等座留仁、皇子誕生志給。

依而、御名尾、阿曽男命、亦名、家基都王命、登、名尾付給也。

此之産殿者、宇浜宮登申也。後、皇子五神、皇女七神有也。

其依里、二〇五千六百十三日夜之時、醜男命、筑紫依里、早馬仁手、使者仁来里申曰久《いわく》。三漢方面依里、大軍筑紫島尾攻目来留、登、津毛志羅須仁依而、諸《もろもろ》万《よろず》之天津国津神尾集目、相談決定之上、天日子火火出見尊、宮守宮之御神殿仁於手、三品之御宝尾捧毛、皇子阿曽男命仁御位尾譲利給。
其依里、筑紫島者、三漢始、西大陸仁近伊仁付、筑紫者、度度攻取等礼留仁依而、是依里、神都尾、筑紫仁宇津志、居奈加等防久依里、外仁工夫無志登、想方相談一決志、其依里、神都尾、筑紫之要害堅固之地尾見立、不二山者、世界第一名山仁志而、日之向、高千火奈留仁依而、不二山之地名尾取而、神都尾移須山之地名尾、日向高千峰、登、名付給。
火照命、総軍帥登志、武甕槌《たけいかづち》命、経津主《ふつぬし》命、建御《たてみ》名方《ながた》命、稚武主《わかたけぬし》命之四軍帥尾副帥登志、二万八千神之軍勢尾従非出発致志、三十六日仁志而、穴門《あなと》之周《す》防《おう》之宮仁付給。時軍勢十〇《万》余神也。
此依里、軍勢尾二手仁分毛、筑紫島、東之水門《みなと》仁而攻留大将者、元帥火照命、副帥武甕槌命、稚武主命、軍勢五万余神也。
筑紫島、南之水門依里攻留大将者、元帥火須勢理命、副帥経津主命、建御名方命、軍勢五万余神也。
南軍、南水門依里上陸志、賊大軍登度度戦六百五十日仁志而、西北之方面仁賊尾皆追払、霧島山依里、西大山仁本陣尾移志給。
但シ、不二山高天原、神都阿曽谷依里、火須勢理命、軍勢尾引津礼行、筑紫島南方之大賊尾鎮給而、霧島依里、本陣尾移志而、此之大山尾本陣登致志筑紫之大賊尾鎮給仁依而、此之大山尾、阿曽山、登、名付給也。
此之大合戦仁
討死将神　二十八神
負傷《ふしょう》将神《のしょうじん》　十七将
討死之兵神　三千八百余神
負傷者《ふしょうしゃ》　四千六百余神也
（合計八千四百四十五神）
尾茂太留命一男、少名日子那命者、大戸道命之三女、武弥雄日女命尾娶利《めとり》、諸国尾治目、諸之常世之国仁渡里、外交《がいこうを》志《し》而《て》、大功尾現志、国家仁大功尾立太留御神也、此之少名日子那命、寿三万五千五百余日仁志而老死。神去給。尾張州中島里仁葬留也（九十八才）。

　其子、久延仁日子命、婦神、大国主命二女、竜高日女命、古登、下照日女命尾娶《めとる》也。久延仁日子命、尾張州中島仁於而、寿三万四千四百余日仁志而、神去給。中島之里仁葬里給。諡、大国御魂命、登申給也。

　婦神、諱名下照日女命者、神皇仁大功尾立太留大御神也。尾張海部里仁於而、寿三万五千余日志而神去給。同所仁葬留、諡、大国御魂日女命、登申給也。

　其子、阿曽武命者、豊玉日子命三女、海那日女命尾娶里、海軍総大将也。大賊之数百船尾焼打志、敵之大将目掛、敵船仁乗宇津里、大賊登大井仁戦而戦死須。登同時仁敵身方之軍船皆消滅志給也。

　依而、海軍大将頭首、阿曽武命、御夫婦之二柱之神尾、大山仁葬里、並、海軍之諸兵神之死体尾、皆阿津目葬留也。此依里《これより》此之大頭首之諡尾取而、此之大山尾、阿曽山、登名付給也。阿曽武命、寿一万二千二百五十日、（今日の年令に換算すれば三十四歳）諡、健磐龍命、登申須也。

　婦神、海那日女命、寿一万一千八百十三日、諡、阿蘇日女命、登申給也。

　其依里、霧島山尾神都仁定目、日向高千峰山登名付給。宮尾高千峰之宮登名付、奥山住、倉山住、繁山住、葉山住、原山住、外山住命之六神仁詔志而、宮尾造営須。

　神皇、左右大神始、天津、国津諸之万之神々付従ヒ、高天原依里、御幸《みゆき》致志、筑紫島之宮仁付給時、屋根葺終羅座留仁依而、高天原之天都大御神、日子火火出見尊之詔《みことのり》尾以而、鵜茅葺木不合尊《うかやふきあえず》、登諱尾授給。

　神皇之神后者、豊玉日女尊之姪、海鰭根求男命《かいきねむお》、古登、後諱、豊玉彦命之孫、海津古玉日子命之一女、玉依里日女尊尾神后登致志給也。

　其依里、今度之大戦役之軍功尾定目、並、陸軍総戦死者之霊魂尾、霧島山仁祭祀、霧島神社ト祭利給。

阿曽山仁、海軍総首頭之御夫婦二柱神尾、健磐竜命神社、並、阿蘇日女神社ト祭利給。海軍兵諸之総戦死者尾合セ、国造神社登祭給也。

父大御神者、則、不二山仁止座《とどめまします》須《す》也《なり》。此則、日子火火出見尊御夫婦之大御神者、不二山高天原小室之家基都之宮仁止座而、建御名方命ノ御子、諏訪彦命、阿曽比咋《ひぐい》命、稚武主《わかたけぬし》命鳴澤男命、海津古玉彦命、石作器命、仲津波限《なぎさ》彦命、大山彦命高天原仁止而、神皇御父母之大御神尾守護 座《ましまし》居《お》利《り》給也。

此依里、筑紫島高千峰之宮之神皇者、不二山高天原之諸々之万之天都大御神之御神託《しんたく》尾受、授御位尾賜而。

但シ、此之御位仁付給時者、宮寺之大宮之御神殿之御戸尾開、宮司之守護、神前仁於而、神皇仁御位尾授毛給式礼也。

天箇下四方之 諸《もろもろ》 之万《よろず》之国之太政尾司取留古登尾、大御神之勅命仁依而、定目給者也。

次仁、諱、謚、国名之古登尾定目給。

国名尾、宇家弥不二合須国、登定目、
神皇、諱名代代、鵜茅葺不合尊、登定目、
神后、諱名代代、玉依里、女尊、登定目、
神皇、諱名代代、宇家弥不二合須尊登定目、
神后、諱名代代、宇家弥不二合須比女尊、登、大御神勅命仁依而、御定目給者也。
豊葦原瑞穂国之世、凡十七万八千余日也。

註

一、本原文に続き、筑紫島（九州）の日向高千穂宮に遷都、以後、宇家弥不二合須世五十一代の各世代記があり、別に書き写すことにした。原文は神世より文字を伝える三十六神家が集大成したもので、次の奥書がある。

人皇八代孝元天皇即位七年、秦徐福作、書記置、人皇三十八代天智天皇、天智十辛未年八月中書記置、蘇我、武部両家之世代尾、人皇八代孝元天皇御代依利作正志、是仁宇津須者也。中臣藤

原物部麻呂。

建久三壬子年（一一九二）八月右書写ス。

富士大宮司、宮下源太夫義仁謹書ス。

二、背《せ》の湖と竜宮

背《せ》の湖と竜宮は、今日の青木が原にあった湖で、延暦十九年（八〇〇）と貞観六年（八六四）の二回にわたる、富士山の北西側からの大噴火によって、溶岩が流出し、背の湖は埋没し、今日に見る三湖となり、青い海原は緑の樹海に変化した。この湖の北岸に、イザナギ尊の第二皇子栄日子《えびす》命（蛭《えび》子《す》命）の住居があった。栄日子《えびす》命は別名を竜王といい、竜王の住む御家《みや》を宮という。これを省略し、竜宮といい、この竜宮に生まれた豊玉姫を、火遠理命（天津日子火火出見尊）が迎え、神后にせられた。青木が原の竜宮洞穴も、こうした古い時代からの因縁で名も残り、また、今は無き背《せ》の海であるが、背《せ》の海神社があり、祭神は栄日子命で、水神様の本社として古来より崇敬されてきた。

三、宇宙湖と宇津浜の宮（産屋が崎）

宇宙湖（後世は宇津湖という）は、現在の山中湖から忍野村の平野地帯にかけて存在した湖。延暦十九年の噴火による溶岩流（鷹丸尾溶岩）により分断され二湖に分れた。忍野村の湖は、明応四年（一四九五）の大地震のため、せき止めていた鵜《う》の口（富士急ホテル付近）の崖《がけ》が崩壊、これより順次水は涸《か》れ、今日見る水田地帯の平野となったが、延暦十九年以前は、瓢箪形の大湖であった。宇宙湖の出張り島は、現在の富士急マウントホテルの山、つまり大出山の突端をいい、溶岩流に埋没し平地となっているが、お崎《さき》という。往古この場所には砂浜の御崎《みさき》があって、この場所へ産殿《うぶどの》（産屋）が建てられ、皇子が誕生した。この産屋を宇宙浜宮、別名、産屋が崎ともいう。河口湖の出現は、延暦十九年の噴火によるもので、流出した溶岩流によるせき止《と》め湖であるが、宇宙湖、つまり山中湖の産屋《うぶや》が崎は埋没のため、新湖の河口湖へ、産屋が崎の地名を移し、今日に至る。

宇宙湖の産屋が崎で生まれた皇子は阿曽王または家基都王とも申したが、、産殿の屋根が葺《ふ》き終わらないうちにお生まれになったことから、渚《なぎさ》の武《たける》(『古事記』には波限《なぎさ》の建《たける》) 鵜茅葺不《うかやふきあえずの》合尊《みこと》と諡名された。鵜茅とは萱《かや》、つまり草が宜《よろ》しい、という表意文字を当てた。ススキのことで、家屋《かや》を造る代表的な草の名であり、萱、茅の穂は、鳥の羽根のような形状から鵜茅と表現したのであろう。

四、第二回目の敵軍来襲

古文書に火火出見尊が御即位なされてより二〇五千六百十三日とあるは、〇を万に入れ替えられたので、実日数は七千六百十三日であろう。つまり太陽暦に換算すれば、即位して二十二年経過のとき、中国と韓国方面より敵の大軍が攻めて来た。

こうしたことから、外敵からの侵攻を防ぐには、筑紫島、つまり九州に首都を移し、その土地に居りながら防ぐことが最もよかろう、と決定せられ、火火出見尊は、皇子の阿曽王命に譲位され、みずからは高天原の家基都にとどまり、阿曽王命は一族眷属と共に筑紫に都を移動することになった。

軍勢を集め、尊の兄、火照命を総元帥とし、穴門《あなと》の住防《すおう》の宮、つまり山口県の後世国府があった防《ほう》府《ふ》まで約一カ月間かけて到着した。

仁人木尊の時は、この場所まで来るのに約二カ月を要したが、道路方向にも馴《な》れ、半分の日数で到着し、ひとまずここに集結した時は軍勢十〇余神(実数一万)になった。ここで舟を整え、軍勢を二手に分けた。一方は大分県の国東《くにさき》半島へ上陸、この方面の元帥には火照命、副帥には武甕槌《たけいかづち》命、稚《わか》武主《たけぬし》命、軍勢五十余神(実数五十)が従った。一方の軍勢はさらに南の水門《みなと》、別府湾か、日向に上陸した。この方面の元帥には火須勢理命、副帥には経津主《ふつぬし》命、建御名方《たてみながた》命が任ぜられ、軍勢は五十(実数五千)余神、戦乱は数カ月に及んだが、敵軍を鎮圧して、西北の方面に追い払うことができた。

五、敵軍の国王は誰か

本文中には敵軍は誰か、ただ三漢方面より敵軍来襲のための戦いであり、わが国の戦死傷者は合計八千四百四十五神、ということは書いてあるが、敵軍の状況がわからない。

他の古文書、「震旦国皇代暦記」「神皇御系族」「筑紫島二度合戦記」などを見ると、中国の三皇五帝の舜帝（黄帝までは三皇というが、黄帝の一男、金天氏よりは帝といい、金天氏より五代目を舜帝《しゅんてい》、名を有虞氏という）、婦神と共に軍勢を従え、北九州に上陸侵攻したが敗れ、船団を集結し、退散中に、大暴風雨（台風）のために船は沈没《ちんぼつ》し、海の藻屑《もくず》となり、大陸へ帰った人はなかったとある。

このため、中国では、大禹王、名は夏国氏が帝位を襲い、これより夏国の時代になったとある。

六、国名の変更と遷都

戦乱は十数カ月ほど続いたが、ようやく治まり、霧島山に都を定め、不二山高地火峰の名をとり、日向の高千峰山と命名された。外敵の侵攻も容易でなく、防御に便利な要害の地であることから定められた。かくて高天原の家基都に連絡し、遷都することになったが、まだ宮の建物もできていないということから、父神は、阿曽王命に鵜茅葺《うかやふき》不合尊《あえず》と贈り、神皇の即位には不二山高天原に上り、皇祖の大日留女尊《おおひるめ》以来の式礼である三種の神器（祖佐之男命の従臣の指導によって、わが国で初めて作られた御剣《みつるぎ》、鏡、宝司《ほうし》の玉）を捧げ奉り、即位することを勅命《ちょくめい》した。これより、国名を、宇家弥不二合須国《うかやふじあわすくに》といい、筑紫の日向高千穂の宮へ天孫降臨、つまり遷都せられた。

七、豊阿始原瑞穂国時代についての見解

日本列島に人間が住みついたのは数万年以前に遡る。この時代はウルム氷期といい、大陸とは陸続きで、動植物も自然に流通し、人々は容易に移動できた。ところがおよそ二万年前より、海水の増大と地殻変動により、陸続きは沈み朝鮮海峡ができ、日本列島は孤立した、といわれる。

およそ四千五百年前、農耕、文字を知る民族、つまり漢民族の集団が船で古代中国の国力のもとに渡来したのが、天神七代の時代である。日本列島の各地を調査し、独立国として命名したのが、豊阿始原瑞穂国であり、わが国の始まりであった。

こうした名称は、日本列島の先住民には発想の至らないことで、日本列島以外の地域を知る人々が、大陸の気候風土と異なる春夏秋冬の四季があることから、日の本の四季島といい、果実は実り豊かな島であることから国名ができた。北陸には野生の米があり、稲作ができ、また葦《あし》や茅《かや》（萱）は家を造る材料で、至るところ豊かにあり、生活できる日の本島であることを知る大陸（中国北部）からの移住民の発想であり、土着民（先住民）には想像のできない国名である。

この時代を原文では凡十七〇八千余日とある。十七〇は、今の数字表記では、一万七千と八千を加算した二万五千日となる。年数にすれば、豊阿始原瑞穂国の時代は、およそ六十九年間といえよう。

八、鵜茅葺不合尊と神武天皇

『古事記』『日本書紀』では、鵜茅葺不合尊《うかやふきあえず》は一代で、次は神倭伊波礼毘古《やまといわれびこ》（『古事記』）、神日本磐余彦《やまといわれひこ》天皇（『日本書紀』）、つまり神武天皇で、鵜茅葺不合尊の皇子である。しかし『富士文献』では宇《う》家弥不二合須世《かやふじあわすのよ》の時代は、代々世襲して鵜茅葺不合尊を名乗って五十一代続く。記紀ではこの時代が脱落し、いきなり神武天皇となっているが、初代鵜茅葺不合尊と、五十一代の鵜茅葺不合尊とは中国史より見て千八百年の時代差がある。

宇家屋不二合須世（九州時代）

第一代、宇茅葺不合尊は不二山高天原より筑紫島に神都を移し給いて、日夜一千五百日にして、大陸の大軍を追い払い、筑紫を鎮め平和となる。

両手の指を重ね合せ、十づつ六度合せて、一根《ね》と定める。

　左右大神を置き国事行政を行う。四方諸々万国に小軍師を置き、万国を守護することを定める。

　石作器男命は、丸石または角石を平に磨き大政に仕え、文字を掘って、神皇に献じ給う。

　但し、この文字は、天の御中世十五代、神農氏神、諸々万の物の形を書き、文字と致し、石に掘りて、農立日子命（国常立尊）農佐日子命（国佐槌尊）を始め、諸々万の子孫一族に教え示す文字なり。

　それより、神皇は詔《しょう》して、四方国々に行宮《あんぐう》を造営し、五根回りに臨幸《りんこう》致すことに定む。

　火照命は、四方諸々万国の総軍師令神と定め、阿多野原に宮を造営し、この宮を阿多宮《あたのみや》と名付け給うなり。命は、道を走ること、古今希《まれ》に隼《はや》きによって、諱名を、隼人《はやと》彦命と申すなり（註・史学界に異説あり）。

　火須勢理命は、本島の諸々万の諸務の総司令神と定め、不二山高天原に帰り、小室の宮守り宮において、神祖を始め、諸々八百万世《やをよろずよ》の大御神を守護奉り居り給うなり。

　大御神の日子火火《ほほ》出見尊は、高天原の小室家基都の宮において、日夜を重ね、寿、十五〇六千日にして、神去り給う。大室の神山の陵に葬るなり（今日の年令に換算すれば五十八歳）。

　但し、この山は、諸々万の神々の遊び場所の山なるによって、神山と申すなり（今日の地名、足和田山と想定される）。四方諸々万の国は、皆豊作なるによって、諡《おくりな》名、天都日子穂々出見尊と申し給う。神后の多摩依里日女命は、数日後れて、同宮において、日夜重ね、寿十六〇三千百十四日にして、神去り給うなり。よって、神皇と同所に葬り給うなり。

　宇茅葺不合尊は故大御神両神の御髪毛霊を、奇日《くしび》の高千峰の上の大宮に、高天原より移し、祭祀致し、始羅《しら》山上の陵に、両親の髪の毛に剣霊と桧扇《ひおおぎ》を添えて、納め葬り給うなり。

また、天の火照命は、高天原の金《かね》山の陵より、両親の大御神の御霊《みたま》・剣・鏡を、日向の可愛山《えのやま》の裾、長井の宮に移し、祭祀致し、同宮西の可愛山の陵に、霊剣と鏡を納め、葬り給うなり。

神皇は、勅命をもって、神皇神去りし後は、皇太子、御位に即《つ》くことを定め給う。

また、神后の存命中は、神后は、神皇にかわって、天が下の四方諸々万の国の大政治を取ることを定める。これを摂政《せっしょう》と名付け給う。

神皇は日夜を重ねて、存位二百七十七根、授四百五十根にして、神去り給う。日向の高千穂の峰の陵に葬り給うなり。

（以上「開闢神代暦代記」より）

註

一、穂々出見尊の御陵は大室の神山の陵とあり、また、この場所は神々の遊び場所の山なるによって、神山と申すなり、というように、後世の人々にもわかるよう、但し書きをしている。

古文書を調べると、富士山北麓の今の山中湖、忍野村一帯を宇宙の里、富士吉田市大明見を小室の里、同市小明見を中室の里、それより西側一帯の寄生火山として出現した大室山あたりまでの広範囲を、大室の里と呼んだ。

神山の名称は今日に残っていないが、穂々出見尊の皇妃《こうひ》の出生地は、今日の西湖の辺りであり、今は足和田山というが、この山は観光の名勝地である。富士山を面前に紅葉台、三湖台、五湖台など、富士山麓一帯を展望する絶好の場所であるので、往古は神山といったことと想定される。

なお、神后多摩依里姫尊の寿令十六〇三千百十四日は、今日の計数に換算すれば五十三歳となる。

二、初代・宇茅葺不合尊《うかやふきあえず》の遷都

記紀には神武天皇の父であるかのように記されているが大きく時代差があり、辻褄《つじつま》が合わないため、戦後は神話伝説であるとして軽視されるようになった。一方で、地方誌・郷土史の研究は盛んとなり、『富士文献』も世に出るようになった。

戦前戦後を通じ、記紀は、わが国の正史とみなされ、記紀以外の記述のある古文書はすべて偽書であるとされてきた。しかし、実際に調査し、検討してみると、『富士文献』こそ最も信頼できる正史ともいえるものであり、記紀の疑問点、過渡の潤色、脱落部分の補足ができるようになった。

ニニギノ尊の時代に、国土防衛のため、富士山麓の高天原の家基都より筑紫（九州）へ御降りなされたが、その孫に当る初代の宇茅葺不合《うかやふきあえず》尊は、九州の高千穂の宮へ天孫降臨、つまり、遷都なされた国王であった。

三、宇茅葺不合尊の在位と年令

月の満ち欠けの循環は三十日を一根としていたが、宇家屋朝以降は六十日をもって一根と改めた。在位二百七十七根は、今日に換算すれば四十六年となり、寿四百五十根にして神去り給う、とあるは、換算すれば、年齢七十四歳と推定される。

この時代より摂政《せっしょう》の制が行われた。神皇の没後は神后が摂政となり、二十根間つまり約四年間行われた。寿四百七十二根は御歳七十八歳で、婦神の多摩夜里日女も、この世を去られ、諡名を、不二合日女尊と申された。

四、天都と神都の関係

不二山（富士）高天原の家基都《かきつ》（都留郡の名称はその名残り）は、遷都により天都と称されるに至る。皇位継承の際には天都に上り、三種の御神宝を捧受し、即位の式礼を行う約束になっていたので、筑紫の神都が軍事・国政の中心になっても、即位の式典は天都で行われた。天都と神都とで関係を保ちつつ、それぞれ情報連絡をして国を治めることは、後世の崇神天皇の時代まで続く。天都においては、国の重要な出来事を記録保管する。それは文字を伝える三十六神家の任務であった。分離するようになったのは、大和朝廷の支配体制が安定した崇神天皇の御代、高天原天都《てんと》の象徴たる三種の神器を大和《やまと》の笠縫《かさぬい》へ移した時からである。

人皇十二代の景行天皇の時、東北国一帯は、大和朝廷の命令には従わず、自ら治めようと、太神宮（浅間神社）の副宮守司《みやもりし》長の阿曽彦命が首謀者となって、天都の再興をはかる。このことが大和朝廷に知られ、日本武命《やまとたける》の東征となり、東国の軍勢は敗退した事件は記紀にもあり、天都の名称は時代の変化と共に衰退した。
五、天之忍穂耳尊は、系譜に見るとおり、阿和武男命の一子であるが、父神は若くして神去り、大日留女尊の養子となって生育した。婦神は、祖佐之男命の一女、雲津日女・諡名は栲幡《たくはた》日女尊とある。『日本書紀』には、姫の父神を高皇産霊尊としてあるが高皇産霊尊は神農氏神への諡名とある。

六、祖佐之男命は別紙によれば、神農氏の二男を朝天氏といい中国、東州（朝鮮半島）国王となり、孫を新羅《しらぎ》王、その四男を多（太）加王とある。
七、天之忍穂耳尊の系譜

豊斟渟尊《くむぬ》――阿和武男命（諱、阿和路日子）
　　婦神白瀧日女命（天之茂登足日子命の五女）

天之忍穂耳尊（諱、豊武日子、大日留女尊の養子）
婦神雲津日女（栲幡日女尊、祖佐之男命の一女）

├天之日子仁々木尊《ににき》――幼名、武雄日子、諱、仁々木命
│　神后、阿田津日女、水花咲耶日女尊
├太真祖尊《おおまそ》
├太八重美日女命
└天母岬日女命

├火照命（隼人彦命）　佐津真武命（九州）
│　　高原男命（甲斐国）
├火須勢理命……子孫世襲し伊豆の江川家は今日に至る
└火遠理命（穂々出見尊）
　　└初代・宇茅葺不合尊（九州へ遷都）

第四章　秦徐福の『富士文献』は語るⅡ（解説）

国常立尊並に国佐槌尊　子孫来歴

抑《そもそも》、天都州海原之《あまつくにうなばらの》四季島之、蓬莱山之高天原世七代。

註　そもそもとは、物事を説き起こすときなどに、文の冒頭に用いる語にして、いったい、日本国がいつごろから始まったか、それはそれは遠く、日本国という名もない天つ国・海原の中にあって、春夏秋冬の四季のある島国は、アジア大陸には、見ることもない、またこの世に二つとない、形姿優れた不二山があり、別名を、逢《あ》いに来たことから蓬莱《ほうらい》山とも名付けられた。蓬莱山の裾野一帯を高《たか》天《あま》が原といい、この高天が原には、日本人の源流となった人々が住みつき、日本列島を探検、調査して、創世《そうせい》した時代を、高天原世七代と申された。先住民もいたが、彼らは舟で大陸から移動したのではなく、大陸と日本列島が陸続きの時代に渡ってきたのである。狩猟を生活の基とし、アメリカ大陸へ渡った人々と同祖の時代の先住民がいた。

天の農作日子《のさくひこ》神こと諡《おくりな》神農氏神《しんのうし》（中国大陸の炎《えん》帝《てい》神農氏、黄帝の父。炎帝は、太陽が万物生成の基であることを悟り崇拝し、自身を炎帝といい、子孫を日子・日女と申した）、御子・二柱の大神の諱名《いみな》は農立日子・農佐日子と申す。これすなわち国常立尊・国佐都知《くにさっち》尊である。

この農立は、妻子眷属《けんぞく》を数多《あまた》従え、天下り座々《ましまし》て、大海にて蓬莱山島（日本島）の高砂《たかさご》山の目印《めじるし》を見失い、大海の小島に、妻子、眷属等と共々とどまり座々《ましまし》居ること、日夜久しくして、二度、蓬莱山島の高砂山を見つけ、不二山高砂《たかさご》山の中央高天原に来た。

弟の農佐にめぐり会い、互いに座家見《さがみ》と言いて、泣涕《きゅうてい》致すこと久しうして、兄の言うに、我は西海の小島に帰り、国政を司取るべし、国事・国法・政治の諸《もろ》々の万《よろず》の相談は、不二山高地火峰《たかちひほ》を目印しに、高天原に、島々国々より、天《あま》つ国つ諸々の万の神々（人々）寄り会い、相談致すことを約束し、また阿和知《あわじ》と言って、別れた。それより西海の農立日子とどまり座々《まします》小島を、阿和知《あわじ》島と申された。

それより、農佐日子、兄の農立を見送る沢を、御《み》尾久里谷《をくりや》と申し（現在の御殿場）、また、南海の浜にて、兄に別れるとき、伊須礼《いずれ》いでさらば、と申し別れたる出張《でばり》島を、伊須《いず》と申された。

高天原にて巡り合い、互いに喜び、座家見《さがみ》と申したるによって、この近辺の大名を、座賀見国と申され給う（富士山の東北部は旧相模国）。

兄、農立日子神は、天《あめ》の常武《とこたけ》日子神の女《むすめ》、神佐《かみさ》加《か》日女を女取《めと》り、一男、阿和路日子、一女、白山日女の二柱の神を産み給う。

弟、農佐日子神は、天《あめ》の古登太留《ことたる》日子神の一女、白龍清《はくりゅうせい》日女を女取り、五男七女を産み給う。

一男、日本日子《ひのもとひこ》に、天の常武《とこたけ》日了神の一男、茂登《もと》太手《たて》日子の二女、大原日女を女取り、東国を司取り居り、寿、日夜を重《かさ》ね十二〇三手《て》三〆《しめ》にして老死する（一万二千と三千三百日は一万五千三百日、今日の年令に換算すれば、四十二歳と推定。以下推定年令）。諡名、宇伊土煮《ういじに》尊と申された。

婦神、大原日女、日夜十五〇一手にして老死する。諡名、須比土煮《すひじに》尊と申された。御夫婦の御墓は、高天原小室にある。

二男、農実《のみ》日子は、茂登太手日子の三女、宇津日女を女取り、諸《もろ》々の国の総農事を司取り居り、日夜重々して、寿、十五〇三〆日にして老死する（大巳貴命、謚、大国主命の父）。謚名、大戸道尊《おおとのじ》と申された。

婦神、宇津日女、日夜重々して、寿、十六〇三手一〆四日にして老死する。謚名、大戸日女尊、と申された。御夫婦の御墓は、宇宙峰高座山の北麓の古《こん》農里《のうのさと》にある（富士吉田市大明見平山）。

三男、穂千日子は、天の茂登太足《もとたたり》日子の四女、千早日女を女取り、北州を司取り居り、日夜重々して、寿、十六〇五手一〆四日にして老死する（今日に換算した年令、五十八歳）。謚名、面足尊《おもたり》、と申された。

婦神、千早日女、日夜重々して、寿、十六〇四手四日にして老死する。謚名、大斗野辺尊《おおとのべ》と申された。

御夫婦の墓は、北越の国にある。

兄、農立日子の一男、阿和路《あわじ》日子は、天の茂登太《もとた》足《たり》日子の五女、白龍日女を女取り、南州を司取り居り、日夜重ねること僅か一〇九手一〆八日にして病死、早世した。謚名、豊斟渟尊《とよくむぬ》と申された。阿和路島に葬る。

その後《あと》に、弟神、農佐日子の四男、農田日子を直《なお》し、南州を司取り居り、七男九女を産み、日夜重々して、寿、十五〇三手二〆四日にして老死する（今日の年令、五十歳）。謚名、尾茂太留尊《おもたる》と申された。

婦神、白龍日女、日夜重々して、十六〇六手十〆《て》四日にして老死する。謚名、阿夜加志古泥尊《あやかしこね》と申された。御夫婦の御墓は、宇宙基沢《うつぎざわ》・白蓮滝尻《びゃくれんたきじり》の菅《すが》原《はら》に葬るなり（富士吉田市大明見、菅原は溶岩下に埋没）。

兄神、農立日子の一女、白山日女に、弟神農佐日子の五男、田仁知《たにち》日子を見合せ、西州を司取り居り座々《ましまし》給う。

北越の諸国に大賊起こるによって、賊退治のため、丹波国真井原の要害堅固の地に、婦神、眷属を従え親征致し、宮を造営す。この宮を桑田の宮と名付け給う（京都府亀岡）。

北越・山陽・山陰の諸々万の悪神を退治致し（桃太郎伝説の起り）、良農神を助け、農民は、御国《みくに》の大御宝《おおみたから》と崇《あが》め、毎日朝夕神殿において、農民に怠《おこた》りなく拝礼致し、国民を愛すること、祖々父母を崇敬致すが如し、また、国民は神皇を崇敬すること、一命を捧げて仕《つか》え勤めること鉄石の如くなるによって、諸々万の国々は、皆富み豊かにして、四海波静かに治まり給う。

神皇、農立日子神、子孫五〆八本、眷属一〇二手十八〆六本の時、丹波国真井原の桑田宮において、日夜重々して、寿、十五〇六百日は、すなわち五百二根なり（今日の年令に換算すれば四十三歳と推定）。同国の田羽山に葬る。諡名、国常立尊《くにのとこたちみこと》と申し給う。

婦神、神佐加日女は、三手八百日おくれて老死、寿、十五〇三千八百日は、五百十三根、根《ね》はすなわち歳《とし》なり。夫神と同所に葬る。諡名、国常日女尊と申し給う。

蓬莱山高砂の不二山中央高天原には、大室の原野あり。この原野には、水あり、火あり、湯あり、穀物の草木大いにあり。夏木（落葉樹）数多あり。冬木（常緑樹）大いにして、青木が原と言う。この合《あ》いの湖に、大鶴の夫婦が棲《す》み、小室の奥の小池には大亀の夫婦が棲み、その池より流れ出る川端の尾根の上に大松木あり、この大松の元なる龍箇河原《たつがかはら》において、農佐日子神の夫婦は、鶴亀を愛し、夫婦にて居りしが、日夜重々すること、十五〇三手六百日にして神去り給う。子孫八〆四本、眷属一〇三手三十六〆八本、（今日の数では四千百六十八人）のとき、農佐日子神は家基都にて老死、宇宙峰高座山の西大沢の白蓮滝尻の菅原に葬り給う（溶岩下に埋没）。神皇の諡名、国佐都知尊《くにさっち》と申し給う。

婦神、白龍清日女は、日夜三〆五本おくれて老死、夫神と同所に葬る。諡名、国佐日女尊と申し給う。

御夫婦は、敷島《しきしま》の蓬莱国《ほうらい》、高砂《たかさご》の高千峰・不二山中央高天原に長く寿命を保ち、止まり座々《ましまし》て、子孫繁昌致し、日の本の豊阿始原端穂国を開くによって、高砂の爺《じじ》、婆《ばば》と申すなり、また、桃沢《ももさわ》の老夫、老婆と申し給う。

国常立尊・国佐槌尊の御二柱の御子孫、一〇二手百十二〆八本、眷属二〇八手百十八〆六本の子孫、眷属は四方の州へ分かれ住み居り、国政を治める。

国佐都知尊の五男、田仁知日子は、蓬莱国日の本第一の知者神《ちしゃ》なるによって、四方の州に現われ、州を興し平げ、高砂の高千火峰の中央高天原に、不二山を目当に帰り、阿田都《あたつ》山の日向の小室に、穴宮《あなみや》を造り止《とど》まり座々《ましまし》て、四方州の国政を司取り給い居り、国法を定め、一洞《どう》大沢に、一組の頭を定め、一洞の頭を洞頭とし、一沢の頭を沢頭とし、一組の頭を組頭と定め給う。

国常立尊、国佐都知尊、神皇二柱の大神の御子孫を、天都神《あまつ》と定め、茂登太《もとた》手命、元太足《もとたたり》命、神后二柱神の子孫を国津加美と定め、大政頭神は、天都神の御子孫にて致すこと、洞、沢、組頭は、国津神の子孫にて致すことを定め給う。

神皇の左右に守り神を置き、これを頭神と定め、これは茂登太《もとた》手命の子孫の知神を左頭神と定め、元《もと》太足《たたり》命の子孫の知神を右頭神と定め、親子、兄弟の根合《こんごう》を堅く禁止、親子兄弟、伯父、伯母、子孫の礼儀を定め、諸々万の大御神を始め、神皇並びに天都神、国津加美の礼儀式を定め給う。

衣服は、柏木《かしわぎ》の葉（ぶな科の大葉）芭蕉《ばしょう》の葉（中国原産の温帯性大葉の植物。日本人の源流はこうしたことからも判断される）常葉樹《ときわぎ》の葉、そのほか万《よろず》の木の葉を集め、葛葉《くずば》の蔓《つる》を取って、万の木の葉を結び付けて、衣服に致すことを、天都、国津の諸々の万の神々に示し給う。

天都大神の神皇を始め、四方の天都神、国津神、諸々万の神々（人々）の衣服は、諸々万の木の葉を集め、催《もよおし》を付けて、上頭《とう》、中頭、下頭の区別を付け給う。

上頭神は、常葉樹《ときわぎ》の実を藤《ふじ》の蔓《つる》に数多《あまた》通し、頭に掛け、中頭神は、栗の実を数多通し、頭に掛け、下頭神は、楢《なら》の実を数多藤の蔓に通し、頭に掛けることを定め、天都女神は、なつめの実を藤の蔓に通し、頭に掛け、国津女神は、かやの実を藤の蔓に数多通し、頭に掛けることを定め給う。

諸々の万の物を数《かぞ》えることを定めるに、小木を小さく折りて、数《かず》取りと致すことに定め給う。

四方州の諸々方の悪魔退治のため、大竹に髪の毛を撚《より》て、つるに張り、細竹の矢をもって、退治することを、四方の州に示し給う。

神皇は、一女二男を産み給う。一女、大市日女に四方州の総大御州《おおみくに》を譲り給い、諱名を大日留女《おおひるめ》尊と申し給う。

一男、月峰命に四方州の総大御山を譲り給う。

二男、栄日須《えびす》命に四方州の総大海を譲り給う。

それより、田場《たんば》の国 真井原の田羽山の麓に、御父母神皇、国常立尊の御夫婦の御霊《みたま》を祀《まつ》り給う。

また、神皇の田仁知日子尊の御夫婦は、不二山高天原に帰幸致し、小室の日向《ひなた》、阿田都《あたつ》山の御崎《みさき》、岩長の峰に、毎夜登り、焚火《たきび》をして、天都国津の神々に燈照し居り給う。

註　『日本総国風土記』第六十四に「都留郡、高燈大明神」とあるは本箇所のことで、石の祠《ほこら》は今日も残存する。

また、神祖を始め、国常立尊・国佐都知尊の御夫婦の大明神に、毎夜おこたりなく、燈照し居りしが、日夜重々して、御夫婦の大御神は、寿、十五〇三手五百日にして、神去り給う。御夫婦の大御神は、高天原神都、小室家基都駅、阿田都山の日向の穴宮の大御宮《おおみや》の西尾崎、笠座《かさざ》の岩長の峰に葬る。

夫神、田仁知日子尊（富士吉田市大明見）、諡名、伊座諾《いざなぎ》（凪《なぎ》）尊と申し給う。

婦神、白山日女尊の諡名、伊座波《いざなみ》尊と申し給う

（諡名は、世を波静かにした意）。

高天原の世、七代、凡《およそ》十八〇五千日、大御神の眷属、天都神およそ十二〇三千神、国津神およそ二十六〇三千神。合計三十八〇六千神なり。

註 合計三十八〇六千神は、現在の計数表記では四万四千人となる。当時の数の計算は、藤の蔓《つる》で作る輪と算《さん》木棒を用い、算木棒が一千となれば、一輪と交換、〇は輪の数である。合計は、輪の数と算木棒の数を合わせたものである。しかし文字にて表現するに、三八千プラス六千は四四千であるが、三十八〇六千とあれば、〇を万と後世の人々は読み違いやすい。筆記用具のない当時のことを理解することが妥当である。本原文の記録は、高天原、つまり富士山麓へ最初に土着した古代中国の国王、炎帝神農氏、一男の黄帝の時代（BC二七〇四―二五九五）、五男の農立を先に日本へ派遣したが復命なく、七男の農佐とともに神農氏も日本へ渡り、富士山麓に土着して、日本列島を統治した。当時から残る三十六神戸の記録・伝言を集大成した人は、孝霊天皇の時代渡来した徐福であり、その後は書き写しをして今日に伝えられた。

白山日女は、御父国常立尊の手先、副師となりて（白山日女の夫神は田仁知日子、諡名伊《い》座《ざ》凪《なぎ》尊を迎え、御夫婦で副師となる）、山陽・山陰地方の悪神を説得し、良民を愛すること、兄弟、子供を愛するが如し、北越・山陽・山陰の総国民、家賀野《かがの》と喜び給う。白山日女尊の止まり座々《ましまし》居たる土地を、家賀野《かがの》と申すなり、とある。

夫神、田仁知日子尊と共々高千火峰の不二山、中央高天原に帰幸致し、後、総国民こぞって、白山日女尊の止まり座々居たる、家賀野原の家賀山の石川の辺《ほと》りに、宮を造営し、白山日女尊の御霊を祭祀し、崇敬奉るなり。

神皇 大日留女尊、詔《みことのり》の勅命をもって、出雲国伊《い》都《と》筑《ちく》宮、祖佐之男命の一女出雲姫を、田波国真井原の桑田宮に止め座《まし》々て、豊受太神宮《とようけだいじんぐう》の守護を申し付け給う。この姫、神に仕えること神の如し、御神託を諸々万の国民に託《たく》すること、神の如くにして、諸々万の国民は、生き神だと申して敬《うやま》い給う。

出雲姫、日夜重々《かさねかさね》て、寿十六〇五千十四日にして神去り給う（今日に換算した年令は五十八歳）。田羽山に葬る。諡名三穂都姫命と申された。後世、諸々万の国民、宮殿を造営し、御霊を出雲大明神と祭祀致し給う。

日子火火出見尊の二男宇家屋不二合須《うかやふじあわす》尊の弟、若武日子命は、副帥として西海の大賊を討ち滅すため、兄の神皇と共々西海に親征致し、北越、山陽、山陰を防ぎ堅めの大将として、北越、山陽、山陰三道の分かされの土地に、本陣を置く。ただし、この所を後世、和加佐礼《わかされ》の国（若狭・福井県）という。部下の将々に下知して、西大陸の大賊の大軍を追い払い、国賊の悪神を退治致し、御父神皇日子火火出見尊の御夫婦の神霊を祭祀し、日夜おこたりなく崇敬し、国を治めること十二〇五千八百十三日、寿十三〇五千七百十日にして老死。和加佐礼山の麓に葬る。諡名、三穂武男命と申された。

婦神は出雲の国造の女にして、三穂都日女命の姪《めい》にして真留日女命、諡名を真美日女命と申された。夫神より三日おくれて老死。夫神と同所に葬る。

後世、詔《みことのり》をもって、御父神皇火火出見尊の御霊の宮殿に御夫婦の御霊を合祀給う。この宮殿は、若武日子命の御父神皇火火出見尊の不二山高天原にまします御霊を遠方にて敬《うやま》い宿し給う意をもって遠宿住大明神とし、祭祀致す宮と申し伝えた。

豊阿始原瑞穂国の始祖大日留女《おおひるめ》尊は、国法、国制を定め給い、この法制に背く神々は、皆、出雲国に送り流し、祖佐之男命の裁《さば》きを受け、監督を受け、これを天獄《てんごく》と名付け、祖佐之男命の説教、説諭に応じ、善神に返りたる神々は、千日または二千日の見ならしを見て、赦免《しゃめん》し給う。または、千日ごとに三十日間は、天都、国津神、四方の国より出雲国大社に集まり来た。諸々万の罪神に説諭説得の上、諸々万の罪神の罪を論じ、評議一決し、天都、国津神々は、皆四方の国に帰るが仕来礼《しきれい》と定めた。

宇家屋不二合須の世、神皇三十三代の時、出雲の国造、祖海男の二男 武長刀彦、尾張国の入り浜、出張り崎の津島に、東南の諸々万の国の諸々万の罪悪神を集め、これを武長刀彦命、官長となり、ここを日本総天獄と名付け給う、と伝える。

官長を始め、諸役神集まり、諸々万の罪神に説教、説諭致す大廟《たいびょう》を日本総社と申し、これより出雲大社を陰大社と申した。尾羽《おわ》り日本総社を陽総社とも申した。

この武長刀彦命は、祖佐之男命より三十八代の遠孫、出雲の祖海男命の二男なり。

この東南の諸国より集めた諸々万の罪神は、尾張陽総社に、毎年十月一日出立致し、官長・官吏は勤務致し、同月十五日、出雲の陰大社に着き給い、四方の国の諸々万の天都国津《あまつくにつ》の神々集まり、罪神の法制を定めること前と同じ。

若武日子命の一男、和加彦は、神皇の命によって（時の神皇は若武日子の兄、初代宇茅葺不合尊）、田場国真井原の豊受太神宮の守護を子孫永久に申し付けられ、祖佐之男命より七代の孫、出雲の祖根男の一女 太加姫を女取り、これより子孫代々婦神は、祖佐之男命の一族より女取ることを約し給う。

豊受太神の霊夢によって、諸々万の神々の御告《つ》げ託宣《たくせん》を、天都国津神を始め、諸々万の良国民に、子孫代々説法し、告げることを規約し給う。この神に仕える婦神を御守子《おもりご》、または神子《みこ》、稚子《ちご》と申された。

豊受大神・宮司世襲系譜

一代	若武日子	二	和加彦
三	太手男	四	久良彦
五	真木男	六	金光彦
七	加奈田男	八	米田彦
九	宇佐男	十	小金彦

十一　久米男
十三　国名男
十五　竹田男
十七　島崎男
十九　大森男
二十一　小鳥男
二十三　田羽男
二十五　大久良男
二十七　加仁男
二十九　能見男
三十一　山石田男
三十三　長野男
三十五　安富男
三十七　保利部男
三十九　向田彦
四十一　春奈彦
四十三　秋田彦
四十五　信太彦

十二　佐留彦
十四　島田彦
十六　山田彦
一八　大谷彦
二十　小森彦
二十二　大鳥彦
二十四　真知彦
二十六　真仁男
二十八　加賀彦
三十　田島彦
三十二　石川彦
三十四　安田彦
三十六　倉真彦
三十八　川田男
四十　善孝男
四十二　阿加志男
四十四　秋信男
四十六　兵太男

四十七　成吉彦　　四十八　丹波男
四十九　針真彦　　五十　政木男
五十一　富佐彦　　五十二　国玉男
五十三　玉祖彦　　五十四　田羽大仁男
五十五　丹波真仁彦　　五十六　田羽音和男
五十七　丹波国立彦　　五十八　興仁田《おおにだ》田羽男
五十九　丹波国元彦　　六十　国永田羽男
六十一　国久丹波彦　　六十二　田羽谷仁彦
六十三　丹波男刀彦　　六十四　真井田羽男
六十五　知照丹波彦　　六十六　白山田羽男
六十七　丹波笠山彦　　六十八　田羽根元男
六十九　丹波始祖彦　　七十　田羽太根男
七十一　丹波元作彦　　七十二　田羽米祖男
七十三　丹波祖始彦、妻は伊勢国山田原、山田
　松麻呂一女、美津姫と申した。

人皇二十一代、雄略天皇二十二戊午年（四七八）三月、豊受大神を、天皇勅願によって、丹波国真井

原より、伊勢国度会《わたらい》の山田原に移し、鎮座々《しずめましまし》祭祀給う。

これに付き従う神官には、宮守の首司、丹波祖始彦夫婦を始め、外《ほか》神官十二家付き従い、守護奉《たてまつ》り来た、と伝える。

この宮を、伊勢外宮《げぐう》と奉り申した。

右文書は、寒川神社の宝庫内の神代記より引き抜き、写し取るものである。

建久八丁巳年（一一九七）八月

山宮二所明神

大宮司、宮下源大夫義仁

註 以上、原文は漢字であるが、文意に支障のない文字は平仮名とし、当て字は当用漢字に改め、また読みやすく、理解しやすくするため、（　）を付し、読点など筆者が補った。

第一代　天都大日留女尊

大日留女尊は独身にして、一世四方の国を司り、豊かに国を治め給う。

藤《ふじ》蔓の皮を集め、晒してきたえ、編みて、衣類を作ることを始め、四方の諸《もろもろ》万《よろず》国に触れ示《しめ》し給う。

月峰命は、泥土煮《ういじに》命の一女を娶る。諱、葦津日女と申すなり。四方州の総山を司り給う。

二男、蛭子命《えびすのみこと》は、面足《おもたる》尊の一女非羅加尾《ひらかお》日女を娶り、四方の大海を司り給う。この子孫を皆、海神と申すなり。

大日留女尊、太神の御位に付き給いて一〇五千十四の時、新羅《しらぎ》国王四男、多加王、大陸の東部を従ひ、眷属三百人召し連れ、不二山を目あてに、豊阿始原瑞穂之国に渡り、不二山高天原に登り、大日留女尊を妻室と致し瑞穂国を大領致すことを計り、大日留女尊けして従わず。

よりて多加王、諸事万事に大日留女命に妨げを致すによりて、大日留女命は深山の山奥の岩戸に隠れ給うに付、瑞穂国は闇国となるによりて、大巳貴命作田比古命に申しつけ、四方の国より眷属八千余神集まり来たり、手力命、多加王を生け捕り、多加王の眷属を皆殺しに致し、大日留女命を、御祖代山を、八方より手配り致し訪ね、八重九重の奥の岩穴に隠れ座しますによりて、想方喜び、鈿《うずめ》女命、祝の舞を舞い、小室日向山の宮守の宮に帰幸致して座しまし給う。

多加王に、大巳貴命、道理を千久一登気理に説得し、大日留女命を姉命と崇め、姉弟の契約を結び、手形を柏葉に押し、大日留女命に奉る。

是、瑞穂国、印形の始めなり。（但しこれは手仁木の太き炭《すみ》を塗り、柏木の大葉に押し奉る者なり）

月峰尊二男、諱寒川日子命、大山住命の弟、山住命に、眷属二百神を副て、守護申し付け、多加王を西北の国に流し、この所を、不二山より出る雲になぞらいて悪魔を流したる国なるによりて、出雲国と名付け給う也。

（多加王は）弟山住命の工夫《くふう》に工夫致し、鍛え鍛えて清造致したる名剣を以て、諸万神に危害をなす大蛇を退治致し、弟山住命の一女川上日子の姉、稲田日女を多加王娶る。（弟山住命は）婿引手物に、弟山住命の一男川上日子とともども、工夫に工夫して鍛え清造したる八角鏡と宝司の玉を、日女に副《そえ》て、多加王に捧げ給う也。

それより、北陸の諸万の悪神、悪魔退治致すによりて、大御神大日留女命より多加王に、諱《いみな》祖佐之男命と授け給う。

弟山住命に、槌手仕事、希□□□□《不明》によりて、諱手名槌命を授け、一男川上日子に諱足名槌命を授け給う也。

但し、手名槌命の婦、稲田日女の母は、尾茂太留命の九女、諱奈留戸日女と申すなり。足名槌命の妻は、蛭子《えびす》命の一女、諱小浪日女と申すなり。

それより大御神の勅命を受け、宝司玉を始め名剣と八角花形の鏡を、大御神大日留女命に捧げ奉り給うなり。

大御神、この宝司玉を神霊と名付け、名剣を出雲国皮川上室《ひのかわのかみむろ》（後世、室尾村と改む）より出《いづ》るによりて、室雲剣《むろくもつるぎ》と名付け、亦の名、宝剣と申すなり。八角花形の鏡は内侍所《ないじしょ》の御鏡と名付け給う。大御神の三品の御宝と定め給うなり。

それより、多加王に、大御神、勅命申し付け、四方島島州国《くにくに》の諸万《もろもろよろず》悪魔を、退治致し給う。

但し申す。大御神より、神霊を多加王に授け、この御玉は、朕高祖高祖を始め朕大御神代代朕の霊なり、この御玉を汝に授く。大切に身躰に付け、堅固に守護致し、この御剣《つるぎ》を以て、四方の島島州国の諸万悪神はじめ、鳥獣、大虫、小虫に至るまで、善神に害をなす諸の万の悪魔降伏退治を勅命し、祖佐之男命、大軍功を四方島島州国に現し、四方の島島州国、海外四海、浪静に治り、天下泰平の御代となり給うなり。

大戸道尊の子孫、三十八神に勅命し、四方の州島の大原、小原、大洞、小洞、大沢、小沢の農頭を命じ、田畑の開根《かいこん》を命ず。

二男農佐日子を四方州の農作の頭と定め、諱作田日子命を授く。月峰命の一男、寒川日子命を四方の島島州国の総山守頭と定め、寒川日子命、□神七□□□《不明》□□子孫四十一神を合せ、四十八神□□□□州国の大山の守護頭に命じ給うなり。□□大海津見命を、四海の海守総頭と定め、蛭子《えびす》□□□□神を、四方島州国の諸万《もろもろよろず》浜の魚夫神の漁師頭に命じ給うなり。

また大御神、寒川日子命に詔して曰《いわ》く、今、諸万州国の諸万神、皆穴居す。朕、はなはだ是を憂い、諸万州国の万神の家屋を作ることを命ず。命、拝して、第七神に申し付け、四方国の諸万、大山、小山の木を切り、家作のことを司らしむ。

大御神、寒川日子命（月峰命の一男）に諱、正哉山住命を授く。

二男に、弟山住命

三男に、奥山住命
四男に、倉山住命
五男に、繁山住命
六男に、葉山住命
七男に、原山住命
八男に、外山住命

と、諱授け給うなり。

大巳貴命（大戸道《おおとのじ》一男、諱大国主命）、伊弉諾《いざなぎの》尊《みこと》三男蛭子《えびす》命と、四方州国の牛、馬、鹿、十分一を取り立て、大御神《おおみかみ》に捧げ給う。大神、祝いて、正哉山住命を詔して、一子土平日子命、馬に乗る。馬の走るを大神《おおがみ》上覧して、うまく走ると曰《いわ》く。故に此の獣を「うま」と名付け給う。また二子番山日子命、牛に乗り、険阻の大坂を上る。大神、上覧し、憂《う》しと曰く。故にこの獣を「うし」と名付け給う。また正哉山住命、鹿に乗り走るを上覧して曰く、鹿、明かに走れども、跳ねて仕方ないと曰く。故にこの獣を「しか」と名付給うなり。

牛馬は農事に用いて便なるべしとて、大神、詔して、不二山南洞笹山を、牛馬の牧場と定め、これを四方の州国に伝示す。

面足《おもたり》尊一男、倉平顔日子命に詔して、穀物の収納法を農神に教えしむ。この時より、莚《むしろ》にて俵を作ることを始め、四方諸万州に伝示す。

泥土煮《ういじに》尊の孫、耀土《すいじ》命の一男、火《ほ》之耀鉾《すいほこ》命に詔して、火焚法《ほたきほう》を四方諸万州に教え伝示す。

弟火之焼玉命に詔して、食物の煮煎《しゃせん》法を諸万州に教え伝え示す。

尾茂太留尊二男の孫、埴安《はにやす》日子命の一子、天野長男命に詔して、土を以て鍋《なべ》、釜《かま》、及び食器の類を造《つく》らしめ、その法を四方諸万州に伝示す。

尾茂太留尊三男、水湧日子命の一子、水満日子命に詔して、井戸を掘る法を四方の諸万州に教え伝え示す。

面足尊の二男、□□□□《不明》甘美金希代命に詔して、鉄金を焼いて鍛え、剣《つるぎ》、鉾《ほこ》の類を作ることを発明し、また、臼杵《うすきね》を製して、米、粟、麦、稗《ひえ》を精《せい》する法を発明し、大御神、大に賞し、これを四方諸万州に伝示す。

蛭子《えびす》命一男、大海日子命の一子、海鮨求男命《うみずしねむおのみこと》、藤蔓を取り集め、網《あみ》を製し、海魚を取る法を発明し、大御神に捧げ、大神、賞して、これを四方諸万州の諸万浦浦浜浜に伝示給うなり。

大御神は、勅命を以て家系を定む。

伊弉諾《いざなぎ》尊の子孫を皇族と定め、神皇に代継ぎなきときは、諸天津神《あまつかみ》相談の上、皇族の内より選みて、御位に付けることを定め、大原、小原、大洞《おおぼら》、小《こ》洞《ぼら》、大沢、小沢、一組、亦は、この頭を廃して、大国、小国、大村を置き（但し、室、組を廃して、村を置く）、国造、郷司、村長を置き給うなり。

豊斟渟尊《とよくむぬのみこと》の子孫を、諸万国の大国造首の家と定め、泥土煮尊《ういじにのみこと》の子孫を、四方の諸万国の小国造首家と定め、面足尊の子孫を、諸万国の大村司《おおむらのつかさ》の家と定め、大戸道尊の子孫を、小村長《こむらおさ》の家と定め、大戸道尊一男、大巳貴命の子孫を、諸万国の租税を収納致す家と定め、同二男、作田日子命の子孫を、四方の諸万国の農神首司の家と定め、月峰尊一男、正哉山住命の子孫を、諸万国の山守を司る家と定め、栄日子《えびす》尊の子孫を、四海の大海を司る家と定め給うなり。

大御神大日留女尊は、豊斟渟《とよくむぬ》尊の御孫（実は阿和武男尊の一男也）、豊武日古命を御子と致し、祖佐之男尊の一女、雲津日女を見合せ、三品の御宝を副て、御位を譲り給う。

大御神は日夜重ねに重ねて、寿十二〇三千日にして神去り給う。宇宙峰山南麓の出張島の陵に葬る。

謚、天都大日霊神と申すなり。

月峰男命は、日夜重ねに重ねて、寿十二〇八千日にして、加茂山に葬る。

婦神、葦津日女は、日夜重ねに重ねて、寿十二〇八千日仁して神去り給う。夫神と同所に葬る。

謚、夫神、月夜見命と申し、婦神、葦津日女命、と申すなり。

蛭子命《えびすのみこと》、日夜《にちゃ》重ねに重ねて、寿十二〇十四日にして、神去り給う。□□《不》□□《明》□不二崎に葬る。諡、栄日海男命と申すなり。

婦神□《不》□□《明》日女は、尾茂太留尊の一女にして、日夜重ねに重ねて、寿十二〇一千日にして、神去り給。夫神と同所に葬る。諡、静浪日女命と申すなり。

（「開闢神代暦代記」より）

祖佐之男命・来歴世代

抑《そもそも》祖佐之男命は、天竺《てんじく》、東州、震旦《しんたん》国（つまり古代中国）の小州、朝鮮国の国王、新羅紀《しらき》王四男、諱名を太加《たか》王という。太加王は、眷属三百余人を従え日本国に渡り、大日留女尊を従え妻と致し、神国豊阿始原瑞穂国の大王とならんことを計《はか》り、神皇大日留女尊に諸事万事のことに妨《さまた》げ致すによって、大日留女尊は、中央高天原の阿田都《あたつ》山の日向の家基都宮の神殿を去って、御祖代《みそだい》山の奥の深山の天の岩戸に隠れ給う。

よって、豊阿始原瑞穂の国は暗《あん》国となる（つまり国王の行方不明で、精神的に暗い意）。国中大騒ぎとなり、諸々万の天都、国津の神々は、四方の国より集まり来て、太加王の眷属を皆殺しに致し（説得して従順し、か）、太加王を縛《しば》り、生け取りに致し置き、諸々の天都国津の神々は、天の岩戸に迎えに行き作田彦命は鳴木《なるき》をたたき、歌を唄い、宇須女《うずめ》命は、青葉の木の枝を持って、舞《ま》いをまい、踊り居る（註・石割山の山頂は展望が良く、騒ぐ音に、山の中腹にある岩屋戸から日女が現われたことが想像される）。双方喜び、笑い居るところに、大日留女尊も喜び、笑い給うによって、諸々の天都国津の神々、一度に手をたたいて喜び給う。

手力男の命は、神皇大日留女尊の手を引きて、作田彦命は前に立ち、道案内を致し、小室の熱都山の日向《ひなた》、家基都宮の神殿に入らせ座々《ましまし》給う。

天神七代系譜（再掲・一部省略）

- 神農氏神
  - 一男 有熊氏黄帝
  - 五男 国常立尊
    - 一女 伊座波尊（白山日女）
      - 一女 大日留女尊、後の天照大御神（大市日女）
      - 一男 月夜見命（月峰命）
      - 二男 栄日子命（栄日住命）
  - 七男 国佐槌尊
    - 五男 伊座凪尊（田仁知日子）
    - 二男 大戸道命
      - 一男 大国主命（大阿名務知命）
      - 二男 作田彦命（世称 猿田彦命）
  - 二男 長天氏 東州国王
    - 新羅紀王
      - 四男 祖佐之男命（太加王）

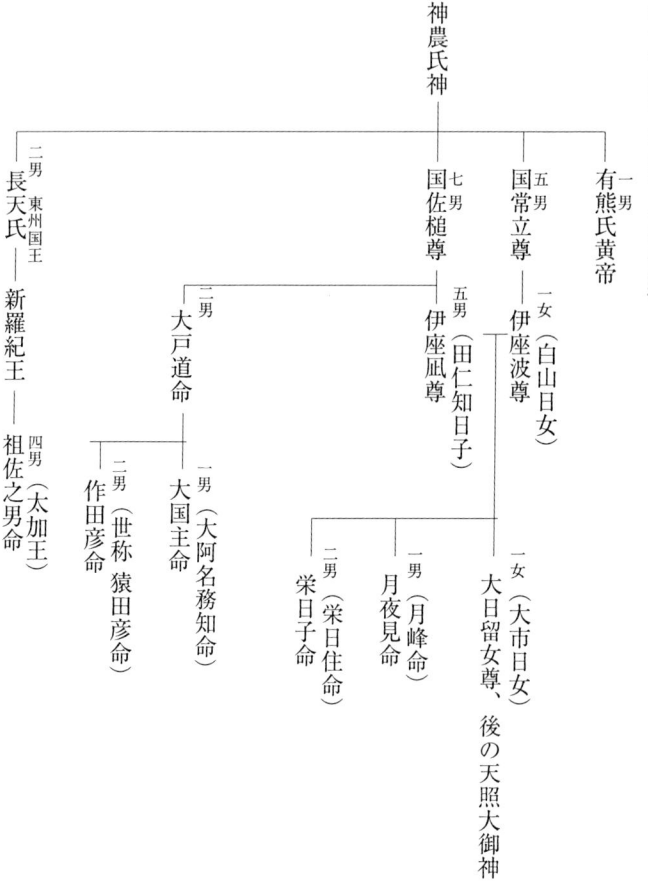

太加王を御召し給い、汝《なんじ》、これより善心に返り、我が神国豊阿始原瑞穂国の四方四海の諸々の賊党・悪神を退治致すなれば、我が弟分と致し、姉弟の契約を致し、一命を助け置くべし。と、宣《のたま》いければ、太加王は恐れ、平伏して曰《いわ》く。

これまでの重《かさ》ね重ねの悪事は、重《じゅう》々申し分なし、これより善心に改め、神皇に勤務致すことを、敬白《けいはく》す。

神皇は大いに喜び、神皇と太加王と互いに契約致し、手形印を押す。これ日本皇国の契約印《いんぎょう》形の始めとある。

これより、詔《みことのり》の勅命によって、大阿名務知命《おおあなむち》（大国主命）を元帥と致し、手那津知命《てなっち》、手知唐男命《てちからお》を副帥と致し、太加王の守護を命じ、北越の山陰の奥谷に流し奉る。但し、蓬莱山高千火峰の高天原より出で流すによって、出雲《いずも》国と申し給う。

太加王は、これより善心に立ち変り、本国より連れて来た従族、剣刀知に申し付け、手知加羅男命《てぢからお》、手知家羅女命の夫婦神、これより神祖《そ》々、諸々万《よろず》の天都《あまつ》神々に、毎日毎夜夫婦神は、泉水《せんずい》をもって身体を清浄に清《きよ》め、祈願致し居るところ、三七二十一日の夜、御神託によって、佐渡島より金銀黒鉄の三品の砂金を掘り集め来た剣刀知を師と致し、三神《じん》の工夫にて、黒鉄金を焼き溶かし、大槌《おおつち》小槌を造り、鉄金に銀を三分まぜ、火にて焼き溶かし、平の大石の上に乗せ、手知加羅男命《てぢからお》の夫婦、大槌小槌を持って、百日打って鍛え、宝剣八本造り給う。また、右同様にして、銀金を二十一日鍛え、日輪の形に、八本の御劔《みつるぎ》の数を加え、八太羽《やたは》の鏡を造り給う。また右同様にして、砂金を二十一日鍛え、蓬莱山高千火峰の形を造り給う。また右同様に、銀金を鍛えて、月輪の形を造り、この上に蓬莱山を乗せて安置した。これは、祖《そ》々天都大御神の御神霊《ごしんれい》と唱え、宝司《ほうし》の御霊《たまみ》と申すなり。また、諸々の天都神に御籤《みくじ》を伺い、御劔《みつるぎ》八本の内、一本を申し受け、残る七本の御劔は、高千火峰不二山の中央高天原に鎮め座々《ましょます》、七社太神に、手知加羅男命をもって、捧げ納め奉るなり。

これより太加王は、眷属を数多《あまた》従え、剱《つるぎ》と宝司の霊と、鏡を持って、諸々万の四方四海の国々を巡り、諸々万の悪党悪賊悪神を始め、大蛇、狼、大熊、諸々の鳥獣、虫に至るまで、御鏡を示して、説諭、説得し給い、善心に復さざれば、二度鏡を示し給い、応ぜざる諸々万の悪賊党は、御神剣をもって切り捨て、四方の諸々の国を治め、四海波静かにして、四方諸々万の国々は、豊かに治まり給う。

よって、太加王は御剱《みつるぎ》を持ち、手知加羅男命は宝司の御霊《みたま》を持ち、手知加羅女命は鏡を持って、高天原小室の家基都宮の神殿において、神皇大日留女尊に、右三品の御宝を捧げ納め奉りたまう、とある。

神皇は大いに喜び賀《か》して、太加王を祖佐之男《そさのお》命と諡名を改め給い、手知加羅男命を手名都知命と諡名を改め給い、手知加羅女命を足名槌命と諡名を改め賜われた。これより祖佐之男命は、眷属を引き連れ出雲国に帰り、大宮の大社を立て、手名槌命の一女、稲田姫を貰い受け、計策をもって悪大蛇を殺し（農作物を荒す猪《いのしし》のことか、猪の肉は最高の酒肴となる）肴《さかな》と致し、大酒を呑み、大飯を振舞い致し、歌い舞い、大喜びを致した、とある。

それより手名槌命は、大槌小槌を高天原に持ち行き、神皇に捧げ奉るによって、神皇に、手名槌・足名槌命は、この大小の槌について申す。大小の金槌をもって、三品の御宝を打ち鍛えたるによって、この金槌を、大槌小槌と名付け給う。祖佐之男命の従臣、剣刀知を師と致し、諸々万の悪魔、悪神を切り殺す器を、師の名を取り、剣または刀、と名付け給う。後また日本刀と申すなり。

その後、神皇は、大国主命に詔《みことのり》して、四方の諸々万の国々を巡らせ、諸々万の国民に諸々の職業を教え、励むことを示《しめ》させた。

大国主命（大戸道命一男。大巳貴命、諡大国主命）御受致し、神皇より大槌と、大熊の皮の大袋を申し受け、大槌を手に、剣《こん》よく打って、諸々の職業を剣《こん》気よく繁務《はんむ》致す意を取って、剣槌《こんづち》と名付給う。また、大熊の皮の大福呂《ふくろ》は、寿名を長く保ち、剣《こん》よく職業を繁務致す意を取って、寿命剣福呂《えんめいこんふくろ》と名付け給う。

註　根気、根性などの意は、わが国で初めてできた、刀剣を造る時の「剣気《こんき》」に由来し、後に根気、根性と文字を改められた。

この二品を持って、諸々万の四方国々を巡り、諸々万の国民に、右二品の打ち手の剣《こん》槌と、寿命剣福《えんめいこんふく》呂《ろ》の因縁の委細を説いて、諸々万の職業を教訓し巡りて高天原に帰り、神皇に言上致した。

よって神皇は、大阿名務知命《おおあなむち》に大国主命と謚《し》を賜われた。

註　『古事記』には大国主神、亦の名大穴牟遅神《おおなむじ》、『日本書紀』には大巳貴命《おおあなむち》とあるが、いずれも大国主命の別名の語源は本文のとおり大阿名務知命で、当て字をもって書いているから、不合理な文字の名称となる。

また、江日住命《えびすのみこと》に神皇詔《しょう》して、四方の大海の浦々島々の水門《みなと》水門の諸々の万の国民に、大海原の上にて、諸々万の職業を教え示すことを命じ給う。江日《えび》住命《す》は御受致し、江日住命は、それより四方の大海の海辺の渕《ふち》、または浦々島々の海辺の渕を巡り、江日住命の工夫をもって、海上の諸々万の職業を、浦々島々の諸々の国民に教訓し巡りて、蓬莱山高千火峰不二山の中央高天原 小室に帰り、家基都宮の神皇に言上し給うによって、

神皇は、江日住命《えびす》に、栄日子命《えびす》と謚を改め賜わった。

但し、栄日子命の工夫をもって、細竹の頭に鯨《くじら》の筋を抜き取り結び付け、針金を曲げ、餌を差し、鯨の筋に結び付け、発明し給う。この三品の名を釣り竿、釣り糸縄、釣り針と名付け給う。また、大鮫《さめ》の皮にて、大袋を製造し、この袋に諸々万のくさぐさの品々を、長く根《こん》よく入れれば、袋は丸

い意をとって、この袋の名を大福長《だいふくちょう》根袋と、名付け給う。

四方大海の大海原の浦々島々の海辺渕《ふち》の諸々万の国民に、右二品の釣り竿と、大福長根袋を示し、説教または教訓致し、巡り給うとある。よって、この栄日子命は、四方大海原の海辺渕《ふち》の浦々島々の諸々万の国民の海原の業務の大教神と言う。また、大国主命は、四方諸々万の国々の万の国民の諸々万の業務の大教神と言う。

この二柱の大神を、後世に至るまで、四方の諸々万国を始め、浦々島々の国民は皆崇敬して祭祀し、栄日子・大国様、福徳大神宮と、唱え崇め祭り給う。

但し、陸の業務の国民を農民神と申し、海の業務の国民を漁民神と申した。

神皇大日留女尊、四〇四手四十日の時、左右大神を始め、諸々の天都国津の神を高天原の大宮に集め、評定一決の上、四方諸々万国を始め、浦々島々の諸々万の盗賊、諸々万の悪神を、皆出雲国の出雲谷の里、大洞穴《おおほらあな》に集め給い、この洞穴を天獄と名付け給う。神皇の詔をもって、祖佐之男命に教神の首頭を命じ、祖佐之男命は眷属の神々と共々毎日説教、説諭を怠りなく務め居るとある。千日のうち、末《すえ》三十日間は、四方の諸々万の国々より、天都国津の神々は、出雲国の出雲谷の里に集まり、木竹造りの大宮を創立し、木に竹をもって大宮を造る意を取って杵築《きつき》大宮、または大社と名付け給う。

この宮に皆神々は集まり、諸々万の罪神の刑罰の制を決断致し給うこと、一千日ごとに前例通り行うことにした。

天の常武日子命一男、茂登太手日子命の一男、手名都知命、寿十六〇七手十二日、日夜重《かさね》々て老死し、出雲国の出雲山に葬る。

婦神 足名槌女命は天の古登太留日子命の六女なり。日夜重なり重ねて、寿、夫神より四手三十八日後れて老死給う。夫神と同所に葬り給う（日本金属器時代の創始者）。

震旦国（古代中国）小州朝鮮国王、新羅紀《しらき》の四男、諱名太加王、謚名祖佐之男命は長らく神皇に諸功を尽し、日夜重なり重ねて、寿十五〇八手四十八日にして、老死致し、大社の裏山に葬り給う。

婦神稲田日女は、夫神より五手十八日後れて老死給い、夫神と同所に葬る。

註　一五〇八百四十八日を、今日の年令に換算すれば四十四歳である。

剣刀知男、剣妻日女、手名槌、足名槌命の子孫は栄え、枝に枝が咲き、越州、山陽、山陰の諸々の国々に栄え、繁昌致す。この祖々神四柱の神より、鍛冶職起こるによって、この越州、山陽、山陰の諸々の国々に鍛冶職業の神々の家は数多し。

祖佐之男命・子孫歴代

一代　祖佐之男命・婦稲田姫命
二　一男　祖武男命・婦田美姫
三　一男　祖刀男命・婦花見姫
四　二男　佐太男命・婦米子姫
五　一男　祖仲男命・婦太知姫
六　一男　祖木男命・婦竹尾姫
七　一男　祖泰男命・婦加津姫
八　一男　祖見男命・婦宇佐姫
九　一男　祖太男命・婦加佐姫
十　三男　祖真男命・婦夢田姫
十一　一男　佐真男命・婦雪根姫
十二　一男　祖太田男命・婦大川姫
十三　弟　佐成男命・婦清田姫
十四　一男　祖登立男命・婦加美姫
十五　一男　佐種男命・婦和加姫
十六　一男　祖手立男命・婦小川姫
十七　一男　佐仁田男命・婦福美姫
十八　一男　祖長男命・婦小池姫
十九　二男　佐祢男命・婦木美姫
二十　一男　祖古男命・婦真知姫

二十一　四男　佐強男命・婦小佐姫
二十二　一男　祖重男命・婦加目姫
二十三　一男　佐千男命・婦小草姫
二十四　一男　祖元田男命・婦阿目姫
二十五　一男　佐真男命・婦種古姫
二十六　一男　祖吉男命・婦津留姫
二十七　一男　佐和田男命・婦光和姫
二十八　一男　出雲国男命・婦谷川姫
二十九　一男　伊佐男命・婦大坂姫
三十　一男　祖原男命・婦水上姫
三十一　一男　佐雲出男命・婦浪江姫
三十二　一男　曽太男命・婦味知姫
三十三　弟　大国武命・婦細木姫
三十四　一男　祖源男命・婦政見姫
三十五　二男　元建男命・婦松浪姫
三十六　一男　茂佐男命・婦伊登姫
三十七　一男　古真男命・婦大津姫
三十八　一男　出雲国造男命・婦伊出姫

三十九　一男　祖出国男命・婦大浪姫

祖出国男命の弟、出雲国造男命の二男、武勇命は、勅命によって、尾張国海辺の出張り門間《もんま》の里に越し、大宮を創立し、東南の諸《もろ》々万《よろず》の盗賊悪神を集め、大宮の広前に天獄を造り入れ置き、毎日説教説諭を致し、毎年十月一日には、出雲国大社の大宮の広前の天獄に送り届けることを、神代、宇家屋《うかや》不二合須世神皇三十三代より、詔勅を子孫代々に命じ給われた。

この海辺の出張り島に関を立て置き、諸々の神々の出入りを見張り、取り調べるによって、この里を、門間の庄と申された。

武勇命は出雲国の大社を建て、この海辺の出張りに着き止まるによって、この土地を津島と名付け、祖々の祖佐之男命の御霊を祭祀致し、日本総社・津島牛頭《ごず》天王神社と祭り給われた。

出雲国大社大宮は、これより山陰大社・杵築《きつき》大神宮と申し奉るなり。武勇命の諡名は、武長刀比古命と申された。これ即ち、尾張り州津島神社の神主の祖先とある。

註　愛知県津島市は、当時は海辺であったとあるが、今日は海辺から大分離れた平野内である。宇家屋不二合須の世、第三十三代田仲雄男王の時代、武勇命は津島牛頭《ごず》天王神社を建てられたという。この時代は、中国は商時代の末期で、紂辛王は周国の武王に滅ぼされ、周王朝となった時代である。年代は、BC一一二二年で、今日よりおよそ三千百年前である。つまり三千百年前に津島牛頭天王神社が海辺であったことは、関東平野同様、濃美平野も地盤隆起を続け、海辺から遠く平野の内陸地域と変わっている考証の一例である。

四十　一男　宇津男命・婦茂仲姫
四十一　一男　正屋男命・婦三奈姫
四十二　二男　常太男命・婦吉子姫
四十三　一男　祖鉄男命・婦勝田姫
四十四　一男　古金男命・婦奈津姫
四十五　弟　白金男命・婦小竹姫
四十六　一男　大建男命・婦真心姫
四十七　一男　建知男命・婦木久姫
四十八　一男　大綱男命・婦御神姫
四十九　一男　山元男命・婦青羽姫
五十　一男　谷貞雄男命・婦清滝姫
五十一　一男　大寅男命・婦白糸姫
五十二　一男　久長男命・婦長和姫
五十三　一男　朝久男命・婦小鶴姫
五十四　一男　勝心男命・婦小道姫
五十五　一男　仁志男命・婦大渡姫
五十六　一男　玉造男命・婦小高姫
五十七　一男　大玉男命・婦小島姫
五十八　一男　小玉男命・婦岩心姫
五十九　二男　宗真男命・婦阿等姫
六十　一男　亀田男命・婦時奈姫
六十一　一男　晴名男命・婦登知姫

六十二　一男　麻佐男命・婦身目姫
六十三　一男　平太男命・婦太木姫
六十四　一男　武心男命・婦身記姫
六十五　一男　武建男命・婦三加姫
六十六　一男　大勇男命・婦小梅姫
六十七　一男　信武男命・婦小佐姫
六十八　一男　国玉男命・婦玉美姫
六十九　二男　清太男命・婦小坂姫
七十　一男　大里男命・婦三元姫
七十一　一男　平思男命・婦正心姫
七十二　一男　真仁男命・婦元立姫
七十三　二男　豊原男命・婦月光姫
七十四　一男　神武男命・婦晴天姫
七十五　一男、雲晴男命　婦貞口姫

（以上、「祖佐之男命来暦世代」より）

剣刀知・金山彦命の経歴

朝鮮国王新羅記王の弟、金剣清二男、剣刀知、妻は永清光の三女、剣妻婦日女と申すなり。この剣刀知は、諸々万の強盗・強賊を始め、くさぐさの悪神、悪魔を退治致し、良国民を助け、諸々万の国々浦々島々に至るまで、四海浪静かに治める器を、鍛え製造致す大元師となりて、鍛え製造致すによって、諸々万の悪魔を切り払い退治致す器を、剣または刀と名付け申された。

また、剣刀知は大元師となりて、諸々万の国々を静かに治める器を、金銀鉄の砂金をもって鍛え製造したる功によって、神皇大日留女尊より、詔をもって、剣刀知男に、諡名を金山彦命と改め賜わり給う。

出雲より南に当る遠き大洞谷原を下賜され、この洞谷を美濃国と名付け給う。思いがけなく、不破《ふは》と神皇より下され賜わるによって、この所を不破の里と名付け給う。出雲国より遙かに遠く、南に当るによって、居る宮を建立して、南宮社と名付け給う。出雲国より、この宮に移り止まり居り給う。

日夜重なり重ねて、寿十六〇八十三手三十六日

（十六〇八手三百三十六日か）にして老死致し、同宮の裏の山麓に葬る。

婦神、剣妻婦日女命は、夫神より七日後に老死、夫神と同所に葬る。

註　寿令を十六〇八手三百三十六日と推定すれば、合計日数は、二万四千三百三十六日である。今日の年令に換算すれば、六十七歳である。

宇家屋不二合須の世、神皇三十代山守雄王尊の御宇、金山彦命より三十五代、金建武命をもって、南東の諸々万の国々、浦々の海賊、山賊、盗賊を詔《みことのり》の命により討ち平らぐ功によって、南国の造司頭令となり給う。

よって、祖先金山彦命の御霊を祭り置く南宮神社を分け合せ、共々祭る意をとりて、この里を阿部の里と名付け、また、南宮神社を分け移し、共々に愛し祭祀致し給う宮なるによって、宮の名を愛国大明神と名付け祭り給うものと伝える。

金建武命は、日夜重なり重ねて、寿百五十根にして老死給い、同里の伊賀山に葬る。

婦神は、政屋心男《しお》命の二女、小松日女、日夜重なり重ねて、寿三根七十四日後に老死給う。夫神と同所に葬る。

（この項、「神皇三品大御宝由来」より抜粋）

註　宇家屋不二合須の世の時代は、一根の基本日数を、六十日をもって一根とし、その後は、百二十日をもって一根と改めても見た時代のことである。よって、寿百五十根は、日数に換算すれば、一万八千日となり、今日の年令に換算すれば、五十歳である。なお、神皇三十二代・田仲雄男尊の時代、中国の殷《いん》王朝は滅び、日本へ亡命するものあり、その時に暦書が渡り、これより百五十日をもって一年と改められる。

第二代　天之忍穂耳尊

第二 豊武日子命の御代には、御世豊かになり、四方の諸国の四海まで浪静かに治まる時代となった。

婦神の雲津日女命は、真藤を製し、蓮《はす》の糸の如く、または万《よろず》の獣物の毛を集め、機杼《きじょ》にて織ることを発明し、四方の万国に伝え示し給う（機杼とは機《はた》を織る用具のこと）。

一の御皇子は古今まれに気力強心にして、暴《あば》れん坊に手こずり、出雲国の大社の宮の祖父の宮に預け、生長するまで頼み置いた。

出雲国の大社において、祖佐男命は、日夜を重ねて、寿十二〇三千日にして、神去り給い、同国の上山に葬る。諡名 八佐加彦尊と申し給う。

婦神 稲田日女も日夜を重ねて、寿十二〇五千日にして神去り給い、夫神と同所に葬る。諡名、八佐加日女尊と申し給う。

一の皇子、仁人木命は祖父に頼み預けた日より一〇一千日にして（六年間）、不二山高天原の小室沢、阿田津山の日向、宮守りの宮に還幸し、正哉山住《まさややまずみ》命の二女 岩長日女の妹、阿田津日女を女取《めと》り、三品の御宝を、御父の神皇より譲り受け、御位に即《つ》き給う。

但し、仁人木命の幼名、武雄日子と申し給う。阿田津日女命の幼名、菊里日女と申し給う。

神皇 豊武日子命の御夫婦大神は、日夜を重ねて、寿十〇二千三十六日にして、両神は同日神去り給う。高天原の御座野《おざの》山の峰の陵に葬る。

神皇の諡名、天之忍穂耳尊と申し、神后の諡名、万機《よろずはた》秋津日女尊と申し給う。

皇子五神、皇女三神まします。二の皇子 太真祖《たまそ》命は、正哉山住命の一女 岩長日女を女取り、伊須国を賜わり、伊東の阿田見《あたみ》原日金《ひかね》の宮に移り給う。

第三代　天津日子仁人木《ににき》尊

第三、仁人木命は、正哉山住命の二女 岩長日女命の妹、菊里日女を女取り、菊里日女の諱を阿田津《あたつ》日女命と改め、神后の御位に即《つ》き給う。

但し、仁人木命は、祖佐之男命の六男として育てられたが、実は忍穂耳尊の一皇子なり。

同日、西北の大陸より、大軍筑紫島（九州）まで攻めて来たと、豊玉日子は西国より、早馬を駆《か》け、報告に参上した。

そこで、神皇仁人木命は、神后阿田津日女を始め、諸々万の天津神、国津神と相談の上、作田日子命、玉柱屋命《たまはしらや》、武御名方命《たけみながた》を軍大将とし、神皇仁人木命は御神霊の御玉を身に添え、室雲《むろくも》の宝剣《ほうけん》を持ち、神后阿田津日女は内待所の八角の御鏡を身に添え、軍勢一〇八千神を従え、西国に出立し、日夜重ねて五十日にして西国の住防《すおう》と言う所につき給う。

関を立て、筑紫の賊の大軍を防ぎ給う内、賊軍は南島、筑紫より軍勢を移すと聞く。

但し、筑紫島より南に当るによって、南島と申すなり（四国島のこと）。

神后阿田津日女みずから軍大将となり、味耜託彦《あじすきたく》根命、興玉命を副将とし、軍兵八千五百神を従え、作田日子命を道案内とし、軍船にて南島に渡り、賊軍と戦う。

攻め勝って、日夜重ねて、賊の大軍を皆追い払いし時、父母は阿田津日女を安じ焦《こ》がれ、不二山高天原より、西国に尋ね行く途中、伊豆浜にて、母の加茂沢日女は病死する。寿八〇八千九百日、伊豆浜に葬る。

この所は、御送り沢伊豆海住留家《するが》浜の出張り崎の浜なるによって、三島と申す。諡名、別雷命《わけいかづち》と申し給う。

父正哉山住命は、南島まで追い追い尋ね行き、阿田《あたつ》津日女に巡り合い、対面致し、妻の次第を語り、泣涕《きゅうてい》致すこと稍久《ややひさ》し。

正哉山住命は、妻にこがれるが病の元となり、日夜重ねて、寿九〇八千十四日にして、三島に行くよ、と遺言をして神去り給う。よって、この土地を、伊《い》依《よ》国と名付け給い同地に葬る。諡名、大山住命《おおやまずみ》と申し給う。御霊は三島明神と祭り給う。

この時、仁仁木命は筑紫島の大賊を平げ、南島に渡り、阿田津日女に対面致し見れば、姫は早や産月とも見える身体なれば、疑いをおこして、姫を恨《うら》み給い、二度び筑紫に渡りければ、姫は驚き、高照日女、下照日女を従え、不二山高天原に還幸《かんこう》し給う。

よって、作田日子命がこの議を天之児屋根命に語れば、命は驚き、作田日子と共々不二山に帰る。最早、阿田津日女は、われ天が下に一神と崇《あが》め守《まも》り給う神皇に疑いを受けるに何を面目《めんぼく》に命ち長らえて居られるものか、我が孕《はらみ》居る子供らよ、生《せい》あらば慥《たしか》に聞け、天が下に一神の種なるぞ、生あらば火の中も寿命を保ち、夫神の疑いを晴らし給えと申しつけ、小室なる宮守りの川合いの真沙古砂《まさごすな》の小島に、無戸《うと》室《むろ》を造り、産み置き、四方の壁を土にて固く塗《ぬ》りつけ、頼む、頼む、頼むと言いおいて、不二山に登り、熱火中に飛び入り、神去り給いし後に、天之児屋根命、作田彦命は駆《か》けつけ見れば、火煙りと共に焼死し神去り給う。

無戸室の火煙りの中に、産れ子の泣き音を聞き、生れ子ばかりは助けよと言って、火煙りの中に飛び入り、生れ子を抱き上げれば、姫の魂魄《こんぱく》に応じ、噴火口の火煙りは愈々強く盛んに吹き上り、不二山は煙りで失《う》せにける。

天之《あめの》児屋根命は小室に下り、天之太玉《ふとだま》命と共々無《う》戸《と》室《むろ》の屋根を破り、三皇子を出して高照日女・下照日女に守護の依頼を命ず。

右大神の諡《おくりな》名を、これによって天之児屋根命と申された。

作田日子命に申し付け、猿の乳を取って下照日女に与え、三子の養育を命ず。（筆者註　猿とあるは先住民を蔑んでの言葉か）

それより、天之太玉命、天之児屋根命、作田日子命ら三神の工夫をもって、神后の御骨を火煙りの中より拾い集め持ち来り、宮守りの宮に納め置くうちに、四方の諸々万の国の神々は、神都の高天原に登り来る目印《めじるし》を失い、神皇の仁人木命を恨《うら》み給うこと限りなし。

四方の諸々万の国民は皆大騒動になるによって、天之児屋根命、事代命《ことしろのみこと》と共々鹿《しか》（早馬）に打ち乗り、西国に行き、右の次第を物語れば、神皇は大いに驚き、筑紫島を塩士老翁《おきな》命と豊玉彦命に守らせ、南島は興玉《おきたま》命と味耜託彦根《あじすきたく》命に守らせ、住防《すおう》下の関は玉柱屋《たまはしらや》命に守らせ置き、外の将々を始め、軍勢を従え、高天原に還幸致し、玉柱屋命と大物主命に申し付け、中国《なかつ》を鎮め給う。経津主《ふつぬし》命と武甕槌《たけいかづち》命に申し付け、東国を鎮《しず》め給う。大国主命と事代命に申し付け、北国を鎮め給う。

大力男命に、神皇は詔して、神后の魂魄止《こんぱくとど》まり座《ま》したる火煙りの熱火の中より、大力男命の工夫をもって、神后の身体の焼けしみて、魂魄の止め座《ま》したるを掘り出した。

但し、この掘り出した所を、弥茂王太《やもおうだ》と申し、この小山の峰より、火煙り渦《うず》を巻きて上るによって、宇須久保《うすくぼ》山と申し給う。

註　場所は南都留郡忍野村忍草字臼久保。富士山の寄生火山でできた小山。

大力男命は、この原野を無死骸原《なしがいはら》という。小室の宮守りの宮に持って来て、宮守の宮に納め置き、御骨と合せ、御座野原の南、金山の峰の陵に葬る。寿一〇二千六百日（今日の三十五歳）、諡名、木花開《このはなさく》夜姫《やひめ》と申し給う。

これより、神皇仁仁木命は、諱を金山男命と改め給う。

それより、婦神の産み給う三子の名を定める。神后、不二山の焼火の熱に入り、身体盛んに焼け、熾《し》烈《れつ》の時と、身体焼け終る時と、身体焼け終って焼火遠ざかる時に、例えて、三子の御子の名を付け給う。

初めて産み給う御子の名を、火照《ほてり》命、次に産み給う御子の名を、火須勢理《ほすせり》命、又次に産み給う御子の名を火遠理《ほおり》命と申し給う。

但し、焼巻く火煙りの中より、大力男《おおりきお》命の工夫によって、神后・阿田津姫の身体は焼け煮《に》しみ、神后の魂魄止《こんぱくとど》まり座《ま》す霊石《みたまいし》を取り出した功によって、大力男命こと石掘姥《いしほりめの》命と諡名を給う。

それより、神皇の金山男尊は勅命をもって、西国大合戦の軍功を定める。

天下の大政を司取る家と定める。

左大神 天之太玉《ふとたま》命の子孫一族を、祖賀家《そがけ》と定め、右大神 天之児屋根命の子孫一族を、物部《もののべ》家と定め、天下の大政を司取る家と定める。

塩士老翁《おきな》命と豊玉彦命の子孫一族を、西筑紫島一円、守護司役の家と定める。

興玉命と味耜託《あじすきたく》彦根命の子孫一族を、南島一円、守護司役の家と定める。

玉柱屋命と大物主命の子孫一族を、西中《なかつ》国守護司役の家と定める。

経津主《ふつぬし》命と武甕槌《たけいかづち》命の子孫一族を、東国守護司役の家と定める。

大国主命と事代命の子孫を、北国守護司役の家と定める。

稚武主《わかたけぬし》命と建御名方《たてみながた》命の子孫一族を、北中国守護司役の家と定める。この建御名方命の子孫一族は、鹿（早馬）に乗り、四方諸々万の国を駆《か》け巡り、先頭に進む軍大将の家と定め、また、この稚武主命の子孫一族は、馬に乗りて、四方の諸々万の国を駆け巡り、戦闘に先き立つ軍大将の家と定める。

石凝姥（石掘目と別記事にあり）命の子孫一族は、軍事用武器を作る家と定め、諸々万の数え取るを変え改め、一二三三十を廃し、一二三四五六七八九十と改め、一十百千の次の〇を廃し、万と改め給う。

この数取りの器は、小木の丸棒を短かく折り、数取りに使うなり。これを算木と後世申すなり。

神皇金山男命は、神后の産むところの三子は生長致すに従い、神皇に顔形ち真替えなく、生き写しなり。

神皇は日夜を重ねるほど、神后に焦《こ》がれ、病となるによって、天之太玉命と天之児屋根命は、老神の作田彦命を召し談じ給えば、答えて申すに、神皇は気の病いなれば、私に工夫《くふう》がありますと、御受致し、天之細目女《うずめ》命と石凝姥命を招き、神皇の御側《おそば》には、高照姫命と下照姫命が三子を守護奉り居るところに、猿二疋連れまいり、二疋の猿に踊らせ、作田彦命と細目女命は、白髪頭をうち振りてたわむれ、歌を唄い、二疋の猿に仕方をさせ石凝姥命は飯を焚《た》く器を棒にてたたき、日夜を送り給いしが、日夜を重ねて、寿一万五千八百十五日にして、神去り給う（四十四歳）。神后と同所の陵に葬る。諡名、天津日子仁仁《にに》木《ぎ》尊と申し給う。

但し、神后阿田津日女は、西国より不二山高天原に還幸し、宮守りの宮の神殿に御鏡を納め、無戸室の産殿を造り、三子を産み置き、不二山に登り、火熱に入りて神去り給うなり。また、神皇金山男命は、西国を平げ、高天原小室の宮守りの宮に還幸し給い、宝剣と、御宝玉を、御神殿の御鏡を合せ納め、神祖神祖の大御神に、戦い勝利の天津舞を致し給う。

神后の産み置く三子の火照命は海狩りを好み、火須勢理命は農作を好み、火遠理命は山狩りを好み、これを、海幸日子《うみさち》、農幸日子《のさち》、山幸日子《やまさち》と申し給う。

ある日、火遠理命は、兄の火照命に釣り針りを備えて、魚を釣れども、魚一疋も取れず、その釣り針を海に失い、兄の火照命は怒って許さず、誠に困り、途方にくれて、西の瀬《せ》の湖《うみ》（今日の青木が原）の浜の龍宮に居る四方諸々万の国の海神の司首、海鰭根《うみきね》求男《むお》命の所に、川口より小舟に乗りて、尋ねて行けば、浜に美女は洗いものを致し居り、山幸日子が申しあげるに、美女は答えて申す。この龍宮は、わが父海神の司首の宮なりと申す。

山幸日子は、然らば父神に案内を頼むと言い、美女は父神の居間に案内を致した。

父神、何の用かと問うに、山幸日子、答えて右の次第を言う。

海神司首、驚きあわれみ給い、一女を身合せ、龍宮に止め座《ま》し置くこと、千三百十四日なり（以下紙が破れて不明）。

第四代　天津日子火火出見尊

火遠理《ほおり》命の御父、故金山男命の神去り給う後、遺言によって、左右の大神の相談の上、天之児屋根命は、作田日子命を道案内とし、西の瀬の湖の北、日向《ひなた》の麓の浜の龍宮へ、火遠理命を御迎えに行く。

海神の司首《ししゅ》、居座凪《いざなぎ》尊の二男栄日子《えびす》命の孫にあたる海鰭根求男《かいきねむお》命の一美女を迎え受け、小室宮へ帰り、火遠理命の諱を天津日子火火《ほほ》出見命と改め、海神の一女を、諱、豊玉日女と名付け給う。

天之児屋根命の御子と致し、神皇に身合せ、宮守りの宮において三品の御宝を捧げ、御位に即《つ》き給う。

神后の豊玉日女命は、神皇の火火出見命に申すに、妾《わらわ》すでに妊《はら》み、今産む時に臨《のぞむ》と申す。神皇は驚き、月夜見尊の四男大山住命の弟、倉山住命に詔《しょう》して、南の宇宙湖の出張り島に、産殿をつくらせ、鵜の羽（茅の穂）をもって、産殿の屋根を葺き終らざるに、皇子は誕生した。

よって、御名を阿曽男命、またの名を家基都《かきつ》王命と名付け給う。

この産殿は宇浜宮と申された。（今日の山中湖畔。後、皇子三神・皇女五神が生まれた。ただし、延暦十九年の噴火にて溶岩下に埋没したが、豊玉姫を祭る神社は伝来している）

それより二〇五千六百十三日の夜の時、醜男命が筑紫より早馬にて使者に来て告げ知らせるに、三漢方面より大軍筑紫島に攻めて来た。諸々万の天津国津の神々を集め、相談し決定の上、天津日子火火出見尊は、宮守りの宮の御神殿において、三品の御宝を捧げ、皇子の阿曽男命に御位を譲り給う。

それより、筑紫島は、三漢をはじめ西大陸に近いにつき、筑紫は度々攻め取られるによって、これより神都を筑紫に移し、居ながら防ぐより、外に工夫なしと、双方相談は一決し、それより神都を筑紫の要害堅固の地を見立て、不二山は世界第一の名山にして、日に向う高千火《ほ》なるによって、不二山の地名を取って、神都を移す山の地名を、日向の高千峰と名付けた。

火照命を総軍師とし、武甕槌命、経津主《ふつぬし》命、建御名方命、稚武主命の四軍帥を副帥とし、二〇八千神の軍勢を従え出発致し、三千六日にして穴門《あなと》の住防の宮に着き給う。時に軍勢十〇余神なり（十〇は一万余神か）。

これより、軍勢を二手に分け、筑紫島の東の水門《みなと》にて攻める大将は元帥火照命、副帥武甕槌命、稚武主命、軍勢五万余神（五千か）。

筑紫島の南の水門より攻める大将は、元帥火須勢理命、副帥経津主命、建御方命、軍勢五万余神（五千か）。

南軍は、南の水門より上陸し、賊の大軍と度々戦い、六百五十日にして、西北の方面に賊を皆追い払い、霧島山より西大山に本陣を移し給う。

但し、不二山高天原の神都の阿曽谷より、火須勢理命は軍勢を引き連れ行き、筑紫島南方の大賊を鎮め給いて、霧島山より本陣を移して、この大山を本陣と致し、筑紫の大賊を鎮め給うによって、此の大山を阿曽山と名付け給う。

この大合戦に討ち死に将神二十八神。負傷の将神十七将。討ち死の兵神三千八百余神（合計三千八百四十五神）。

尾茂太留命の一男少名日子那命は、大戸道命の三女武弥雄日女命を娶《めと》り、諸国を治め、諸々の常世《とこよ》の国に渡り外向《がいこう》をして大功を現わし、国家に大功を立てた御神とある。

この少名日子那命は、寿三万五千五百日にして老死、神去り給う（今日の年令九十八歳）。尾張州中島の里に葬る。

その子、久延仁日子命、婦神は大国主命の二女、龍高日女命（改名し下照日女）を妻とした。久延仁日子命は尾張り国の中島において、寿三万四千四百余日にして神去り給う。中島の里に葬り給う。諡名、大国御魂命と申し給う。

婦神、諱名下照日女は、神皇に大功を立てた婦神とある。尾張りの海部の里において寿三万五千余日にして神去り給う。同所に葬る。諡名、大国魂日女命と申し給う。

その子阿曽武命は、豊玉日子命の三女海那日女を娶り、海軍総大将となり大賊の数百の船を焼き討ち、敵の大将を目がけ、敵船に乗り移り、大賊と大いに戦って戦死すると同時に、船は皆消滅し給うなり。

よって、海軍の大将頭首、阿曽武命の御夫婦二柱の神を大山に葬る。ならびに、海軍の諸々兵神の死体を皆集めて葬る。

これより、この大頭首《とうしゅ》の諡名を取って、この大山を阿曽山と名付け給う。阿曽武命、寿一万二千二百五十日（三十四歳）。諡名、健磐龍《けんはんりゅう》命と申された。

婦神、海那日女命、寿一万一千八百十三日、諡名、阿蘇日女命と申し給う。

それより、霧島山を神都と定め、日向の高千峰山と名付け給う。宮を高千峰の宮と名付け、奥山住、倉山住、繁山住、葉山住、原山住、外山住命の六神に詔《みことの》りをして、宮を造営した。

九州（筑紫）に遷都

神皇は、左右大神をはじめ、天津国津諸々万の神々付き従え、高天原より御幸《みゆき》致し、筑紫島の宮に着き給う時に、屋根を葺《ふ》き終らざるによって、高天原の天都大御神、日子火火出見尊の詔《みことのり》をもって、宇《う》茅葺木不合《かやふきあえず》尊と諱を授け給う。

神皇の神后は、豊玉日女尊の姪《めい》、海鰭根求男命こと後の諱豊玉彦の孫、海津古玉日子命の一女、玉依里日女尊を神后と致し給う。

それより、今度の大合戦の軍功を定め、陸軍総戦死者の霊魂を霧島山に祭祀し、霧島神社と祭り給う。

阿曽山に、海軍総頭首の御夫婦二柱神を、健磐龍命神社、並びに阿蘇日女神社と祭り給い、海軍兵諸々の総戦死者を合せ、国造り神社と祭り給う。

父の大御神は、つまり日子火火出見尊の御夫婦の大御神は、不二山高天原の小室、家基都の宮に止《とど》まり座《ま》して、建御名方命の御子 諏訪彦命、阿曽比昨《ひさく》命、稚武主命、鳴沢男命、海津古玉彦命、石作器命、仲《なか》津波限《つなぎさ》彦命、大山彦命らは高天原に止まりて、神皇の御父母の大御神を守護座々《ましまし》居り給う。

これより、筑紫島・高千峰の宮の神皇は、不二山高天原の諸々の万の天都大御神の御神託を受、御位を授け給う。

但し、この御位に即《つ》き給う時は三種の神器を保管する宮守りの大宮の御神殿の御戸を開き、宮司の守護する神前において、神皇に御位を授け給うが式例であった。

天が下四方の諸々万の国の大政を司取ることを、大御神の勅命によって、定めていた。

次に、諱、謚、国名のことを定め給う。

国名を宇家屋不二合須《うかやふじあわす》国、神皇の諱名代々を宇茅葺不合尊、神后の諱名代々を玉依里日女尊、神皇の謚名代々を宇家屋不二合須尊、神后の謚名代々を宇家屋不二合須日女尊と、大御神の勅命によって、御定め給うなり。

豊葦原瑞穂国の世、凡十七〇八千余日なり。

（「開闢神代暦代記」より）

註

一、「開闢神代暦代記」の末尾には以下の奥書がある。

人皇八代　孝元天皇即位七年
秦徐福　作書記置
人皇三十八代、天智天皇十年（六七一）八月中
蘇我 武部《もののべ》両家之世代尾、人皇八代孝元天皇
御代依利 作正志《さくをただし》、是仁宇津須者也。
中臣　藤原物部麻呂
建久三壬子年（一一九二）八月右書を写す。
富士大宮司　宮下源太夫義仁謹書（花押）

諸雑記

(1)皇室の御紋章

天の御中主太神より、神皇代々の御紋章は、日輪(太陽)に十六筋の光明を射す形を記すなり、とある。また、神后代々の御紋章は、月輪に五三彩の雲の形を記すなり、とある。

註 今日、皇室の御紋章は十六花弁の菊花、皇后は代々、五三の桐《きり》花が定説とされる。太陽熱と光は万物生成の根元であり、月は清楚にして満ち欠けがある。太陽と月の出る大陸を探し求めて移動した日本人の祖先は、朝に夕に太陽を崇拝し、皇子を日子《ひこ》と言い、皇女を日女《ひめ》と言った。皇室紋章の由来については、本原文説が正当で、自然の発想であると信ずる。

(2)文字について

文字は、天の世より始まり、神世の文字は諸々万の物の形を書記し、諸々の用事に用いた。

但し、この万物の形を書き記すには、薪木《たきぎ》を焼き残る墨を、魚の油に溶《と》かし、窪《くぼ》みある石に水を入れ、すりこなし、小竹の先を口にて噛み、木の皮または大竹を割り、中の自身に書き記すなり、とある。

(3)食事の方法

天の世には、食事をするに、諸々万の草木の実、また鳥獣魚類を清き平の大石の上に乗せ、手ごろの長き石にてたたき潰《つぶ》して食するなり、とある。

但し、焼山の焼火を持って来て、焚火《たきび》をして、焼きあがり、食事を致すとある。

(4)衣類について

衣類は、獣の皮、鳥の羽根、または木の葉を、細き藤つるにて結びつけ、衣類と致すなりという。

(5)住居

住居は、すべて岩穴、または、土山の傾斜地に横穴を掘り、住居した、とある。

(6)製塩の方法を発明

天之御中主大神は、海辺の浜の小砂に、白いものが付着しているを見て、採取して口に含み見れば塩からかった。よって、粘土をもって窪みある器を造り、海水を煮詰め、製塩の方法を発明した。

その他、土器をつくり、穀物は石臼にて突き、皮を取り、煮て食べること、酒のつくり方など、推定五千年以前の食生活の方法を書きとどめている。

(7)医薬品の発明・発見

天之御中世第十五代、神農氏大神は、諸々万の草木の実、根皮を口にて噛み、盲人を集め、盲人に諸々万の草木の実、木の根、皮を口にて噛み実験を繰り返し、効果の発明、発見者を瞽《めしい》といい、薬師《やくし》という。神農氏大神はその結果を自ら試し、子孫に伝え示すなりとある。

(8)大陸より日本列島に移住の始まり

炎帝神農氏大神は、天竺《てんじく》の中国大陸より東方に、さらに大陸のあることを覚《さと》り、賢知神、つまり賢くして物事を知る五男の農立日子に探検を命じて派遣したが、音信不明で、神農氏大神は待ち焦《こ》がれていた。

よってさらに、七男の農佐《のさ》日子に詔命して、日本の海原の蓬莱山《ほうらいさん》の蓬莱国を、神農氏大神自ら、農佐日子と共々、大船団を造り、龍船に乗り、天竺大陸の震旦《しんたん》国の中国《なかつくに》より海原の世界に、二つとない蓬莱山峰の煙りを目当に、眷属《けんぞく》七百余神を従え、出航した。

天竺大陸より航海中、最初に見付け、行き通りたる島を行島《いきじま》（壱岐《いき》）と申し、大海に天降りて島に上陸か、付《つ》きたる島を付き島（対島《つしま》）と申し、航海の途中にて見えた島を付木地見島《つきじみ》（筑紫《ちくし》島・現九州）と申し、南に見える島を南島と申し、休みて通りたる島を休通島《きゆうつうじま》（隠岐《おき》）と申し、北陸の沿岸を北上して渡る小島を佐渡《さど》島と申し、引き返して上陸した原野を野登《のと》と申し、山を越え、谷を越え、高き陸に上りて見れば、蓬莱《ほうらい》山現れ見え給う。

神農氏大神をはじめ眷属諸神は、あの山に飛びたい、と申すによって、その地方を飛太野《ひだの》と申し、蓬莱山を見付けた山を飛太山と申し、これまで原野、山谷を越して来た地を越地《えち》と申し、それより猿《さる》（原住民のことか）数多《あまた》集まり来たり、鹿（原住民の飼育した馬のことか）に乗り、道案内を致し、山を越し、谷を越し、大原野にいで、大川三つを、数多の猿、鹿を集め、神農氏大神を始め、神族、眷属皆一同、数多の猿ども、数多の鹿に乗せ、三つの大川を渡るによって、その地を三川野《みかわの》と申し、それより蓬莱山の麓に到着した。よって案内してくれた原住民と、大陸から移動した人々は喜び合い、休息致し、無事に食事することができた。

眷属どもは手分けして、木の実、草の実、魚類、鳥獣を沢山集め、三手《て》四日住《す》み居た地を住留家野《するがの》と申し、それより蓬莱山中央高天原に登り見れば、大原あり、火あり、湯泉あり、草の実もあり、木の実も多くあり、湖水はあり、住み良き場所であることが分かった（富士山の北麓一帯）。

この大原野の小室の日向山に穴宮《あなみや》をつくり、止まり座《ましま》して、蓬莱山《ほうらいさん》を遙拝致し、この山は世界に無《なし》レ類《たぐい》の二つと無き山によって、神農氏大神は、不二山と名付け給う。また、神農氏大神は、不二山高天原に止まり座《ま》しますによって、不二山周辺の地を津《つ》久居《くい》と名付け給う。

その後、東の大原野を津久羽《つくば》と申し、その奥を奥《おく》羽《ば》と申し、不二山の南西陸を遠久見留州《とおくみるくに》と申し、不二山の西北陸を飛太野《ひた》・記祖地《きそぢ》と申し、北陸を越地《えち》と申し給うなりとある。

神農氏大神の七男、農佐日子、農佐日女の二柱の大御神は、五男の農立日子の行方不明によって、毎日毎夜泣き焦《こ》がれ、父母を慰めいたが、悔《く》い悲みが病気衰弱のもととなり、高天原に一千五百日にして神去り給う。熱都山の陵に葬り給う。諡名、天之神《しん》農《のう》氏《し》大神、天之神農女大神と申し給う。

宝来山《ほうらい》、蓬莱国《ほうらい》は、神農氏大神の子孫の発起にて、開いた島であるによって、国を神国《しんこく》と申し、田畑を耕作す神神を農神と申し、大小諸々万の国を始め、郷村《ごうそん》をして崇敬し、祭神の宮をつくり、氏神《うじがみ》と申し、大小国、大小の郷をして、神宮を建て崇敬致し給う。諸々万神を氏子と申し、諸々万の天神を氏《うじ》と申し、諸々万の婦神を神三《かみさん》と申し給うとある。

　但し、佐渡島より、蓬莱山のある大陸に渡り、黒島に道引かれ、原野より山を越し登った原野を能登《のと》と申し、それより山を越し、大山に入れば食糧が尽きるによって、暫く休息致し、眷属の諸神は、食糧集めをすることにした。

　それには先ず小屋をつくり、手分けして獣を数多取り集め、食事の材料は大いに沢山集まると祝い合わせこの土地を、家賀《かが》と申し給う。

　それより山を越し、原野を越え、黒島に道引かれ行けば、猿七疋《ひき》来たので（先住民を軽視したことばか）、よって神皇は食事を与え申し述べるに、「汝等よ、朕のわれ等は食糧が尽《つ》きたり、草木の実が沢山ある場所を知るか」と問う。

　七疋の猿は頭を下げて御受する。それより眷属の神々は、猿に付いて山を越し、谷を越し、日夜五日間行けば、原野一面に稲穂があり、諸眷属《もろもろけんぞく》どもは、稲穂をこしき取り、沢山集め、七疋の猿に道引かれて帰り来た。神皇は、この原住民の猿に食事を与え、七疋の猿と別れた場所土地を分佐《わかさ》（後の若狭）と申した。

註　日本列島に野生の稲があった証拠を物語る記事として考古学上貴重である。

　それより山を越し、谷を越し、海辺にいて、魚の骨を釣り針と致し、魚を釣ることを教えるによって、諸眷属どもは、その真似をし、釣りて沢山魚を取る。十五日にして、猿どもという原住民と分かれて立ち帰り、神皇に報告した。

　行った土地を田場と申し、また魚の骨の釣り針にて諸々万の魚類を沢山取った地方を針美《はりみ》と申し、また、十四疋の猿に食事を沢山与え、日夜暫く休息致し居た土地を丹場《たんば》と申した。

それより、数多の黒鳥と、十四疋の猿どもに道引かれて、高い山に、山また山を越し、高い山の峰に登って見れば、遙か遠くに蓬萊山が現れ見え給うによって、この土地を飛太《ひだ》と申し、神皇を始め、眷属は大いに悦《よろこ》び、山谷を越え、通った地方を、記祖《きそ》路《じ》と申し、それより大原の岡に出でれば大川三流あった、と申し伝える。

(9)国分けの始まり

国常立尊、国佐槌尊、伊座凪《いざなぎ》尊の大御神の時代に、日の本の島を分けて、佐賀見（富士山周辺）、大原（関東平野一帯）、陸奥（東北地方一帯）、遠久見（濃美平野東）、伊志尾張（濃美平野西）、木山（南紀一帯）、川津（近畿地方）、大湖《おおうみ》（琵琶湖周辺一帯）、飛太野（飛騨・美濃一帯）、越地前（越前・若狭一帯）、越地後（越中・越後の一帯）、田場（丹波・丹後の一帯）、稲場（今日の鳥取・島根の一帯）、針美（今日の兵庫・岡山・広島の一帯）、穴門（山口）、南島（四国地方）、奥付地見（南九州地方）、前付地見（北九州地方）の十八箇国に分け定め給う。

(10)金属器具の発明

黒石の砂鉄鉱石を焼き溶かし、鉄金に製造し、打ち手の大槌・小槌を作り、この大槌・小槌にて鍛えに鍛えて、剣、または万物を切る道具を作製することをわが国で初めて発明したのは、祖佐之男命の眷属、剣刀知の指導により月夜見尊の二男、大山祇《ずみ》命の弟、弟山祇命、別名、手名槌と足名槌命の親子で、彼らにより刀剣、三種の神器ができた（BC二四三二―二三六三）。

(11)土器の作製方法

大の器は大竹にて型を編み、小の器は小竹にて型を編み、粉の真土つまり粘土に諸油を入れ、水にて練り、型を作りた家具に塗り付け、火にて焼き固め、大中小の諸々万の器を作製することを発明し給う。

註　縄文中期の土器、加曽利・勝坂・諸磯式の土器は当時のものと推定される。

⑿通用金と刑罰

金山の沢々、河原より砂金銀を拾い集め、諸々の万のことに功を立て、神国を守る万神に報奨金または、神国の通用金と定め、神皇の詔命なく、隠し拾い、または盗みたるを使用致す悪神は死罪、または目を片目えぐり取る刑罰に処した。

神々の諸々万の所持物を盗む悪神も前同、神皇の詔命に背《そむ》く悪神は、皆死罪と定め給う。国政に背く悪神等も前同とある。

また、出雲国に監獄を置き、祖佐之男命の説諭により、心を改めない罪神は処刑したとある。

⒀家屋建物の造り方

木を切って、まわり、または中にも立て模様をし、天上に大小の木を藤にて結び付け、回りは木の皮、または大竹小竹にて囲い、天上の屋根は、木の皮、萱《かや》にて葺《ふ》き、住い居ることを考え発明致し給う。

屋根草には、萱《かや》が一番よきによって、この住居する所を、家《か》または屋《や》と申し給う。神皇を始め皇族方の住居する家は、御家《みや》と申し給う。

入口には、小竹の細きを、細い藤にて編み吊《つ》り置き、出入りするに、すすと鳴らすによって、この竹をすず竹と申し、この編みて吊るし置く品を、御垂《おた》れと申し、神皇の御家《みや》に吊るし置くを、御須《みす》と申し給う。

⒁製塩・酒造り、農作の始まり

海辺の砂山の土を煮詰め、塩を製することと、米・粟《あわ》・麦《むぎ》にて酒を製することは、天之世、天之御中世より伝わるものである。

稲は水にて作り、粟《あわ》・稗《ひえ》・麦・豆の類は、岡畑にて作り、諸々万のものを腐らせ肥料にすることは、天之御中世より伝えられた。これを一族、眷属に示し申して、この諸々万の食事類、諸々万の器具、武器類を更に工夫し、発明することを、汝等の子孫代々に伝え示すことを詔命致し給う。

これより国佐槌尊の御夫婦は、十八州を始め、阿《あ》和路島《わじ》、南海島《なんかい》、西海島、行島《いき》、付島《つ》、休通島《きゆうつう》、佐渡島、江外島《えぞ》の八島を巡り、三手八百八十八日にして家基都の宮に還り給う（家基都の宮は現・富士吉田市）。

⒂冠と女性装身具の始まり

神皇国佐槌尊は、男神は官守《かんも》りを着け、女神は官《かん》差《ざ》しを着けることを定め給う。

神皇の一族の女神は、藤つるの皮を柔かにし、小さく割り、髪の毛をまとめ結《ゆ》い、結いたる藤の皮と髪の毛を背に下げ、四季の草花を採りて、結《ゆ》い玉に差し、これを皮さし、または官《かん》ざしと申し給う。

眷属の諸々万の神々の男神は、藤つるの皮にて、髪の毛を前より背に回して置き、眷属の女神は、髪の毛をまとめ、藤の皮にて結い、木の花を差すことに定め給う。

これより神皇代々は、黒鳥に教えられ導かれて、蓬莱山に来たによって、背の上に結《ゆ》いた官守《かんも》りに、黒鳥の大羽根を差すことに定め給う。これは黒鳥に教えられたによって、御佐官守《おさかんもり》と申し給う。また、黒鳥の羽根を、女神の髪の毛に編みつけた衣を御《ご》正束《しようぞく》と申し給う。

神皇の勅命によって仕《つか》え給う諸々万の神を官神《かんじん》と申し、その官神の功績によって官守りに、黒鳥の小羽根一本、二本と増し八本まで差すことにした。

この黒鳥は、加阿加阿《かあ》と鳴くによって、烏《からす》と名付けた。また、赤顔の獣におさわり道引かれ、蓬莱山の高天原に来たによって、この獣を佐留《さる》と名付けた。後、猿と改めた。

註　本文は獣の猿とあるが、文意の内容から、言語の異なる先住民を、追放の意を含む言葉、去《さ》る・去れ、を獣の猿に表現しているようだ。国常立尊《くにとこたちのみこと》、伊《い》座凪尊《ざなぎ》は、眷属を従え、先住民と戦い、国常立尊は出征中、田場国（京都府）真伊原の桑田の宮にて崩御なされ、別名を豊受大神・稲荷《いなり》大明神と申された。

大国主命・子孫世代

国佐槌尊二男、諱、農実日子、大戸道尊。抑、大戸道尊一男、大穴貴《おおあなむち》命者、諸々之萬之国々之祖税収納致須古登尾、神皇大日留女尊時利《より》申付利、子孫代々収納役之家登定目給也。亦者、商法塵武《たけ》而、商法之道尾、諸々之万之国々仁尾志栄《おしえ》開久仁依而、商神之始祖神登阿賀目《あがめ》給尾御神也。亦者、大戸道尊之二男大穴貴命之弟、作田彦命者、農作之古登仁武留仁依而、諸々之万之国々之農作之始祖神登阿賀目《あがめ》給也（作田彦は猿田彦命のこと）。

一代　大戸道尊一男、大穴貴命、諡大国主命
　　　妻者、茂登太手毘古命一女、若美古女命
二代　大穴貴命一男、大玉毘古命
　　　妻、大佐須男命三女、久等毘女命
三代　大玉毘古命一男、大平彦命
　　　妻、国興男命之二女、小松毘女命
四代　大平彦命一男、山佐毘古命
　　　妻、古佐久男命之四女、久仁毘女命
五代　山佐毘古命一男、大高仁命
　　　妻、春奈彦命一女、吉野女《ひめ》命
六代　大高仁命一男、大田男命
　　　妻、小松原男命二女、元江女《ひめ》命
七代　大田男命一男、大沢毘占命
　　　妻、元立男命一女、花咲毘女命
八代　大沢毘古命五男、大宝男命
　　　妻、金坂男命二女、金桜毘女命
九代　大宝男命一男、金丸男命
　　　妻、岩戸彦命二女、小金毘女命
十代　金丸男命一男、大主毘古命
　　　妻、大里男命三女、小竹毘女命
十一代　大主毘古命一男、大玉男命
　　　妻、玉主彦命二女、大梅毘女命
十二代　大玉男命一男、小玉彦命

妻、大鹿男命一女、小池毘女命
十三代　小玉彦命一男、大仲男命
妻、小松男命五女、大竹毘女命
十四代　大仲男命一男、大国玉命
妻、大鳥男命一女、若木毘女命
十五代　大国玉命二男、大玉彦命
妻、佐田彦命三女、玉利毘女命
十六代　大玉彦命一男、大国佐命
妻、元建彦命一女、小浪毘女命
十七代　大国佐命一男、大高尾命
妻、坂元男命七女、小花毘女命
十八代　大高尾命一男、大海主命
妻、真心男命二女、小鳥毘女命
十九代　大海主命一男、大国立命
妻、正木男命二女、大鳥毘女命
二十代　大国立命一男、国立男命
妻、茂利彦命四女、桂木毘女命
二十一代　国立男命三男、大御木男命

妻、加久羅男命一女、小里毘女命
二十二代　大御木男命一男、大鎌田男命
妻、小根男命二女、小沢毘女命
二十三代　大鎌田男命一男、小太加男命
妻、兵太男命一女、小川毘女命
二十四代　小太加男命二男、太玉男命
妻、玉桂男命五女、小仲毘女命
二十五代　太玉男命一男、大太身命
妻、五六太男命二女、大川毘女命
二十六代　大太身命一男、大武男命
妻、事政男命五女、日田毘女命
二十七代　大武男命一男、大力男命
妻、大彦命一女、大沢比女命
二十八代　大力男命一男、大長男命
妻、古登代男二女、小松毘女命
二十九代　大長男命一男、大躰身男命
妻、春日男命一女、春毘女命
三十代　大躰身男命一男、太山男命

妻、大竹男命四女、小加茂毘女命
三十一代　太山男命一男、大原田男命
妻、元仲彦命二女、奈津毘女命
三十二代　大原田男命一男、大竹男命
妻、大森男命四女、小久等毘女命
三十三代　大竹男命四男、小島彦命
妻、春木男命一女、奈加毘女命
三十四代　小島彦命一男、大谷男命
妻、大角男命三女、阿佐毘女命
三十五代　大谷男命一男、小太田彦命
妻、大坂男命一女、阿田毘女命
三十六代　小太田彦命一男、大手佐命
妻、明男命二女、登久毘女命
三十七代　大手佐命一男、大見彦命
妻、軽水男命一女、元毘女命
三十八代　大見彦命一男、大峰男命
妻、国仲男命二女、佐田毘女命
三十九代　大峰男命一男、大国里男命
妻、真佐男命一女、木久毘女命
四十代　大国里男命一男、大木男命
妻、大屋彦命一女、浪毘女命
四十一代　大木男命一男、大代男命
妻、山佐彦命二女、津根毘女命
四十二代　大代男命一男、大七男命
妻、事代男命四女、日向毘女命
四十三代　大七男命一男、大八男命
妻、津田彦命一女、梅毘女命
四十四代　大八男命一男、徳長男命
妻、阿奈彦命一女、須家毘女命
四十五代　徳長男命一男、照若男命
妻、宝田男命三女、月間毘女命
四十六代　照若男命一男、日丸男命
妻、大田仲彦一女、久真毘女命
四十七代　日丸男命二男、平田男命
妻、田畑男命七女、曽登毘女命
四十八代　平田男命一男、泉田彦命

妻、沼田彦命二女、小舟毘女命
四十九代　泉田彦命一男、大田男命
妻、仲神男命一女、久佐毘女命
五十代　大田男命一男、真心男命
妻、大心男命二女、古登毘女命
五十一代　真心男命一男、大船心彦命
妻、泰岳男命一女、和久毘女命
五十二代　大船心彦命一男、丹波彦命
妻、茂草男命一女、川口毘女命
五十三代　丹波彦命一男、大村男命
妻、大桜田男命一女、身知毘女命
五十四代　大村男命二男、大杉《すぎ》木命
妻、山中男命一女、小里毘女命
五十五代　大杉木命一男、大力太命
妻、大太知男命一女、強力毘女命

此之大力《おおちから》太《た》命仁和、強勇之男子三神阿利而一男、大太力男命登言、二男尾、佐野男命登申而、神武天皇仁津加栄《つかえ》、大功尾阿羅和《あらわし》心給三勇士成里。

神武天皇、諸々万之国々尾平毛静目給而、大和国柏原仁宮城尾定目、国法尾定目給、一男、大太力男命仁諸税収納之役尾申付、宮城之上之原仁宮尾造利居留仁依而、此之宮尾、遠久見留宮登名付給也。

三男、羽咋《はさく》男命仁、北越之国尾真茂羅世《まもらせ》給依而、此之宮尾、野登《のと》之宮、登名付給也、此依利古野《この》三宮尾、三輪家、登申志給也。

五十六代　大力太命一男、大太力男命
妻、大立男命一女、小松毘女命
五十七代　大太力男命一男、大和男《やまとお》命
妻、佐野男命一女、津知毘女命
五十八代　大和《やまと》男命一男、宮田男命
妻、遠見男命一女、古登毘女命
五十九代　宮田男命一男、三都男命
妻、広田男一女、小花毘女命
六十代　三都男命二男、大島田命

妻、大仁男命三女、小高毘女命
六十一代　大島田命三男、広田男命
妻、正高男命一女、尾花毘女命
六十二代　広田男命一男、大真太男命
妻、太玉男命一女、雪毘女命
六十三代　大真太男命一男、小太真命
妻、玉咲男命二女、露毘女命
六十四代　小太真命一男、玉照彦命
妻、大物太男命一女、八重毘女命
六十五代　玉照彦命一男、照明男命
妻、古見山男命一女、大村毘女命

此之玉照彦命之一男、照明男命者、父之職務尾次《つ》久《ぐ》也。二男、吉備彦命者、人皇十代崇神天皇癸巳十年（BC八八）春、西海道仁遺志、其之地方尾按撫志《あんぶし》、大仁教道尾《おおいにきょうどうを》布加志武《ふかしむ》。三男、丹波道主命尾、丹波仁遣志《つかわ》、其之地方尾按撫志、大仁教道尾布加志武（地方の状況を調査し、鎮圧、指導説得すること）。

大力太《おおちからた》命二男、佐野男命時利《より》九代之一男、武渟《たけぬな》川別命尾、東海道地方尾按撫志、大仁教道尾布加志武。

但志、佐野男命一男、⑴駒勇命登申也、駒勇命之子尾、⑵武長男命登申也、其子尾、⑶太勇男命登申也、其子尾、⑷武太男登申也、其子尾、⑸大忠男命、其子尾、⑹武太彦命、其子尾、⑺大政太命、其子尾、⑻武力男命、其子尾、⑼武渟川別命登申也。

大力太命三男、羽咋男《はさくお》命時利《より》十代之一男、大彦命尾、北陸道地方尾按撫志、大仁教道尾布加志武

此之四勇士尾皆廃志而、将軍登為志、天皇勅志而曰久《いわく》。教仁従者佐留者《したがはざるは》、兵尾阿毛而討而《あげてうて》、登詔命志給也。此尾、四道将軍登申須也。

六十六代　照明男命一男、武日命
妻、吉備彦命一女、大里毘女

此之武日命者、人皇十二代景行天皇庚戌四十年

（一一〇）東夷之国々反須仁付、日本武《やまとたける》尊尾元帥登奈志、吉備彦命之一男吉備武彦命、並、武日命尾、裨《ひ》将（副将）登奈志、武日命、東征之伴長《ばんちょう》奈留仁依而、詔仁依而、大伴武日命、登、阿等太目太真和《あらためたまわ》留《る》也。

大伴武日命和、東夷之国々征討瀬志武後《せしむのち》、東《あずま》諸々《もろもろ》之国々征服之地之阿登尾、治利《おさまりた》尾申志付加利《つかり》給而、西大谷之海伊《かい》国尾太真和利、

但志、海伊国、武日命之居太留地尾、後、武日之里、武居、亦者、竹居村登申須也。

日本武尊、此之家基都《かきつ》之大宮仁、暫久休息致志居利、裨将（副将）吉備武彦命尾、先手登志而、西大谷海伊国之大湖之東淵尾巡里、国司岳之大沢尾越志而、武蔵《むさし》、上野《こうずけ》尾巡里、碓日嶺《うすひとうげ》尾越志、信濃仁伊出、美濃、尾張尾経而、近江時利《おうみより》伊勢仁伊出、能裳野《のほの》仁而御逝去《せいきょ》致給也。

六十八代　大伴武日命一男、大伴武雄命
妻、吉備《きび》武彦命一女、小沢毘女

六十九代　大伴武雄命一男、大伴武以命大連《おおむらじ》
妻、大武部命二女、小松毘女

七十代　大伴武以命一男、大伴武長命
妻、津太男命一女、小倉毘女

七十一代　大伴武長命二男、大伴日照命、副連《ふくむらじ》
妻、元長男命一女、登久毘女。

七十二代　大伴日照命一男、大伴武司命、大連
妻、荒田別命七女、竹毘女。

七十三代　大伴武司命一男、大伴武富命、大連
妻、大熊男命一女、小桜毘女

七十四代　大伴武富命一男、大伴室屋命、大連
妻、吉備田狭命妹、小町毘女

七十五代　大伴室屋命一男、大伴金村命、大連
妻、吉備田狭命一女、梅子毘女

七十六代　大伴金村命二男、大伴狭手彦命
妻、物部尾輿《おこし》命二女、宮田毘女

此之大伴狭手彦命者、大将登成里、百済尾援而、高麗《こうらい》尾討而、大仁敵尾破利、其之王都仁入里、悉久珍宝尾獲得而、還留大将成里。

七十七代　大伴狭手彦命一男、大伴倉山田彦命
　　妻、紀男麻呂命三女、紀瀬毘女
七十八代　大伴倉山田彦命一男、大伴子虫彦命
　　妻、藤原不比命二女、古登毘女
七十九代　大伴子虫彦命二男、大伴弟麻呂命
　　妻、藤原内麻呂命一女、小倉毘女
八十代　大伴弟麻呂□□□《不明》藤原氏宗者藤原長房之二男也。藤原姓仁改ム。
　　妻、大伴弟麻呂一女、時子毘女
八十一代　藤原氏宗一男、藤原良世
　　妻、藤原基経四女、松子毘女
八十二代　藤原良二男、藤原長氏
　　妻、藤原忠平二女、政子毘女
八十三代　藤原長氏一男、藤原保昌
　　妻、藤原忠文二女、小吉毘女
八十四代　藤原保昌一男、藤原成親
　　妻、源為義十一女、竹子毘女
八十五代　藤原成親一男、藤原通憲
　　妻、藤原基実三女、道子毘女
八十六代　藤原通憲一男、藤原泰長
　　妻、藤原公綴《さみてつ》二女、小春毘女
八十七代　藤原泰長一男、藤原範茂
　　妻、藤原良親一女、元子毘女
八十八代　藤原範茂一男、藤原長行
　　妻、藤原泰信四女、里江毘女
八十九代　藤原長行二男、藤原信親
　　妻、藤原良春二女、小沢毘女
九十代　藤原信親二男、藤原忠信
　　妻、藤原高国一女、衣子毘女
九十一代　藤原忠信一男、藤原師親
　　妻、藤原師方二女、兼子毘女
九十二代　藤原師親一男、藤原長氏

妻、藤原正親一女、冬子毘女
九十三代　藤原長氏一男、藤原長光
妻、藤原時氏三女、春毘女
九十四代　藤原長光一男、藤原長賢
妻、藤原師泰一女、孝子毘女
九十五代　藤原長賢一男、藤原家賢
妻、藤原経忠一女、藤子毘女
九十六代　藤原家賢一男、藤原長親卿
妻、吉田定房二女、秋田毘女

正平二十四巳酉年（一三六九）後村上天皇の一の皇子、寛成親王御即位ありて、寛成天皇と申された。舎弟《しやてい》、熙成《ひろなり》親王相副《そえ》、三種の神器を拝授奉り、舎弟、熙成親王を東宮皇太子と御定め給う。

文中二癸丑年（一三七三）より同三甲寅年迄、天皇は舎弟の皇太子に御位を譲り、密《ひそか》に足利の大賊を討ち亡す計策を巡らさんと思い、舎弟の東宮に御位を譲り与えんと奨むれども、義を尊《とうと》く思い受けざるによって、無慮（よりどころなく）玉川の宮に走り、隠れ給う。

これより後、臣 右大将藤原長親卿は、天授二丙辰年（一三七六）仙洞太上天皇寛成院、並びに東宮皇太子熙成親王の両御上の千首の御詠歌を集め、同三丁巳年（一三七七）宗良親王、右両御上の千首の詠歌を作成し給う。

但し、寛成《かんせい》天皇（長慶天皇の諱名）を仙洞《せんどう》太上天皇、東宮皇太子熙成《ひろなり》親王を合わせ両御上と申し奉るは、寛成天皇より東宮の皇太子、熙成親王に天皇の御位を譲り授け給えども、受けざるによって、寛成天皇を仙洞太上天皇と申し、東宮皇太子の熙成親王を東宮と申し奉る。

また、宗良親王は弘和元辛酉年（一三八一）八月十五日、新葉集を重訂《じゆうてい》して、東宮御上に献じ奉る。

同弘和三癸亥年（一三八三）四月十日、左大将藤原康長、右大将藤原長親の両卿の奨めに従い、東宮皇太子熙成親王、天皇の御位に付くことを御承諾ましまして、御位に付き給い、熙成《ひろなり》天皇と申し奉る。よって右大将藤原長親卿は内大臣と成らせ給う。

内大臣藤原長親卿、元中六己巳年（一三八九）六月三日、嫡子の光忠と二男 信光に秘密文書と、並びに千首の詠歌を持たせ、密《ひそか》に富士谷に御座す、仙洞太上天皇に御送り給うに、勢州の二度見浦《ふたみがうら》より船に乗り行く途中、暴風起り遠州佐野浜に上り、伊井谷に立寄り密《ひそか》に休息致し、非人と体を変化し富士谷に越す。途中、駿州阿部川の渡しにて、今川の兵の為に、切害され給うことを、秘密に伊井谷より知らせ給う。この時、弟の信光は深手を受けながら、秘密文書と千首の詠歌の包みをふところに抱き、川に飛び入り流れて死すと、申し送り来た。

元中九壬申年（一三九二）南北両朝和平の後、内大臣藤原長親卿は、応永八辛巳年（一四〇一）十一月二十八日、寿八十三歳にて老死した。仏源庵殿釈花山御坊法師と諡名す。

但し、諱名 熙成天皇の守護は、三男 藤原信賢に申し付け、密に忍んで富士谷に落ち来たりて、入道して僧名を師賢と申した。泉沢の滝下に一宇の堂を創立し、仏源庵と申された（西桂町下暮地、仏眼寺現存）。密《ひそか》に忍び居て、仙洞陛下を守護奉り居り、

妻、師子《もろこ》は、二条関白藤原兼基公の四女にして、応永二乙亥年（一三九五）正月十八日小室城宮下の館において、寿七十五歳にして死去致した。この花山家の子孫落ち来たり、花山家は藤原姓を変化して、高山宮内亮と変名し、泉沢に隠れ住み居る（南都留郡西桂町）。

右は神代より代々書き譲りの私ども家の大略の来歴を、恐々謹みて進上奉り候。

応永九壬午年（一四〇二）八月十五日

高山宮内亮、花押

御上

御皇君（長慶天皇のこと）

註

一、南北朝時代以降は、平仮名、片仮名、万葉仮名は全部平仮名にし、漢字も平仮名に改めても文意に支障のない文字は改めた。

二、神世の大国主命の系譜のあることは、わが国の歴史大系に重要な資料である。

作田彦（猿田彦）命・子孫世代

炎帝神農氏七男、国佐槌尊之二男、大戸道尊二男、作田彦命。

一代　大戸道尊一男、大国主命（大巳貴命）
　　婦、国常立尊之女、大戸海尊

二　大戸道尊二男、作田彦命（猿田彦命）
　　婦、豊斟渟《とよくむぬ》尊三女、作田日女《ひめ》命

三　作田彦命一男、鳴沢男命

註　彦の文字は日子の表意文字の略称。
なお、代々婦神の出身、名称の記載あるが、重要性が少ないので世代主のみとし以下省略。

四　天津棚機《たなはた》彦命　五　沖津波根彦命
六　田原彦命　七　水田彦命
八　真田彦命　九　川田彦命
十　泥田彦命　十一　岡田彦命
十二　角田彦命　十三　丸田彦命
十四　長田彦命　十五　時田彦命
十六　深田彦命　十七　春田彦命
十八　中田彦命　十九　奈都田彦命
二十　秋田彦命　二十一　冬田彦命
二十二　山田彦命　二十三　西田彦命
二十四　内田彦命　二十五　外田彦命
二十六　向田彦命　二十七　吉田彦命
二十八　穂田彦命　二十九　見田彦命
三十　城田彦命　三十一　持田彦命

三十二　天田彦命
三十四　剣田彦命
三十六　中田彦命
三十八　座田彦命
四十　米田彦命
四十二　沢田彦命
四十四　倉田彦命
四十六　豊田彦命
四十八　日田彦命
五十　広田彦命
五十二　本田彦命
五十四　福田彦命
五十六　雪田彦命
五十八　武田彦命
六十　女田彦命
六十二　早田彦命
六十四　元田彦命
六十六　舟田彦命

三十三　道田彦命
三十五　太田彦命
三十七　少田彦命
三十九　細田彦命
四十一　瀬田彦命
四十三　吉田彦命
四十五　蒔田彦命
四十七　月田彦命
四十九　日光田彦命
五十一　針田彦命
五十三　海田彦命
五十五　上田彦命
五十七　粟田彦命
五十九　男田彦命
六十一　勇田彦命
六十三、奥田彦命
六十五　竹田彦命

人皇十一代、垂仁天皇即位二十五丙辰年（BC五）八月、天照皇太神宮を、天皇詔勅《しょうちょく》を以て、大和国笠縫の里より、伊勢国渡会《わたらい》の五十鈴《いすず》川上の宇家屋《うかや》不二合須世、五十一代の神皇、宇茅葺不合尊の御陵の東南に遷《うつ》し、祭宮を五十鈴川上に建て、皇女倭姫をして、これを祭らしむ。亦、天皇の詔勅に依て大日本国農務総首頭を、作田彦命より六一八代の孫、舟田彦命を天照皇大神の御供《おそなえ》に捧げ奉る為に、伊勢国河曲原の都波岐《つばき》の神田を作る事を命じ給。依而、不二山高天原の御舟湖端の御舟山の宮依里、伊勢国河曲原に引き移り、宮を造営し、此《これ》を都波岐《つばき》宮と申也。

註　作田彦命は、猿の顔に似ていることから、記紀には猿田彦となっている。作田彦命は、農耕作の指導普及と道路建設に貢献した。子孫代々高天原（富士山麓）の御《お》舟湖の辺《ほと》りに住み、根《ね》の神社の祭神、ならびに道祖神の祭神となって、富士山周辺の道路端に祭られている。子孫の舟田彦のとき、伊勢国に移る。

天之火明尊・子孫世代

天別栄美豆《えみず》火明尊は、天都《あまつ》日子火火出見尊の二皇子にして、母は作田彦命の彦、沖津波限《なぎさ》命の一女、佐奈木日女《さなぎひめ》と申也。此の作田彦命は農作の祖神にして、猿に生き宇津し成るに依て、諸神皆、猿田彦命と呼也。

作田彦命の兄は大巳貴命と申して、商法の祖神にして、父は大戸道《おおとのじ》尊の一男也。

大巳貴命は遠久見国（遠江）の国造に任ぜられ、不二山高天原より遠久見国の佐野原に越し、宮を造営し佐野宮と言、此の宮に居る事五十六代の時、神武天皇即位二年三月、勅命にて招かれ、宮城の上の三輪の里に越し、商法の道を以て、天皇に仕え、豊徳知貴命と申也。

天別火明命は尾羽《おわり》張田原の国造と成り、母佐奈木《さなぎ》日女は、第二の弟、言勝彦命を従い、尾羽張田原の中島の大物主《おおものぬし》命の鎮《しずま》り止り座《ましま》したる真清田《ますがだ》宮に、不二山高天原より越し、佐奈木日女は、第二の弟、言勝彦命と共共火明命を守り居たるに依て、尊（父神皇）より、尾張田彦と名を賜る。言勝彦命こと尾張田彦命は、南島を守り居り（南島とは後の四国島のこと）、興玉命一男、田村彦命の三女、阿波田日女を妻と致し、南島の板野原の大麻宮に越し、子孫鎮り止り座す也。

天別火明命は、天の古屋根命の一男、天《あまの》政治彦命の三女、富身美《ふみみ》日女命を女取り、男七神ありて七箇所に置く。一男源太記男命は尾張田の一国を政治する事に定む。

一代　火火出見尊二男、天別火明命
　　婦、天政治彦三女、富身美日女命

（婦神名、代々あるが以下省略）

二　源太記男命　　三　源玉男命
四　記種彦命　　五　建別雄命
六　倉橋男命　　七　尾張彦命
八　田川彦命　　九　小田彦命
十　平田彦命　　十一　坂東男命
十二　照若男命　　十三　熙方男命
十四　真清彦命　　十五　太玉彦命
十六　白浪男命　　十七　高座男命
十八　中島彦命　　十九　根元男命
二十　寛里男命　　二十一　明里男命
二十二　富里男命　　二十三　富川男命
二十四　富岳男命　　二十五　倭平男命
二十六　大泉彦命　　二十七　中泉彦命
二十八　小泉彦命　　二十九　熊坂彦命
三十　幸清彦命　　三十一　信良彦命
三十二　道良彦命　　三十三　陸良彦命
三十四　家主男命　　三十五　桜山彦命
三十六　金沢男命　　三十七　高座男命
三十八　国光彦命　　三十九　真潮彦命
四十　鏡田彦命　　四十一　照建彦命
四十二　大的彦命　　四十三　津悟彦命
四十四　御魂彦命　　四十五　松照彦命
四十六　千種彦命　　四十七　神集島命
四十八　神形彦命　　四十九　豊鋤《すき》彦命
五十　明照雄命

此の明照雄命は神武天皇討征の時、東海十二道の総元帥と成り、東海十二道の総官兵を率いて、大賊（筆者註　長脛彦の反乱軍）を討ち亡す大功に依て、尾張、三川の両国の大国造の頭と成る也。

五十一　国照雄命　　五十二　種明雄命
五十三　神足彦命　　五十四　春玉男命
五十五　明知男命　　五十六　若鷹男命
五十七　玉柏男命　　五十八　錦木男命

五十九　神心雄命　　　六十　穂明男命
六十一　建稲種命

人皇十二代、景行天皇四十年（一一〇）天皇は倭武《やまとたける》命に詔勅して、東海道十二道を始め、東夷追討を命じ給。依て吉備臣《きびのおみ》、建日子《たけひこ》を副帥《ふくすい》とし、比比《ひひ》羅木《らき》の八尋矛《やひろほこ》を賜る。

それより伊勢の大御神の宮に参詣し、伯母の倭《やまと》日女に大御神の御神託に依て、宝剣（但し、天の叢《むら》雲《くも》の剣《つるぎ》也）並に錦の御袋を授け給わり、尾羽張国、国造の祖、尾張源太夫穂明男命の家に入り座々《ましまし》て、一女岩戸姫と一夜の契り深く成り、七箇月十八日夜泊り、岩戸姫、身目《みめ》美《うるわ》しき女成るに依て、美夜受《みやず》日女と名を改め給。供に従いて討征追討の供とし、福地山《ふじさん》高天原にて、東《あずま》の大軍を焼討し、小室の宮守宮に三七二十一日滞在中、美夜受姫、女子を産む。此れを福地姫と名付け、高天原の天津諸々の大御神の総宮守司、福地記太夫に養育の守護を託し、東《あずま》諸《もろもろ》の国を鎮め平げ給う時、佐賀見《さがみ》より上総《かずさ》に御船は乗り越す途中、波荒し、天都大御神の祟《たたり》成りと申し、后《きさき》橘《たちばな》姫、海中に入り給えば浪静に成りて、御船は上総に上り給《たまう》。

記太夫は熱都山《あたつやま》の麓の四辻に宮を建築し、美夜受姫親子を保護す。此の宮は四方より下《くだ》り坂下の宮成るに依て、坂下《さかおり》の宮と申す（今日の富士吉田市大明見）。

倭武《やまとたける》命は、東《あずまの》諸《もろもろ》の国を鎮め平げ、二度、高天原小室成る新宮、坂下宮に帰り給《たまう》。

其の夜、歌に曰《いわ》く。
「迩比婆理都久波袁須疑弖《にひはりつくばをすぎて》、伊久用加泥都流《いくよかねつる》」
爾《ここ》に其、御火焼の老人記太夫、御歌を続けて、歌に曰く。
「迦賀那倍弖《かかなべて》、用迩波許々能用《よにはここのよ》、比迩波登袁加袁《ひにはとをかを》」
是を以て、其老人、記太夫を誉《ほ》む。美夜受《みやず》姫親子の養育保護、並に歌の功に依て、東《あずまの》総国《そうくに》造《づくり》に任じ給う。

上総《かずさ》の小海耳男《こうみじ》と言人、浜に浮き来たる御櫛《くし》を拾い、命の後を追て来たり。坂下宮《さかおりのみや》の倭武命に、姫の櫛を捧げ給う功に依て上総の国造に任ず。亦命、后《きさき》の橘姫の差し櫛を姫の霊とし、熱都《あたつ》山峰に御陵《みささぎ》を作りて納め置き、台朗神《だいろう》（今日は風神社、お台朗様といい現存する）と祭祀す。此の神を萬《よろず》の悪暴風鎮護の神と諸人崇《あがめ》祭祀す。

其より倭武命《やまとたける》は、大伴武日、吉備武彦等を率《ひきい》て海《かい》（後世甲斐）の湖端を巡り、上毛《かみつけ》より科野《しなの》に越し、見野に出て尾羽張《おわり》に至り、美夜受姫の兄、建稲種命に阿津毛《あずけ》、大湖《おおみ》の伊吹《いぶき》山に入り、毒霧に合いて病発し、尾張に帰り、美夜受姫に申して曰《いわ》く、此の宝剣を朕と思え、腹なる御子を安産し、生長を頼む、と詔《しょう》して宝剣《ほうけん》（但し、草那芸剣《くさなぎのつるぎ》）を美夜受姫に渡し、名残《なごり》を惜みて別れ、伊勢に移るに及て病益々激《はげ》し。依て蝦夷《えぞ》の俘《とりこ》を大神宮に献じ、吉備武彦をして京帥《きょうすい》に奏《そう》せしめ、遂に能保野《のほの》に薨《こう》ず、時に年三十也。日本武尊《やまとたける》と諡《し》す。明年五月五日、美夜受姫、男子誕生、長田王と名付く。

人皇十三代成務天皇即位七年三月、詔勅を以て、火明尊より六十二代の孫小止興命《ことめおき》を以て、国造を賜り、同年六月詔を以て高岡の長田を潰《つぶ》し、建たる宮成るに依て、熱田大明神と申奉る也（創立西暦一三七年）。長田王を祭主と致し、尾張源太夫と申す也。

六十二　　建稲種命一男、小止興命
　　　　　妻、福地《ふじ》記太夫《きだいふ》二女、小室姫命
六十三　　尾張小止興命一男、尾張種興命
　　　　　妻、福地佐太夫妹、加茂姫命

註　前記二代は福地《ふじ》（富士）浅間神社宮司家より妻を迎えているので特記したが、以下は妻その他の事項は省略する。

六十二　小止興命　　　六十三　尾張種興命
六十四　政身雄命　　　六十五　時田彦命
六十六　沢玉男命　　　六十七　小田長命

六十八　中島雄命
六十九　島田男命
七十　熱日雄命
七十一　米沢彦命
七十二　米山彦命
七十三　米田彦命
七十四　峰広命
七十五　政足命
七十六　幸信命
七十七　国貞命
七十八　忠元命
七十九　忠平命
八十　元宗命
八十一　続信命
八十二　武世命
八十三　宗時命
八十四　道弘命
八十五　満田彦
八十六　長幸彦
八十七　元忠彦
八十八　広信彦
八十九　信住彦
九十　頼佐彦
九十一　川瀬彦
九十二　淀足彦
九十三　政平彦
九十四　信住彦
九十五　時住彦
九十六　政宗彦
九十七　宗住彦
九十八　正住彦
九十九　忠住彦
百　国住彦
百一　貞住彦

註　以上は、「建暦二壬申年八月中、一之宮寒川神社宝蔵之元書より写す。宮下藤馬亮　義国」との奥書きのある「火明尊御世代」と題する文書からであるが、この続きは「尾張国真清田神社大宮司世代」と題する文書に記載あるので以下に紹介する。宮下義国は宮下家五十代の宮司、義仁の一男。

尾張国真清田神社、大宮司世代

百二　一の宮貞住彦長子、忠住彦、歳六十四。
建暦元辛未年(一二一一)十二月二十五日死去
百三　一の宮忠住長子、政住彦、歳五十八
妻、宮下国住四女、若葉姫
寛元三乙巳年(一二四五)十月三日死去
百四　一の宮政住長男、晴住彦、歳四十六
弘長元辛酉年(一二六一)十二月二十三日死去
妻、宮下住国一女、政子姫
百五　一の宮晴住長子、宗住彦、歳七十五
徳治二丁未年(一三〇七)八月三日死去

妻、宮下国定一女、宮野姫、歳八十五
文保二戊午年八月十三日死去
百六　一の宮宗住長男、信住彦、歳七十二
嘉暦三戊辰年（一三二八）六月十日死去
妻、宮下政国三女、春姫、歳七十八歳
延元二丁丑年（一三三七）三月三日死去
百七　一の宮信住二男、種住彦、歳七十八
正平十八癸卯年（一三六三）六月三日死去
妻、宮下政国一女、松若姫、歳八十五
正平十九甲辰年（一三六四）十月五日死去
百八　一の宮種住長男、顕住彦、歳八十八
応永二十八辛丑年（一四二一）七月六日死去
妻、宮下義勝五女、　姫歳八十五
応永三十一甲辰年（一四二四）正月六日死去
百九　顕住長男、希住彦、歳五十二
応永三十一辰年八月十五日、信州大河原にて
戦死
妻、伊井道政三女、伊井谷姫、歳六十二
文安元甲子年（一四四四）八月十五日死去
百十　一の宮希住長子、頼利彦、歳三十一
永享七乙卯年（一四三五）信州浪合にて敵に
襲撃され負傷、十二月二十九日死去
妻、宮下道次（義利）六女、真心《まし》姫（本文筆
者の妹）文明六丑年三月三日、歳六十八
富士谷の宇津峰城にて死去（現、忍野村忍草）
為二後世之一、文明六甲午年（一四七四）八月
富士宮下源太夫義忠、花押

註　宮下義忠は、宮下家六十代の宮司とある。

尾張・熱田神社、宮司世代系譜

尾張源太夫穂明雄命一女、小止興命の妹、岩戸姫、事、美夜受姫は、日本武尊の王子、長田王を産み給う、長田王、成務天皇の詔勅を以て、熱田神社の宮守司、祭主頭に任ず。子孫代々授り給う者也。

一代　日本武尊一男長田王命、婦、建稲種命二女、

稲作姫命（以下婦人名は省略）。

二　真田彦命　　三　高山彦命
四　勝摩彦命　　五　広田彦命
六　岩作彦命　　七　守里彦命
八　海部彦命　　九　手長彦命
十　穂栄彦命　　十一　足早彦命
十二　脛長彦命　　十三　瑞木彦命
十四　岳見彦命　　十五　倉現彦命
十六　福原彦命　　十七　鉄基彦命
十八　頼久彦命　　十九　信光彦命
二十　種高彦命　　二十一　時住彦命
二十二　信住彦命　　二十三　政家彦命
二十四　元住彦命　　二十五　希住彦命
二十六　希元彦命　　二十七　貞住彦命
二十八　吉胤彦命　　二十九　正徳男命
三十　宗高男命　　三十一　数正男命
三十二　陸仲男命　　三十三　弘里男命
三十四　勝親男命　　三十五　実氏男命
三十六　実朝男命　　三十七　益住男命
三十八　麻呂男命　　三十九　常盛男命
四十　元親男命　　四十一　氏方男命
四十二　氏宗男命　　四十三　親氏男命
四十四　長住男命　　四十五　基住男命
四十六　春住男命　　四十七　宗住男命
四十八　正住男命　　四十九　忠住男命
五十　国住男命　　五十一　義住男命

註　以上で途切れ、次の文となる。

「神武天皇二年、大物主命依り五十五代の孫、天之掉別《ただわけ》命は、征討の軍功に依て、小国、針間、実《み》間作《まさか》、備前、備後、の四国の県令の任命を受け、依て尾張国の中島より針間国の粟野の伊和村に移り給うなり」

本項は建暦二壬申年八月、宮下義国書写の「作田彦世代」「火明命世代」と一連の文書からの抜粋。

以下はこの続きであるが、別文書で、先の「尾張国真清田神社大宮司世代」と一連になっている。

五十二　尾張義住長子、政長男、歳六十、建長二庚戌年（一二五〇）三月十日死去。
妻、富士宮下義仁四女、山吹姫（宮下藤馬亮義国の妹）歳八十八、建治二丙子年（一二七六）十月二十日死去。

五十三　尾張政長二男、元家男、歳六十四、弘長二年壬戌年（一二六二）十月五日死去。
妻、富士宮下義国二女、山里姫。

五十四　尾張元家長男、勝貞男歳四十三、文永三丙寅年（一二六六）七月十日死去。
妻、富士宮下義政女、谷里姫。

五十五　尾張勝貞長男、正徳男、歳六十八、正和二癸丑年（一三一三）十月十二日死去。
妻、富士宮下正政二女、時和姫。

五十六　尾張正徳長男、正高男、歳六十七、延元三戊寅年（一三三八）二月三日死去。
妻、富士宮下正成三女、小向姫。

五十七　尾張正高三男、盛住男、歳六十二、正平十七壬寅年（一三六二）五月十四日死去。
妻、宮下義泰四女、政野姫。

五十八　尾張盛住長男、貞住男、歳七十三、元中七庚午年（一三九〇）正月十五日死去。
妻、宮下正義一女、小里姫。

五十九　尾張貞住長男、忠住男。歳七十八。応永二十八辛丑年(一四二一)十月二日死去。妻、宮下義勝三女、桂里姫。

六十　尾張忠住長男、信忠男、歳七十三。寛正三壬午年（一四六二）八月十日死去。
妻、宮下道次（義利）七女、白幡姫。
（白幡姫は義忠の妹）　以上

註　富士山北麓の小室の里、富士浅間神社宮司の宮下家（富士吉田市大明見）では、代々熱田神社の尾張家と婚姻をしていた。

第五章　『富士文献』の概要

日本国創建時代の概要

支那震旦《たん》国（古代の中国）王、炎帝神農氏は、天之御中主神より十五代目にあたり、七人の王子を次のように、支那大陸各地方州を治めるよう派遣した。

一男、黄帝有熊《ゆう》氏、支那震旦国の大王となる。
二男、朝天氏、東州に赴任し、東州を治める。
三男、南陽氏、南州に赴任し、南州を治める。
四男、清賢氏、西州に赴任し、西州を治める。
五男、農立氏、東海の日の本島に派遣される。
六男、農永氏、北州に赴任し、北州を治める。
七男、農佐氏、父帝と共に日の本島に渡る。

炎帝とは、お日さま（太陽）を万物生成の根元、最高の神とする信仰の反映である。神農氏は太陽崇拝者であり、一族は神農氏を炎帝と申し上げ、ともに太陽を信仰した。これによって、男の王子を「日子」と言い、女の王子を「日女」と言うようになったのである。

神農氏の諱名《いみな》は農作《のさく》日子と言うが、これは狩猟生活から農耕文明への転換を反映している。神農氏は自から土地を耕作して、農作物を生産し、生活の根本方針を確立普及した。また神農氏は文字をつくり、意志伝達の便をはかり、瞽《こ》（めしい）を集め、百草を試食、試飲せしめて漢方医薬の基礎を確立した。このように、炎帝神農氏は文化的に先進的な発展段階にある覚者集団の長であったことにより、民族の首長、帝《みかど》となっていた。

炎帝神農氏は、五男の農立日子に東海の伝説地（日本島《ひのもとじま》）を探検するよう命じ、舟を建造し、眷属《けんぞく》五百名を従え派遣したが帰る者はなかった。

そこで、炎帝神農氏は七男の農佐《のさ》日子とともに、一族眷属七百名を従え、大船団をつくり、東海の日の本島を目指し出航した。一行は朝鮮半島沿いに対《つ》馬《しま》に渡り、北九州から日本海沿岸をつたいに航海して佐渡が島に到り、能登半島に上陸、そこから現在の北アルプス山脈に登り、はるか遠くに富士山を発見した。

そして麓の一帯を、早く飛びたいとの意から飛騨《ひだ》の高山と命名し、また、野生に稲米のあった地域を、めでたいことから家賀《かが》と名づけ、越えてきたとの意から越後というように、それぞれゆかりの地名をつけた。

さらに一行は、船団を組み、海岸沿いに瀬戸内海を経て、大平洋側へ海岸沿いに出て、先に発見した富士山を目当に駿河湾に上陸した。その地には暫《しばら》く居たことから、地名を住留家《するが》と命名した。

一行はそれより富士山を周遊し、付近を調査して、富士山の北麓に都を定めることにした。命名して、家基都《かきつ》という。北麓には湖があり、湯水の湧く所あり、火を噴き燃える所あり、草木が生い茂り、果実大いにあり、景観もよく、世界に二つとない形姿優れた山であることから、その山を不二山《ふじさん》と命名した。

また、高い地の火の峰であり、朝日がいちばん先にあたることから日向《ひむかい》の高地火峰《たかちほ》、また五男の農立日子を探し求めて来たことから蓬来山《あいにきたるやま・ほうらいさん》とも名づけ、高原一帯を高天原《たかあまがはら》と称し、土着するに至ったのである。

天神七代・地神五代時代の系譜（不二山・高天原時代）

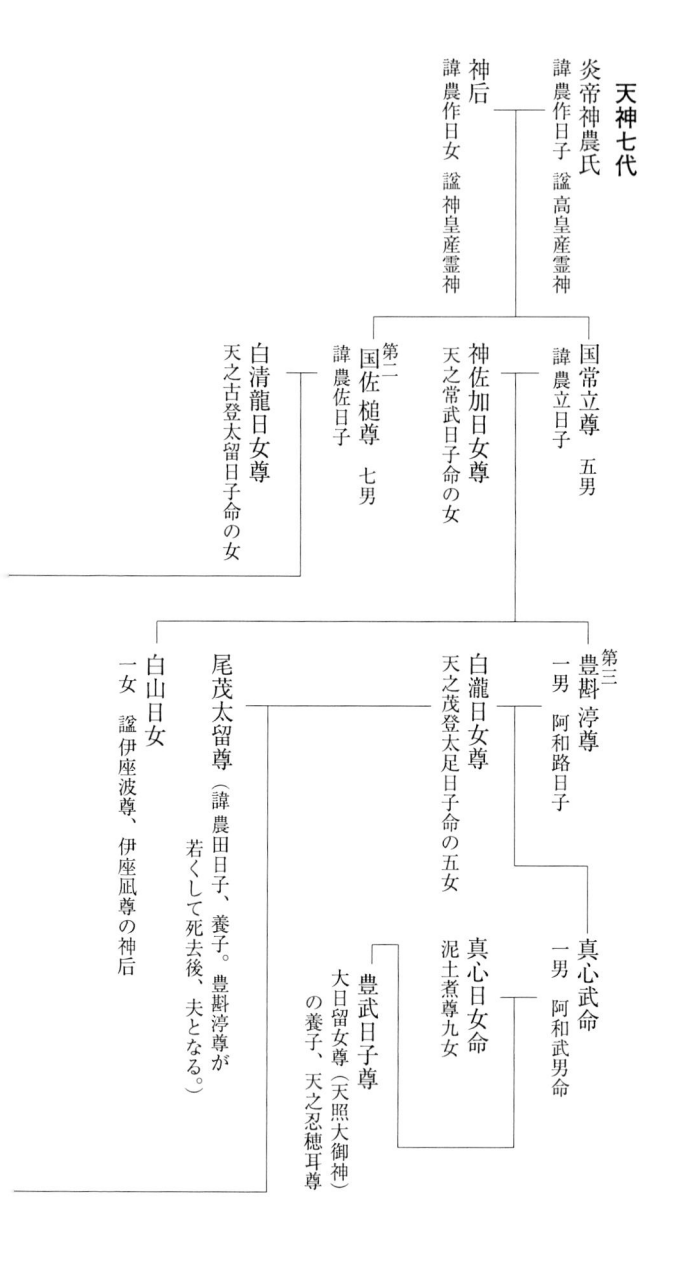

天神七代

炎帝神農氏
諱 農作日子　諡 高皇産霊神

神后
諱 農作日女　諡 神皇産霊神

国常立尊　五男
諱 農立日子

神佐加日女尊
天之常武日子命の女

第一
国佐槌尊　七男
諱 農佐日子

白清龍日女尊
天之古登太留日子命の女

第三
豊斟渟尊
一男　阿和路日子

白瀧日女尊
天之茂登太足日子命の五女

尾茂太留尊（諱 農田日子、養子。豊斟渟尊が若くして死去後、夫となる。）

白山日女
一女　諡 伊座波尊、伊座凪尊の神后

真心武命
一男　阿和武男命

真心日女命
泥土煮尊九女

豊武日子尊
大日留女尊（天照大御神）の養子、天之忍穂耳尊

第四 泥土煮尊　一男　諱 日本日子尊

大原日女　天之茂登太手日子命の二女

第五 大戸道尊　二男　諱 農実日子尊

宇津日女　天之茂登太手日子命の三女

一男　大巳貴命　諡 大国主命

二男　作田日子命　諱 農佐日子（世称 猿田彦命）

第六 面足尊　三男　諱 穂千田日子尊

尾茂太留尊　四男
（前記のとおり、豊斟渟尊の後に夫となり、子孫多し）

第七 伊座凪尊　五男　諱 田仁知日子尊

白山日女　国常立尊の一女　諡 伊座波尊

一男　少名日子那命　一子 大国御魂命

二男　埴安日子命　土器類製作の始祖

二男　埴安日子命　土器類製作の始祖

三男　水湧日子命　堀井戸の始祖

四男　事代主命　天之古登代主命
婦神、高照日女

五男　武佐太日子命

一女　白糸日女命　栄日海男命の婦神

二女　作田日女命
作田日子（猿田彦）命の婦神

三女　青木日女命

四女　奈留戸日女命

五女　鈿女命

註

田仁知日子は知勇に最も優れ、西州・東州と統治の本拠地は分かれて居たが、伊座凪尊より東州、不二山高天原の家基都へ統合した。

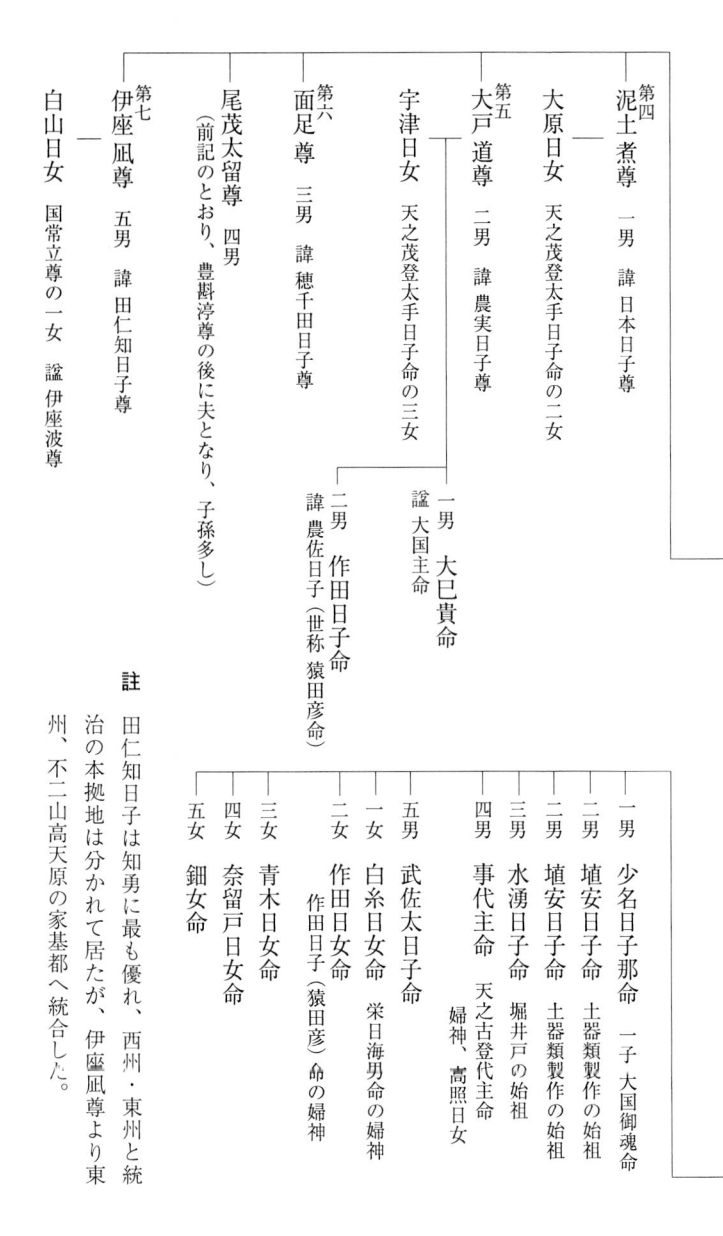

地神五代

伊座凪尊　神后・伊座波尊

大日留女尊　一女、幼名・大市日女、諱・大日留女尊、謚・天都大日霊神、後世の謚・天照大御神

月夜見命　一男、幼名、太良、諱・月峰・月夜見命――男大山祇命

婦神・葦津日女、諱・月桜日女、泥土煮命之一女

栄日子命　二男、幼名仁良、諱・蛭子命、改・江日住命、謚・栄日子命

婦神・静波日女、諱・白糸日女、尾茂太留尊之一女

祖佐男命　義子、諱・多加王、新羅王、四男、賜諱・祖佐男命

婦神・八佐加日女、諱・稲田日女、手名槌命之一女

二代
天之忍穂耳尊　養子、豊斟淳尊、嫡孫、真心武命一子、豊武日子

神后　栲《たく》幡日女、祖佐男命一女

三代
天都日子仁仁木尊　一男、幼名武雄日子、諱・仁仁木尊

神后・木花咲耶日女、幼名・菊里日女、阿田都日女、大山祇命之二女

太真祖命　二男、玉祖命、賜伊須国、伊東阿田見原之日金宮

婦神・岩長日女、大山祇命一女

註　以上、地神五代まで不二山（富士山）高天原の家基都に居たが、支那震旦国の国王舜帝有虞《うぐ》は、仁仁木尊の時代に侵攻し、その後、火火出見尊の時代と再度筑紫（九州）へ侵攻して来た。こ

火照須命　一男、幼名・海佐知日子、諱・阿曽武男命、隼人日子命
　婦神・大住玉日女、諱・瀬湖津日女、天太玉命　三女
火須勢理命　二男、農佐知日子、諡・太田知穂命
　婦神・太田穂桜日女、諱・金桜日女、天児屋根命之二女
四代
日子 穂々出見尊　三男、火遠理命、幼名・山佐知日子
　神后・豊玉日女、豊玉男命一女、改諡・石割日女尊
　後神后・豊玉日女、姪・多摩夜里日女尊
五代
日子 波限武宇茅葺不合尊　一男、幼名阿祖男又は家基主命
　神后・幼名阿祖日女、多摩夜里日女尊
天別天之火明命　二男、尾張田原之国造
三穂武男命　三男、幼名若武日子、北越・山陽・山陰地方を治む
阿田都日子　四男、高天原宮守

うしたことから防戦は、筑紫島へ遷都して居ながら防ぎ戦うより方法なしと、合議の上決定した。よって、地神五代の波限《なぎさの》武《たける》鵜《う》茅葺《かやふきあえず》不合尊に譲位し、伯父の海佐知日子（火照須命）の勘気《かんき》を赦免《しやめん》して西征の総元帥となし、二〇八千余神の軍勢をもって筑紫の日向の高千穂宮へ遷都し、賊の大軍と戦うこと日夜合せて六百五十日にして、遂《つい》に賊軍を北西方面に追放した。これより、わが国の首都は筑紫の高千穂宮に移り、神皇は五十一代続くが、わが国の既刊本、歴史大系では脱落している。

なお、尊《みこと》は国王、国事・国政は左右両大神が付き行われた。

宇家屋不二合須世の国王（神皇）歴代
（筑紫・九州時代）

一代　宇茅葺不合尊
宇宙湖、今日の山中湖畔に生れる。

中国大陸からの侵攻を防戦のため筑紫島へ遷都、侵攻者は帝舜有虞《ぐ》とある。

神后は豊玉彦命の一女玉依里女。

⑴政庁（政所）は筑紫の高千穂宮に置き、軍事と国政に当る。

⑵神皇の即位は不二山高天原の家基都の神前にて行い、各代々宇茅葺不合尊を世襲する。

⑶国事のできごとは高天原の天都に連絡をし記録することを約し遷都する。

二　千穂高王尊　三　阿蘇豊王尊
四　不二田王尊　五　佐津田彦王尊
六　津弥彦王尊　七　阿知奈王尊
八　豊田彦王尊　九　宇摩子王尊
十　日野光王尊　十一　大武王尊
十二　武力男王尊
即位十七根の時西大陸より大軍攻め来る。
十三　出見彦王尊
十四　萬天子王尊
即位二十三年、大陸より大軍攻め来る。対馬、行島を占領、建雄熊命を元帥とし追放する。
十五　奈良田彦王尊　十六　福佐彦王尊
十七　加目男王尊
海伊の国造司、国谷彦命は、底大湖の南西の山沢を掘り下げ、湖水を流す。大湖二分減水。火照須命の二男、高原男命より十六代の孫なり。龍王水神と崇められ、住居を龍王へ移す。
十八　都留彦王尊　十九　多加彦王尊
二十　加佐田彦王尊　二十一　登美田男王尊
二十二　笠砂男王尊　二十三　津奈建王尊
二十四　久真佐彦王尊

即位十三根七十四日、外冠の舟数百隻海上に出現、防備中烈風暴風と共に敵舟悉く沈没す。

二十五　宇佐彦王尊　　二十六　津田彦王尊

二十七　頭長男王尊

二十八　足長彦王尊

即位十七根より三根五穀は不作、餓死者多し。東北の国々盗賊蜂起。

二十九　手身武王尊　　三十　山守雄王尊

三十一　佐奈田男王尊　　三十二　弥栄作彦王尊

三十三　田仲雄男王尊

即位三十六根の時、殷国の紂辛王、周の武王に滅ぼされる。紂辛王の三男、対馬《つしま》王、わが国へ亡命、時に十干十二支の暦書を奉呈。これより日夜重ねて三六〇日を一年と改める（太陽暦の一八〇日に相当する）。

三十四　貞仲雄王尊　　三十五　田高彦王尊

三十六　川上男王尊　　三十七　千利武王尊

三十八　玉祢彦王尊　　三十九　津加田彦王尊

四十　川張雄王尊

四十一　祢利長男王尊

即位十三年、南海に海賊蜂起し、農民被害多し、彦玉雄命を元帥とし、真子足玉別命を副帥として、討滅する。

四十二　玉長彦王尊　　四十三　波奈長王尊

四十四　照日彦王尊　　四十五　津気男王尊

四十六　種越彦王尊　　四十七　祢仲穂王尊

四十八　津加彦王尊

四十九　真加弥王尊

即位七年、本島の南地に新羅人、土蜘蛛《ぐも》（先住民）等と計画し、大賊蜂起する。

同十九年、本島の南島大地震あり。

五十　岩仲彦王尊

即位十二年、四方の諸国は凶作が続き餓死者多し。神皇は勅命して大農神より貧乏神に食糧を分配救恤《きゅうじつ》した。不二山高天原より、神霊を霧島山に移し、阿蘇山と命名する。

五十一　弥真都男王尊　世襲諡名　宇茅葺不合尊

即位三年、大国十八州に初世太記頭を任じ、中小の四十八州に国守令を任じ、小小国に郡司令を、大村に郷司令を、小村に長を置く。

東周国十七代威烈王の扇動《せんどう》により、紀伊国の初世太記頭長脛彦を総司令に反乱が起こり、戦乱が十数年続く。この間、皇太子の五瀬王命戦死。第四王子の日高佐野王が皇太子となり、反乱軍を鎮圧。長脛彦は遠く津軽まで、東周国の白木人敗残兵共々逃亡する。弥真都男王は戦乱中伊勢にて病死。諡名は宇家屋不二合須尊。

戦乱は皇軍が勝利。賊を鎮圧し、筑紫の日向高千穂宮より、山表《やまと》（後改称大和《やまと》）へ遷都。初代神武天皇と申す。

筑紫の高千穂宮より大和への遷都の原因

地方国名としての大和《やまと》の前名は、山表《やまと》とある。不二山高天原の家基都時代に、全国を分けて十八州となし、さらに分けて四十八カ国を定めた。今日いう近畿地方は南陽波《なにわ》といい、山陰・山陽地方という如く、京都方面は山裏《やまうしろ》または山背《やましろ》といい、奈良方面は山表《やまおもて》、略して山表《やまと》と称した。家基津から筑紫（九州）へ遷都の主旨は、居住しながら外国からの侵攻を防ぐのが目的であったが、今度の筑紫から大和への遷都の背景としては、神武天皇、その父宇家屋《うかや》不二合須世第五十一代の弥真都男《やまとお》王尊（世襲名・鵜茅《うかや》葺不合《ふきあえず》尊）の時代における隣国、つまり朝鮮半島との関係を知ることが重要であるので、以下に記すことにした。

冒頭に書いたように、神農氏の二男・朝天氏は、大東氏の女《むすめ》東海婦人を娶り、大陸の東州を治めた。これより三代の新羅《しらき》記王の第四王子多（太）加王は、日の本国の国王になる目的をもってやって来た。しかしわが国の神皇は大日留女尊に定まっていたので、多加王は雲出《くもい》ずる根《ね》の国へ追放されたが、三種の金属器、刀剣、鏡、宝司《ほうし》の玉、つまり三種の神器を造り、大日留女尊に献上した。これより、祖《そ》を佐《たすけ》た意をとり、祖佐之男命《そさのおのみこと》を諡《おくりな》名とし、大日留女尊と義姉弟の契約をしたのである。

さらに後、朝天氏より四十六代の金長氏は、文王、勝王の二男子を産み、これより西周国、東周国と古代の周国は分割統治されることになった。

勝王より十三代の朝鮮氏は、柏木婦人を娶り、三男七女をもうけた。一男を平王、二男を韓王、三男を元王といい、三子みな知仁勇の三徳備わる賢人なりという。

特に韓王はすぐれていたたので、兄の平王より東州一帯を賜わり、独立国として認められ、大国名を朝鮮国、国号を韓国と定められた（BC七七〇）。

韓王は幽王の女《むすめ》実貞婦人を妻とし、三男子を産む。王子の名を高麗《こうらい》、百済《くだら》、新羅《しらぎ》と名付け、韓国を三分に割って、三男子に譲り賜わる。よって、これより三韓国ともいった（朝鮮半島全域をいう）。

(1)東周国・威烈王と日本国の状勢

東周国の国王、平王より十七代の威烈《いれつ》王は、安王を産む。この威烈王を始め、父の考王、長子安王の三代七十五年にわたり、大軍を集め、軍船数多《あまた》追々造り、祖国の蓬来山島豊阿始原の瑞穂の国を攻め取り、全世界の大王と成る目的を以て、大金を集め、大いに入費を使い、追々大軍勢を送り、押し寄せ戦い盛のところ、諸々の祖々神あまた集り座《まし》ます蓬来山に黒雲現われ、忽ち神風おこり、暴風吹き来たり、あまたの軍船皆破れ崩れ、粉みじんとなり、諸々の大軍勢皆沈み、大海の藻屑《もくず》と消え失せ給う（BC四二五―四〇二）。

(2)長脛彦《ながすね》・反乱軍の総司令となる

東周国（朝鮮半島）の国王、威烈王の扇動により、近畿地方の豪族・長脛彦《ながすね》を本島反乱軍の総司令とし、筑紫島高千穂宮の朝廷に反攻する（反乱軍の部将六十六人の氏名もあるが割愛)。長脛彦《ながすね》は農賊を集め、神皇を攻め滅ぼし、中つ国に都を築かんと、近畿地方を支配下においた。

状況を察知した筑紫高千穂宮の弥真都男王尊は大いに驚き、皇族をはじめ諸将を召集した。時に即位より三十六年六月十五日なりとある。

註 この時代、殷《いん》国紂辛王、周の武王に滅ぼされた時に日本国へ伝来した暦があり、日本国も用いていた六六の法、つまり一年が六十日を六倍した三百六十日であるが、月を基準にした暦であるので、日夜合わせて三百六十日である。今日の太陽暦の百八十日に相当する日数と推定される。つまり年数は二分の一であり、即位より三十六年は、今日の十八年といえよう。

集合した皇族、諸将方は、皇太子 五瀬王命、二皇子 稲飯命、三皇子 三毛入野命、四皇子 日高佐野命、五皇子 阿田美命、六皇子 高倉命、七皇子 軽身命、

鵜茅葺不合尊の系譜

神皇第五十代 鵜茅葺不合尊 岩仲彦王尊
- 第五十一代 一皇子 同右 弥真都男王尊
  - 一男 海津彦五瀬王命 皇太子
  - 二男 天津稲飯王命
  - 三男 三毛野入野王命
  - 一女 種五媛命、可美真手命妃
  - 四男 神武天皇、皇太子、日高佐野王命
  - 五男 阿田美椎津彦王命
  - 六男 高倉日本王命
  - 七男 経身大久保王命
  - 二女 武熾媛命、天日方奇日方命妃
- 大久米王命 二子
- 高座日多王命 三子
- 高知彦王命 四子
- 岩高彦王命 五子
- 倉立彦王命 六子
- 熊山彦王命 七子
- 高見香具山王命 八子

皇弟の大久米王命を始め、前記皇弟の諸王、諸将は、総部水門足《そうぶみなとたり》命、児玉田土命、大玉礪波主《となみぬし》命、速玉之《はやたまの》緒《お》命、中臣道之臣命、太玉七峡谷《かいや》命、大臣表春織男《とはるしきお》玉《たま》命、中臣政屋多知玉命、中臣天目賢知玉明命、総《そう》頭神司《とうじんし》太玉部命の諸神なり。

本島の中心部一帯は、賊の地となっているので、一同四方の水門《みなと》より攻め破るより外に方法なしと、相談は決定し、軍船二百六十隻を造り、各々その部署につかせ給う。

筑紫島は総頭神司太玉部命、中臣政屋多知玉命、同中臣天目賢知玉明命を総司令とし、筑紫島の諸区国の諸令々に、詔命《しょうめい》を伝え守ることにした。

大臣の表春織男玉は、副将永島男、奥原彦、岩手彦、津身雄彦、鹿根彦、海足男、雪水男、大沖津彦、手力彦、達立男、福島彦等の諸将を従え、軍兵三百神を率い、軍船十二隻に分乗して海上を行き、陸奥の水門《みなと》に上陸、初世太記頭《はせたきがしら》の柿崎彦命の和羅加《わらか》の宮に入り、陸奥の諸区国の諸令《りょう》々を始め、蝦夷令《えぞりょう》、外小島の令々に詔命を伝え、賊を退治することにした。時に蝦夷令は手長男命、奥羽の令は浅水命、北越の令は奈飛《なび》命、佐渡島の令は棚雲《たなくも》命なりとある。

このような方法で、近畿地方を除く、他の地方各地へ伝令を出して、東周国の教唆《きょうさ》・扇動《せんどう》による反乱者の鎮圧に協力するよう手配した。

神皇の第四王子日高佐野王命は、中臣道之臣命を始め、武名彦、武勇彦、強力彦、剣武彦、大力男、強弓彦、賢美男、黒面知仁彦の諸将を従え、軍兵二百神を率《ひき》いて舟十一隻に分乗し、海上より安藝《あき》の竹里の浜（広島県）の水門に到着した。当国の初世太記頭の阿尾彦命の大竹宮に入御し、穴門《あなと》の令《りょう》（山口県）文屋彦命、丹但《たんだ》の令浅茅命。出雲の令（島根県）鳥飼命、尾岐《おき》の令直手命を召して、勅命を伝えた。

長脛彦は、河内《かわち》原（大阪）の高座山に城郭《しょうかく》を築き、大河山の令、若建命を召請し、鴆毒《ちんどく》を呑ませ殺害し、その死体をこの山に葬る。

神皇の巡幸、皇族が巡撫《じゅんぶ》に来ると、長脛彦は大いに恐怖し、これを軍師の白木人（新羅）に議《はか》る。白木人は農賊兵を集め構え、区々佐栄坂《くくさえさか》の坂本に集結していた。

皇太子の五瀬王命は、青雲の白肩《かた》の津より区々佐《くくさ》栄《え》坂の孔舎衛《くさえ》坂の坂本なる、草香《くさか》の戸長の家に到着しようとしたところ、賊は不意に坂本より、弓矢をもって乱射、その屋は大雨の如し。皇太子を始め、速玉緒命、甲斐山命、神馬建命、節松命羅は驚き恐れ、衆寡敵《しゅうかてき》し難く、白肩の川向いに退去して拠《よ》る。

賊将長脛彦、自ら大将となり、これを追うこと頗《すこぶ》る急なり。皇太子、今は逃れるに詮《せん》なし、機転をもって、官能《かんのう》のひらめきにより、

「皇太子は、その反賊の名を問う」

賊魁《ぞくかい》、答ていわく。「勿体《もったい》なくも我が総大将は、天照大神の日子、天の別火明尊《ほあかりのみこと》の遠孫富明彦主命と申し給うて、本島中国《なかつくに》の主《あるじ》なり」

と、盗めるところの弓矢を示す。

皇太子、これを見ていわく。

「彼の哮峰《こうほう》する（大声を出して言う）峰山に祭祀する矢は、火明尊《ほあかりのみこと》の御神体にあらず、朕試《ちんためし》に、その矢を射返さんに、実ならば当るべからず」

と、すでにその矢を取る。賊魁長脛彦の長男長脛足《ながすねたり》は馬上にて、甲冑《かっちゅう》を着し進み出て、

「奴《やつ》よ、その矢を受けむ」と言うと同時に皇太子、その矢を放つ。長脛足《ながすねたり》の冑《ちゅう》を貫《つらぬ》き、落馬して死す。

長脛彦は大いに怒り、賊兵を進めて囲み、討たんとす。皇太子、諸臣と共に佩剣《はいけん》を抜きて戦う。賊の矢、皇太子の臂《ひじ》上の髄《ずい》中に当る。然れども落胆《らくたん》せず、囲《かこ》みを切り抜け、川に繋《つな》ぐ小舟に棹《さお》さし逃れて、難《なに》波《わ》（大阪）に帰還し、鳥海に至りて矢傷の血を洗い、名草の戸長の家に入御《にゅうぎょ》致した。

暫時滞在中、賊は夜襲し、皇太子五瀬《いっせ》王命の負傷は甚だしく、佩剣《はいけん》を持って自害した。

(3)佐野王（神武天皇）暗黒時代

佐野王命は、東国に巡幸中の父神皇を始め、四方へ分散している皇族、諸々の官神に舟にて急ぎ、皇太子の危難を知らすことを命じた。

神皇は陸奥《むつ》にて急報を受け、龍船《りゅうせん》にて伊勢崎の多気の宮に着御し、要害堅固の所に行宮《あんぐう》を建てた。これを度海《とうみ》の宮、又は度会《わたらい》の宮という。高倉王命を勅使とし、四の王子、佐野王命に、皇太子の詔命を伝え給う。佐野王命は大いに喜び、謹みて皇太子を受けさせ給う。

大久米王命、稲飯王命、三毛野入野王命等、軍議して熊野より進軍することにしたが、この進軍は失敗した。伊勢口からの官軍は山背谷《やましろ》に攻め入るところ、南西の山より賊の大軍押し寄せ、戦いは不利となった。時に神皇、弥真都男《やまとお》王尊は、急に病気となり、発病より七日にして崩御なされた。神皇は在位四十五年七月十七日にて崩御、本州の大乱が始まってより十七年経過したとある。

官軍は勇気を失ない、戦意喪失時代となった。賊軍は時を得たりと、四方八方の要害の場所に陣を張り、弓矢の来ること大雨の如し。

皇太子の日高佐野王命は、前の皇太子五瀬王命のとき、四方の官軍に、賊と戦うことを詔命したが、集まりが少なく、衆寡《しゅうか》敵し難しを悟った。

皇太子の佐野王命は、四方の国々に軍令の使者を出し、情勢を伝え、官軍の出動を布《ふ》れ指示致すことにした。諸《もろ》々の大国の初世太記頭《はせたきかしら》より、諸々の区《く》国《こく》の令《りょう》に指示し、諸々の小国司に指示し、末端の村長に指示し、軍兵を集めしめた。

つまり、近畿地方を除く、本島の中部地方、関東地方、中国地方、九州地方、東北地方の陸奥の大主、陸奥の陸津彦命まで諸軍を従え、総動員大勢をととのえ、進撃《しんげき》することになった。東海総国の元帥は、天別火明命より五十一代の孫、尾張りの大主、尾張明照雄命、東山道総国の元帥は建御名方《たてみながた》命より五十三代、諏訪の大主、諏訪建勇命、山陰・山陽の中国地方は祖佐之男命より五十五代の孫、出雲の大主、大神主命を元帥と定め、大国主命より五十四代の孫、丹波の大主、丹波の但波気命《たんばき》、大物主命より五十六代の孫、針間の大主、針間完粟彦命《かんあわ》の両神を副帥とし、北越地方総国の軍兵を従え、丹波、針間の両口より進撃した。

官軍は士気旺盛となり、四方の口《くち》々より進撃し、両軍の弓の矢は雨霰《あめあられ》の如し。

賊により、第一に東海口が破れ、第二に東山道口が破れ、第三に針間口が破れ、第四に丹波口が破れた。

このほか、牟妻《むろ》（紀伊）の新羅《しらぎ》軍を征討の将軍高《たか》座日太《くらひた》命が日高宮にて復命するに、稲飯《いないい》王命以下六将、宮兵二千五百神、入水の状を、皇太子日高佐野王に奏上した。時に、第五十一代鵜茅葺不合尊崩御後、闇黒の世十三年十月三十日なり、という。

官軍の戦病死者は、皇族七神、将校三十八神、兵卒二万五千余り。内五千余り病死。

賊軍の戦病死者は、将校六十八賊、内病死十三、賊兵卒六万八千余り。内一万五千余り病死。

白木（新羅《しらぎ》・韓国）軍はおよそ一万五千、周国、白木の助兵、およそ五万人余り、と記録している。

(4) 神武天皇　遷都と御即位

神武天皇は、幼名を日高佐野王命と申し、山表《やまと》の橿原に、協議の上、筑紫の高千穂宮より遷都を決定された。これまで各代々不二山（富士山）高天原の家基都の神前にて即位の式典は行われたが、この度は、三種の神器と神主を、高天原より迎えて橿原にて行うことになり、高座日太命《たかくらひた》に勅命して、高天原に勅使を派遣した。

時に、高天原の総司令は、大山祇《ずみ》命より五十九代の熱都《あたっ》丹波彦命であった。謹みて勅旨《ちょくし》を奉じ、御即位式に用いる三品の大御宝《おおみたから》を奉持して、副司長を始め、あまたの宮守等は、勅使とともに橿原の宮に参向した。

御即位式典に当り、熱都《あたっ》丹波彦命は、天都大御神《あまつおおみかみ》の御神託により、皇太子日高佐野王尊に、諱名を波限建神日本磐余彦火火出見《なぎさのたけかむやまといわれひこほほでみ》天皇と申しあげ、御三宝の大御宝《おおみたから》を授け奉り、御位《みくらい》に即《つ》く即位の大礼が挙げられた。

即位の日は、暗黒《あんこく》の世十五年辛酉《しんゆう》二月十一日にして、暗黒国の悪夢を征討して、明らかに天照国となり給うによって、国名を大日本と改め、年を紀元一年と改め、辛酉二月十一日を紀元節と定められた。

天皇は、即位四年に不二山（富士）高天原の家基《かき》都《つ》（現富士吉田市）へ来麓し、往古の天神七代、地神五代の神々の陵墓に参詣《さんけい》し、特に大日留女尊には、天照大御神《あまてらすおおみかみ》と、追諡《ついし》をなされ給う。

註　天照大御神の陵墓は、富士北麓、南都留郡忍野村忍草《しぼくさ》小字神地《かんじ》に現存。

また、天神七代、地神五代の時代から世襲する国事の記録、並びに諸《もろ》々の神社用務に勤仕する家を、天皇は、三十六神戸《じんこ》に定め給われた。

天皇は七十六年三月十一日崩御なされ給う。寿一百二十七歳、畝傍山《うねびやま》の東北の陵に葬る。追諡《ついし》して、神武天皇と申し給われた。皇后は、綏靖《すいぜい》天皇八年三月崩御なされ、寿一百三歳、天皇と同所の陵に葬り給う。

秦国徐福集団の渡来と業績

炎帝神農氏一男、黄帝有熊氏四男、忠顕氏より第八十八代の徐福は、秦国の始皇帝に仕え、勲功多く書記長官に昇進致したが、無《なし》二見顧所《けんこするところ》一と、始皇帝を内心批判していた。始皇帝は古代中国を統一し、秦国三年の春、東国を御巡幸の時、朝嶧《ちょうえき》山の峰に登り、東海の大海に遊び、蓬来《ほうらい》山島を遠望、遙拝して皇城に帰られた。

時に、これ吉幸《きっこう》なりと、徐福は始皇帝に偽り申し上げた。

「東海の蓬来山島は、全世界の大元祖国にして、大元祖々神の止《とど》まり座《ま》します御国にして、この蓬来山島には、長生不死の良薬あり、この良薬を用い給えば、千万歳の寿命を保つ良薬と伝うこの良薬を求め来るには、大舟八十五船造り、老若男女五百余人に金銀・五穀・塩・味噌を沢山船に積み、十年または、十五年かかっても、きっと求めて帰ります」

ところが、始皇帝は、これ吉幸なりと、その長生不死の良薬を、どうしても求めるよう、信任厚い徐福に直ちに命令した。

こうしたことから、徐福と眷属は、伝説の蓬来《ほうらい》島の蓬来山、つまり日本列島へ渡来することになった。徐福の家系は、代々学問の家として世襲し、徐福より七代前の祖先の子路は、孔子《こうし》の門人筆頭者として有名であった。眷属は百工《ひゃくこう》、つまり各種の技能者を選び、一族を合わせ、老幼男女五五八名（今日に残る名簿により）秦国二十八年六月、船団は東海の蓬来島の蓬来山を目標に、中国大陸の山東半島より出発した。

時に日本国は、孝霊天皇七十二年とあり、筑紫島（九州）から紀伊の熊野山まで来たが、伝統の蓬来山は見当らず、しばらく熊野に滞在した。そのうちに、東海に富士山を見付け、住留家《するが》浜（駿河）にて上陸。西富士の水久保《みずくぼ》駅、川口駅路を通り、北麓の家基都《かきつ》駅へ到着した時は、孝霊天皇七十四年（BC二一七）十月五日とあり、一同は富士北麓の各地へ分散し土着した。

註　家基都は『延喜式』に、加吉《かきつ》と当字で書いている。

徐福は家基都《かきつ》（現富士吉田市）の中室へ土着し、神武天皇によって定められた三十六神戸の人びとの口碑、口談、伝言、各々の覚え記録書を集め、日本国の創始時代、つまり、今日にいう縄文中期から神武天皇の時代に至る、およそ二千年間の歴史を集大成した。日本国史を纏め、文字の文化をもたらし、さらに眷属による産業への寄与などその功績は顕著であり、人皇八代 孝元天皇七癸巳《きみ》年（西暦紀元前二〇八年）二月八日、中室にて徐福は死亡し、天《あま》照《てらすおお》大御神《みかみ》を祭る太神宮のかたわらに、手厚く埋葬された。後、徐福大神と祭られ、現存する。

註　紀伊国の新宮市にも徐福の伝承と墓があるが、当所が本宮であり、徐福の二男、福万が五十人を引き連れ、熊野へ分霊を持参し移住したので、地名を新宮という。

大和朝廷において文献の成立した端緒

人皇十五代、応神天皇十四年三月、百済国より王《わ》仁《に》博士が来朝して、『千字文』一巻、『論語』十巻を朝廷に献上、これによって、文教の興りこれに始まる、というのが学説である。

しかし、社会の出来事、歴史など、著述の始めは、厩戸皇子、つまり聖徳太子から始まるのが事実のようである。

その端緒《たんしょ》と申すか発端は、人皇三十二代崇峻天皇二年（西暦五八九）六月三日、「福地《ふじ》（富士）元宮七社大神再興之事、福地山二佛寺建立之事」として厩戸《うまやど》皇子が勅使として、福地山七社太神宮司の宮下記太夫元照のもとへ派遣されている。

時に、皇子十八歳とあり、甲斐国で献上した黒駒に乗り、馬飼《うまかい》の馬丁《ばてい》一人を従者にして、大役を命ぜられて来麓した。元照は宮下家十七代の宮司である。

太子は数カ月滞在し、目的の事業は果たした。この時、太子は宮司の元照より、神社の宝物である、秦徐福が集大成した日本国の創建時代に遡る諸々の書物を見せられた。はじめて見聞する書物に太子は驚嘆し、そのことをみずから日記に記した、と元照は記録に残している。太子は、徐福伝の書物の書写を思い付き、学問のわかる青少年を探し出させた。それが秦河勝であり、側近者として迎えられ、皇子に同行した。つまり『富士文書』によれば、秦一族の秦河勝の出身地も富士北麓だったのである。

厩戸皇子は秦河勝を徴用、寵愛し、秦徐福の大成した古代史を書写せしめ、その資料を潤飾し『天皇記』『国記』『旧事紀』などを編纂した、とある。

この間、太子二十九歳の時、高麗僧慧慈《せいじ》、百済僧慧聡《せいそう》等とはかり地方の国名を改める。たとえば座賀《さか》見《み》国は相模国、海伊《かい》国は甲斐国、住留家《するが》国は駿河国と改められた。ちなみに文字は古来は表意であったが、この時代から宛て字が妄《みだり》に用いられるようになった。

第六章　富士吉田――日本列島統治のはじまりと天孫御誕生の地――

家基都の地勢と沿革

抑、不二山高天原、阿祖山廟《そざんびょう》、総名阿祖山神社者、皆大日本国開闢之始《はじめ》神代之創立也。神代之始大御神、不二山高天原、阿祖山、宇宙峰仁天下里《あまくだり》止《とどまり》座々《ましまし》太留《たる》大澤尾、家始久保《かしくぼ》登申。此之久保之白蓮瀧、亦者、宇宙峰之白糸瀧者、諸之萬之天都神々之遊《あそび》日場所也。

宇宙峰山北東之麓、桜木一面之登古呂尾《ところを》、平山登中、其足元尾《ふもとを》、古農里《こんのさと》、亦者、御座野《おざの》登申也。白蓮瀧尻、亦之名、家始久保《かしくぼ》麓之菅原尾、祓原《はらいはら》、登申、此之原仁者、米尾津見太留如久野大塚有里、此尾、米山、亦之名、米塚、登申也。此之大塚仁、諸之《もろもろの》萬《よろず》之天都国津神々登里《のぼり》、不二山尾遙拝致志給也。此之宇宙峰山者、八方一面之桜木山奈留仁依而、一名、桜山、登申也。

註

一、家基都とは、今日の富士吉田市、阿祖山とは、今日、杓子山（標高一五九七メートル）を中心とした一帯の山をいう。宇宙峰とは、杓子山より連なる西南の高座山《たかざすさん》（標高一一四四メートル）をいい、この尾根通りの山を宇宙峰という。今日は峰山、または忍草《しぼくさ》山、鐘山という。

二、家始久保の場所は、高座山の西側一帯。今日いう上吉田の小佐野・大明見一帯を指している。後にこの一帯は溶岩で埋没し平坦地となるが、大久保の地名は、家始久保の語源の名残りである。

三、平山とは、今日と同じく、高座山麓の扇状地をいう。

四、菅原の大塚または米塚は、後の『甲斐風土記』に篠垣塚というが、延暦十九年の溶岩流下に埋没、家始久保にあって、国佐槌尊の陵墓、また、日本《やまと》武《たける》尊が登り不二山を遥拝したとある。

此之山之家始久保之白蓮瀧依里流出、山之麓尾廻里、北仁流留川尾、御座野川登申、此之川仁、宇宙峰山尾崎岩依里、熱都《あたつ》山尾崎之岩之波奈《はな》仁掛留橋尾、岩長橋、登申、宇宙峰山登、熱都山之合之澤尾、小室澤、亦之奈、家基都《かきつ》澤、登申、御祖代《みそだい》山、大座《おおざす》山、小座《こざず》山之合之大澤尾、桃澤登申、此之澤之水元尾、古泉水登申、此之水、大座山、小座山之裾尾流、加茂山、熱都《あたつ》山之足基《ふもと》尾廻里、御座野川仁、合流須留川尾、家基都川、亦之奈、宮守川、登申也。

宇宙峰山峰之白糸瀧依里、流下里、御座野《おざの》川登合《とごう》流《りゅう》須《す》合之《あいの》小島尾《こじまを》、笠砂《かささ》島、亦之名尾、家座砂野御《かざさのみ》崎《さき》登申也。此之笠砂之御崎之尾之上仁、大松木有里、此之大松ノ木仁、大鶴夫婦住《すみ》、遊非居留《あそびいる》。此之笠砂之尾之源仁、小池有里、此之池仁者、大亀《がま》夫婦住、遊日《あそび》居留也。

註

一、延暦十九年に明見の一帯は、溶岩流に埋没したが、以前の地形を想定するに、原文に示すとおり、高《たか》座《さず》山の麓の扇状地、字平山の突端は埋没して、地形は不明なるも、尾根は西北に延びていたことが想定され、また、熱都《あたつ》山、つまり大明見と小明見の間の山も、基盤は今日の地形より更に西に延びていたことが推定され、山の突端から笠砂《かささ》島に、橋を掛け、この橋を岩長橋といった。今日、字名、焼橋という所がある。地名の由来は、日本武尊（小碓命《こうすのみこと》）との戦いのとき、この橋を焼き落とし、焼橋といったが、溶岩流に埋没した。今日の焼橋という地名は、当時からの名残りである。

二、笠砂之御崎は、『古事記』にある阿多津比女《あたつひめ》、諡名、木花佐久夜比女《このはなさくやひめ》が三皇子をお産みになった場所、本原文も同様であるが、延暦十九年の溶岩流にて埋没している地域である。

熱都山尾崎登、麻呂《まろ》山合は一帯之湖也。此尾、阿《あ》祖《そ》湖《こ》、登申也。麻呂山登、家基懸《かきかけ》山合之田畑之原野尾、中室、登申也。

宇宙峰山尾崎者、小室、中室之西尾目久里《めぐり》、御座《おざ》野《の》川登、太田川之出合場仁而終留也。其依里下《それよりした》、古国川、登申而、谷川之大川也。宇宙湖尾源仁而流井出、流礼留《ながれる》大川尾、寒《さむ》川、登申也。此之大川之西大原尾、大室、登申、田畑之良農野耕地也。

太田川者、大室西、瀬野大湖依里 流井出留《ながれいでる》大川也。大室北仁、御舟湖有里、此之御舟湖之中央仁、泉仙《せんせん》山《やま》尾崎之津木出太留《つきでたる》小山尾、御舟山、登申也。

此之大室、宇宙野上之不二之麓之、青木箇原仁者、火之燃留所七箇所、湯之湧所五箇所也。

此之不二山中央高天原仁者、東古農《こんのう》、中古農、西古農、南古農、北古農之神代開闢元始之農神、古跡、五箇所有里。

註

一、阿祖湖は今日に残る明見湖をいう。麻呂山は小原の小山にして、字名を丸山、お伊勢山等という。家基懸《かきかけ》山は向原集落の裏山をいい、向原集落より鹿留《ししとめ》集落へ越える峠を、今日も家基掛峠という。中室とは、今日の小明見地域一帯をいう。

二、寒《さむ》川は、今日山中湖を水源として、当市内を流下し、郡内地域の各河川の支流を集めて、今日は桂川という。往古は古国川、上流を寒川という。

三、太田川は、延暦十九年の富士山噴火による溶岩流のため埋没したが、以前は流域に集落と水田地帯が開けていた。瀬野湖より鳴澤村を経て下吉田に至る川を太田川といった。太田川を埋没してできた湖を新湖、または延暦湖ともいった。後世、鎌倉時代から河口湖となった。

四、御舟湖のあった場所を、延暦十九年以前の見取り図を見ると、下吉田の尾垂山の中尾根から、南に突き出た舟形の小山を、小舟山といい、自然の地形から、堰《せき》止湖のできやすい場所であった。

小舟山の西側一帯にあった湖を小舟湖といい、往古は周辺に人家もあり、また神社もあった。記録によれば貞観六年、剣丸尾溶岩流出により埋没したとある。今日、月江寺前の湧水をはじめ、付近からの湧水は、この湖との関係にあって湧出している。また、溶岩の下から、土師器が出るのも、溶岩流出が後世のものであることを立証している。

五、宇宙湖上の不二の麓の青木が原について。今日の青木が原は西湖畔から本栖湖にかけての一帯の樹海をいうが、古文書によれば、延暦十九年の噴火以前は、今日の上吉田から北富士演習場の一帯を青木が原と称した。

この青木が原には、火の燃えるところが七カ所、湯の湧くところが五カ所なり、とあるが、富士山の寄生火山の噴火口があって、ときには噴火をし、また、温泉が湧出していた。今日ならこの景観と温泉は富士の国立公園地帯として垂涎の的であるが、延暦十九年の噴火の際に埋没してしまった。

しかし、その形跡は今日に残り、焼山、雁の穴、桧丸尾、土丸尾、大臼、小臼の噴火口を残し、この付近一帯を、今でも「やもうだ」というが、語源は野に火を噴き燃える場所から「野燃太《やもえだ》」と称したのである。古代からの地名の名残りである。

今日、忍野温泉、並びに鐘山の滝の付近からは、温度は低いが温泉が湧出している。しかし、この付近は地形上、地下水の多いところであり、温泉と冷水が混和し、高温泉を掘り出すには、深くボーリングする必要があろう。

神社宮司のはじまり

神代、阿祖山七廟惣廟阿祖山神社
守護司長　太真祖《たまそ》命
副司長　火照《ほてら》須命
副司長　火《ほ》須《す》勢《せ》理《り》命
守護評議司長　大国主命
副評議司長　大山津見命
副評議司長　天古屋根命
副評議司長　大多摩命
副評議司長　作田彦命
八神之一族神之家仁而、右、阿祖山神社之守護尾、代々務留古登仁定給者也。

御即位式典のはじまり

宇家弥不二合須之世、神皇五十一代者、皆不二山中央高間原、阿祖山神社之於二而神殿仁一、三品之捧二三宝尾一、御位仁付給者也。

註

一、阿祖山神社の場所は、今日の地図では、富士吉田市の東側にある杓子山（阿祖山）の麓大明見、長《なが》日向《ひなた》の旧社地にあたる。
二、守護司長・太真祖命は、日子ニニギ尊の弟とある。
三、火照須命、火須勢理命、火遠理命は、兄弟にして、火遠理命、皇位継承とある。
四、大国主命、作田彦命は兄弟とあり、国佐槌尊の二男、大戸道《おおとのじ》尊（大巳貴命）の一男と二男とある。
五、大山津見命は、大日留女尊の弟、月夜見命の一男とある。
六、天之児屋根命は、右大神摂政家、小守主命の一男とある。
七、天之太《おお》多《た》摩《ま》命は、左大神摂政家、太守男命の一男とある。

以上神々の子孫は代々世襲し、文字を用い記録して国政に当り、神主の基とある。

大和朝廷と富士（不二）先元神社の由緒

神武天皇

人皇初代、神武天皇、高天原仁神勅使尾根願出受二御神託尾一、自身天下尾治留、都之御所地之宮城、皇居之司神殿《ししんでん》仁、神勅使尾迎、三品之捧レ授二御宝尾一給而、御位仁付古登仁改正給者也。御位之御式終場、神勅使者、三品之神宝尾奉二守護一、高天原仁帰里、阿祖山神社之御神殿仁奉レ納給也。

同天皇四月四日、天皇、不二山高天原小室里《こむろのさと》、家基都《かきつ》仁行幸《ぎょうこう》給、同二十二日、大山津見命遠孫、熱都丹波彦命、其《それ》、当第一仁長司居留《ちょうじおる》仁依而、阿祖山神社之守護司長《しちょう》登定目、外七族之家尾、平宮守之家登定目、阿祖山惣神社之守護尾申付留也。依而、同二十五日、大祭典尾致志、大和之皇城仁還行給、皇城依里、不二山高天原仁、為二御参詣之一仁、東海仁道尾開給。同六月、大和《やまと》国、宇根見《うねみ》山仁、不二山高天原、阿祖山惣神社之遙拝所尾立給也。

註

一、わが国の国王、つまり神皇が九州にいた時代を宇《う》家弥不二合須《かやふじあわす》の世といい、この間、即位式を行うに際しては、不二山高天原の阿祖山神社において、三品の御神宝を頭上に奉戴して、御位に即くことが慣例として定められた。

二、神武天皇の時代には、御即位の式典は、阿祖山神社にある三品の御宝を、皇居の司神殿《ししんでん》（紫宸殿）に、家基都、つまり今日の富士吉田の神社から持参して行われ、式が終われば、また持参して阿祖山神社に納められるように改正された。

神武天皇が即位されたときの阿祖山神社の守護司長は、大山津見命より第五十八代の後胤、熱都丹波彦命で、天皇の御名も、熱都丹波彦命が命名されたと別記録にある。

三、神武天皇以前は、皇《みかど》を神皇《じんこう》といい、また、諸民は農神、農民神といったが、これからは、神皇を人皇といい、諸民は人、または人民と改めたとある。

四、東海道の当初の目的は、神武天皇のとき、大和の皇城から、不二山高天原の阿祖山神社に参拝のため開いたことが始まりとある（長文となるので省略）。

孝霊天皇の不二山高天原行幸

人皇七代、孝霊天皇五十庚申年三月十九日夜、神夢之津《つ》毛《げ》仁依而、不二山高天原、小室家基都之宮守宮仁行幸志給。阿祖山神社之拝殿仁、宮守司長、副司長尾始、諸《もろもろ》之宮守尾皆阿津目《あつめ》、祈願致古登十七日也。祈願終登、時仁四月九日初申《はつざる》之日仁、不二山之煙里加々利、久真奈久《くまなく》明《あきらか》仁《に》現礼給。依而、此依里、四月初申之日尾、不二山高天原之大祭日仁組入給。

宮守之職務尾定ム。此之頃者、祖佐男命依里、七十八代之遠孫、尾張田長彦尾、宮守司長登致志、大山津見命之遠孫、小室彦尾、副宮守司長登致志、外三十四家。

太真祖命、火照須命、火須勢理命、火火出見命、大国主命、太多真命、古屋根命、栄日住命、金山彦命、猿田彦命、大物主命、前多真命、武甕槌命、経津主命、稚武主命、建御名方命、豊城入彦命、味耜高彦根命、稲倉魂命、天香護山命、五十猛命、興玉之命、顕国玉命、阿蘇比古命、醜太男命、塩土老翁命、櫛明玉命、豊玉彦命、石堀理留命、手力男命、託彦根命、高照比女命、下照比女命、宇細目命、以上合わせ三十六神家という。

右、三十四神之家之子孫尾、副宮守家登定目、不二山高天原之諸之神社之諸職務尾、津登目留古登《つとめること》尾《を》、勅志給也《ちょくしたまうなり》。

人皇十代・崇神天皇

人皇十代、崇神天皇、五年、吉備彦命仁勅志而、不二山高天原仁来里、諸《もろもろ》之萬之神々尾祭置、其地尾、天社之地登定給。高天原小室、中室、大室仁祭留。右、前之孝霊天皇之久太利《くだり》仁阿留、三十六神祇之家尾、三十六神戸登定目給。高天原三室者、皆天社之地登定目給也。

　不二山尾、福地山登改目給也。

　同天皇六年、頻年《ひんねん》、飢饉、疫病、大仁早里《おおいにはやり》而、農民貧困志、盗賊四方之国々仁数多起留仁依而、皇女、豊鍬入比女《とよすきいりひめ》命尾志而、天照皇太神之宮尾、大和《やまと》国、笠縫《かさぬい》之里仁造営志、皇子、豊城《とよぎ》命ヲ勅使ト致志、皇女、豊鍬入比女ト、渟名城《ぬなぎ》入比女尾、副使ト致志、不二山高天原、麻呂《まろ》山、阿祖谷、中室之天照皇太神仁祈祷致志、身尾清目、受二御神託尾一、三品之御三宝尾申受、此之時三月三日也。

　宮守司長仁委任志、宮守一同守護、警護致志、大和国、笠縫之里之新宮之神殿仁移志納目、鎮座々《しずめましまし》給。

渟名城入比女《ぬなぎいりひめ》、豊鍬《とよすき》入比女鎮座之祈願終里、亦、渟名城入比女、豊鍬入比女之両人始、不二山高天原、宮守司長、副司長、外宮守一同仁而、大日本大国魂神尾祭里、奉二祈願一也。此之日、四月九日也。此依而、笠縫里《かさぬいのさと》尾《を》、天社地ト致志、天神戸仁組入申者也。

註

一、『日本書紀』と比較してみれば、『日本書紀』には大要次のように記されている。

五年、国内に疫病多く、民は死亡する者大半なり。

と、五年の記事は一行で終っている。

六年、百姓は流離し、或は背叛あり、その勢いは盛んである。これを治めるには徳をもってするほかなし難し、これには朝《あした》に夕べに、天つ神、国つ神を祭祀する神社に参拝して、罪を許されるよう請いねぎ申し給わなければならない、という。

このように、『日本書紀』を読み、その大意を解釈しても、何のために農民が流離し、あるいは背反しているのか不明である。しかし、本古文書の内容に見られるとおり、崇神天皇の初期の時代には、頻《ひん》年、つまり毎年のように農作物が不作で、食糧が不足して餓死者《がししゃ》を出し、そのうえ、疫病、伝染病が諸所に発生している。こうしたことから、盗賊が四方の国々に数多く出没し、この世上を治めることは困難なことであった。

これには神徳をもっての治安維持のほか考えられない。この国を始め治められた天つ神、国つ神々への信仰の祈願が足りないため、神々の怒りから、国民の生活が困難になり、世が乱れるのである。

二、『日本書紀』は、大要次のように書き続けている。

――これより先、天照大神、倭の大国魂の二神を天皇の大殿の内に祭り、共に住み給いしが神の勢いに恐れ、安心はできなかった。そこで、皇女の豊鍬入姫《とよすきいりひめ》命に告げ、倭《やまと》の笠縫の里へ天照大神を祭ることにした。その社の境内には、石垣をめぐらし、ひもろぎ、つまり常緑の樹木を植え、神社の森厳を造営した。そして、皇室の祖先である天照大神と、国民の祖先の御魂である大国魂神を祭ることにし、天照大神は豊鍬入姫命、日本《やまと》大国魂神は渟名城《ぬなぎ》入姫命に告げて祭祀することにしたが、渟名城入姫命は、髪の毛は落ち、体は痩せ衰えて祭司はできなかった。

しかし、このような内容では、倭国の笠縫の里に神社を造営したことはわかるが、「仏をつくって魂を入れず」ということばのとおり、御神体となるものが、いずれから遷座されたか不明である。

三、ところが、本古文書によると、飢饉で国民は生活が困難のうえ、疫病が各所に発生し、盗賊は四方の国々におこり、世間は混乱状態となっていた。

これを救い助けるには、神に祈願するよう致方がないことを、時の朝廷は憂慮し、わが国の神社の総廟である不二山高天が原の家基都より天照大神、ならびに御即位式典に重要な三品の御神宝を申し受け、大和の笠縫の里へ遷座することにした。

このとき、勅使として皇子の豊城命《とよぎ》、副使として皇女の豊鍬入比女《とよすきいりひめ》、渟名城入比女《ぬなぎ》が来麓した。身を清め、天照皇太神の御魂を受けた日は、崇神天皇六年（己丑）三月三日であった。

不二山高天原の家基都《かきつ》、つまり今日の富士吉田の神社に勤める人々、宮守司長をはじめ、宮守一同が守護して、三種の神器の御神宝は大和国《やまと》の笠縫の里の新築した社へ遷座された。また、国民の御神霊を祭る大国魂神も合祀して、祈願祭が行われた。この日は同年四月九日であった。よってこれより、笠縫の里を天社の地と定め、祭司の人々を天神戸、つまり古来より天神社に仕える三十六家に加えることにした。

四、ときに、崇神天皇の朝廷は、不二山《ふじ》の文字を福地山《ふじ》、と改められた。

五、『日本書紀』に、「同七年の暮れには、疫病《えやみ》も治まり、国内漸く鎮まり、五穀は豊作で、百姓これ饒《にぎわい》ぬ」とある。

天照大神の御神宝である三種の神器を笠縫に遷座して御祈願した効果は顕著《けんちょ》で、これを御神徳の致すところとし、同八年十二月、祭典が盛大に行われた。

このとき天皇は参列し、御神酒を召される。酒造りの掌は、高橋村の活日《いけひ》という者であった。天皇は御気嫌うるはしく酒のうまさを賞めた。活日《いけひ》は天皇に御神酒を捧げ、そして歌った。

この神酒《みき》は　わが神酒ならず　やまとなる
大物主の　醸《かも》し神酒　幾久《いくひさ》しく日か

時の祭典司長は大田田根子《おおたのたねこ》、三輪氏の祖であった。祭典をたたえ神官の太夫達も元気よく歌った。その歌は、

うま酒　三輪の殿の朝戸にも
いでていけな　三輪の殿門《とのと》を

これを聞いた天皇も

うま酒　三輪の殿の朝戸にも

おしひらかね　三輪の殿門《とのと》を
と歌う。

人皇十一代・垂仁天皇

人皇十一代、垂仁天皇三年八月十五日、住留家《するが》、小室《こむろの》里《さと》、海《か》伊《い》、佐《さ》賀《が》見《み》之三国境之山村之上之大塚仁、小室里、家基都依里、阿祖山神社尾、分毛移志祭留。此依里、山村尾、山宮村登申也。祖佐男命依里、八十三代、川山彦命、宮守司長尾兼給也。

同天皇二十五年、天照皇太神之宮尾、大和国笠縫之里依里、伊勢国度会《わたらい》之原、五十鈴《いすず》川上之、宇家弥不二合須世、五十一代之神皇、宇家弥不二合尊之陵塚之地仁引移志、祭宮尾、造営志、神殿仁、三品之御宝尾、奉ﾚ納里、鎮座々而、皇女、倭比女尾志而、宮尾祭等志給也。

註

一、住留家を駿河、海伊を甲斐、佐賀見を相模と改正したのは、大化五年と別の記録にある。また、このとき、国の境界を改め、今日では富士山は二県に跨り、三県の境界は山中湖の南東の三国山になっているが、以前は富士山頂をもって三国の境とし、三国一の富士の山ともいい、佐賀見国七分、住留家国二分、海伊国一分といわれていた。

海伊国分は今日の足和田山の西麓から大室山、小御岳、そして山頂へ見渡す線より南西側にして、東側は佐賀見国分という。

海伊国と住留家国との境界は、天子ヶ岳山頂より大塚を見通し、大塚より無間ヶ谷へ、無間ヶ谷より山頂へ見渡す、とある。つまり、天子ヶ岳とは、天子山地の最高峰をいい、大塚とは大室山をいう。

二、大室山の周辺には、寄生火山が多く、この一群の山の北側を、今日では神座といい、土地台帳面積は一五〇ヘクタールとなっているので、山村は、この神座の地にあったことが推定される。山村は、阿祖山神社を分社してより山宮村と称したが、延暦十九年の噴火のとき、溶岩流のため四十余丈（約一二〇メートル）下に埋没し、さらに貞観六年（八六四）の噴火で、今日の姿の青木が原溶岩流に埋没した。今日標高は一一〇〇メートルから一三〇〇メートルの地帯となっている。

大塚の一つ、弓射塚から展望する雄大な景観は、寄生火山中第一であり、旧東海道も通り甲斐国への分岐する要衝の場所であることから神社を建て、山宮村があったという。

なお、静岡県富士宮の浅間神社、山梨県一宮の浅間神社の起こりも、この山宮村の浅間神社が埋没して、時の宮司、大宮麻呂は駿河国福地郡大領の和迩部《わにべ》豊麻呂宅へ避難して大宮浅間神社を創立し、兄の元宮麻呂は山梨郡一宮村へ避難し、浅間《せんげん》神社を創立したとある。

三、『日本書紀』によれば、崇神天皇は在位六十八年にして、御歳百二十にて亡くなられたとある。この間、同天皇六年のとき、天照太神の御神霊を笠縫の里に遷座されたことは、本古文書の記録と同様である。つまり出典が同じだという証拠である。

四、垂仁天皇二十五年には、天照皇太神の宮を、笠縫の里より、伊勢国の度会《わたらい》の原に遷座され、今日に至る。この遷座された度会《わたらい》の地は、宇家弥不《うかやふ》二合須《じあわす》の世（初代の鵜茅葺不レ合尊《うかやふきあえずみこと》が国防のため、不二山高天原の家基都より筑紫《ちくし》に遷都して以来、日本国土を統治していた時代）の初代鵜茅葺合須尊より第五十一代の神皇、つまり神武天皇の父にあたる弥真都男王尊（諡名、鵜茅葺不合尊）が崩御し、埋葬した陵墓の地とある。この地に遷座され、伊勢神宮と申され三品の御宝を納め奉《たてまつ》り、皇女の倭《やまと》姫をして神祇《じんぎかん》官、祭主に勅命した、とある。

五、垂仁天皇二十五年に、大和の笠縫の里より、伊勢の度会の原に天照皇太神を遷座したことは、『日本書紀』にも同様である。

六、現代人は一年を三百六十五日と何時間何分何秒ということをもって計算しているので、百二十歳であれば異状な長命だと即断しているが、十二カ月をもって一年とした陰暦ができたのは人皇十五代応神天皇の時代からであった。

七、『日本書紀』に垂仁紀に十一月、十二月などの表現があるが、訛伝と思われる。書紀の作成は、人皇四十四代、元正天皇養老四年（七二〇）のことである。聖徳太子が崇峻天皇の勅命にて来麓したときに（五八九）秦河勝に命じ『富士古文書』を書き写させ、その後、天智天皇十年（六七一）に藤原物部麻呂も書き写しているので、これらを種本として『古事記』『日本書紀』ができたと推定される。ただし、崇神天皇の時代には十一月、十二月はなかった。

国造司、海伊国之強力之農民尾阿津目、十四年苦心致志、二分通《とおり》水引仁依而、引太留所之砂取而、塩尾製造致古登尾発明致志給。依而、日本武尊《やまとたける》、東夷征討之時、同天皇四十二年、底大湖之南山澤尾掘下毛、水尾引瀬、其砂尾取、塩尾製造須留古登尾、発明致須功仁依而、任㆓海伊国惣国造仁㆒。奈良田彦、古登《こと》、賜㆑改㆓塩海宿祢《しおうみすくね》㆒、者也。

此依前、高天原、阿祖山七廟惣廟、阿祖山神社大宮司長、不二記太夫、日本武尊之比女君、不二比女尾、養比祖太《やしないそだて》而、亦者、御歌之丁之句尾、御答致多留功仁依而、東《あずま》之諸《もろもろ》之萬《よろず》之国々之国造之長尾、申付給也。

註

一、『日本書紀』には、景行天皇二十五年に武内宿祢が東北の諸国に来たことは大要次のよう記されている。

廿五年秋《とき》七月、武内宿祢を遣して、北陸、及、東

人皇十二代・景行天皇

人皇十二代、景行天皇二十五年、武内宿祢仁勅志而、東北諸国之地勢、及、巡察仁来里、海伊《かい》之国造、奈良田彦仁、海伊大湖之掘下之工夫尾教エ、其依里、

方の諸国の地形、また、百姓の消息を察せしむるなり。

本古文書と対照して、武内宿祢が甲斐の国へも来たことは事実と推定される。この時代は、現在の甲府盆地は大きな塩水の湖であったが、武内宿祢は海伊《かい》の国造司の奈良田《ならだ》彦に知恵を授け、奈良田《ならだ》彦はその助言にもとづき、農民を動員し、鰍澤の南の鵜の瀬を十四年間の歳月を掛けて掘り下げた。この工事で海伊大湖、別名、底大湖《そこのおおうみ》の水は二分どおり減水したので、水の引いた砂原から砂を取り、この砂から塩を製造したとある。

二、甲府盆地がかつては湖であったことは、地学的には認められているが、いつの時代まで湖であったかということは、今日まで不明である。しかし、本古文書によれば、この時代は塩水の海であったことが明らかである。

三、国造司の奈良田彦は、火照須命より六十一代の人とあり、代々世襲して、古代甲斐国の長を務めていた。『甲斐国志』の人物部に、始めて歴史上の人物として、塩海宿祢《しおうみのすくね》として載せられる者であるが、どのような人物であったか知られていない。同書は以下のように考察する。

『旧事記』「国造本記」には、「甲斐国造、纏向日代《まきむくのひしろのちようよ》朝世、景行天皇御宇也、狭穂彦王三世孫、臣、知津彦公、また塩海足尼《しおうみのすくね》、国造に定む」とある。『古事記』には「沙本毘古王者、甲斐国造の祖也」とあり、また紀に「日本武尊、甲斐国に至り、酒折宮に居り、（中略）靭部《ゆきべ》を以て大伴連《おおどものむらじ》の遠祖、武日《たけひ》に賜わる也」とあり、塩海足尼《すくね》の国造を賜わるもこの時に在るやらん。

四、景行天皇の時代に、東国は朝廷の命令に離反する事になる。不二山は福地山と改名され、福地山高天原、家基都の宮に保管されてあった、神代からの三品の御宝は朝廷が取り上げ、笠縫の里へ、そして、伊勢の度会《わたらい》の原へと移し祭られるが、天照皇太神の御神霊を遷《うつ》された後は、朝廷からの貢物も途絶えるに至った。本来、先元《せんげん》神社を中心に年中行事が行われ、全国各神社の先元《せんげん》である阿祖山神社へ参拝することは、福地《ふじ》山（富士）の神霊に参拝することでもあり、朝廷の態度に対して不平不満を抱く東国の人々は、協議の上、神都の再興をはかることになった。

したがって、時の朝廷には従わず、反抗することになり、大和の朝廷からは、小碓《こうす》の命を元帥として東征軍が押し寄せる。このとき、東北国の軍勢を集め、総大将になったのは、阿祖山神社の副宮守司、大山津見命より七十二代の遠孫、阿曽彦王命とあり、海伊《かい》の国造、奈良田彦命も参加し兵を集め出征した。

朝廷軍の総師小碓命《こうすのみこと》と最初に戦ったのは、大井川の辺りとある。東国勢は順次敗退して、最後は富士川を挟んで戦うが、力つきて東国勢は降服した。東国勢は降服後、朝廷軍を神都家基都に嚮導するが、福地（富士）の西北麓の山宮村に休息中、原野の中には鹿が多くいることをいい、小碓命《こうすのみこと》を狩猟に誘う。実はあらかじめ伏兵をおいて、火攻にする計略であったが、合図の笛を吹き野火をつけたところ、風の方向が変わり、東国勢は二度《ふたたび》敗れた。東軍の諸将は家基都に集結し、協議の上、東北諸国の要害堅固の場所にて守ることに決定し、各自国へ帰る。総大将の阿曽彦王は、敗戦を知り小座山にて自害した、とある。

五、阿祖山神社の宮守司長、福地記太夫は素知らぬ顔をして、小碓命ほか諸将軍人を館に迎え、もてなした。小碓尊の諸将は、ここに数十日滞在し、更に東北諸国を巡察することになった。このとき、尊の姫君である、岩戸姫は懐妊《かいにん》して臨月であったので、記太夫に預け出発した。岩戸姫は、この記太夫の新館、つまり坂下《さかおり》の宮で女子を産み、福地姫と名付け養育される。やがて小碓《こうす》命の諸将は東北国を巡り、再度、記太夫の館へ帰って来た。この時、尊が上の句の歌を読めば、記太夫は続けて、下の句の歌を読む。

新治《にいはり》　筑波《つくば》を過ぎて　幾夜か寝つる
日日《かが》なべて　夜には九夜《ここのよ》　日には十日を

記太夫は、岩戸姫親子を保護した功により、小碓尊（諡名日本武尊）から、東国一帯の総国造、並びに東国総神社の取締役にあらためて任命された。つまり、反乱をしたことは悪いことであるが、反抗の主旨が日本武尊の官軍に理解され、阿祖山神社の重要性を再認識された結果であるといえる。

人皇十三代・成務天皇

人皇十三代、成務天皇五年、武内宿祢仁勅志而、大日本四方之諸之国々尾巡察志、山河之形勢仁因而、国境尾定ム。国県《くにあがた》之造長《つくりおさ》尾置、其地方人民仁、神社之守護尾申付、稲作尾、繁栄之工夫尾教、租税之古登尾、納目志目給也。

此之時、佐賀見《さがみ》、海伊《かい》、住留家《するが》之三国之境界者、小国、伊豆、東住留家者、大国佐賀見之分県登定目、福地山南、合高《あいたか》山峰、西者、住留家国、東者、佐賀見国登定目、福地山北者、福地山地中服、丸山因《よ》里《り》、太田山峰、其依里、桧峰《ひみね》尾見渡志、南北峰伝エ見渡志、東者佐賀見国。西者、海伊国登定目給。

海伊国、南者、天司箇岳峰依里、福地山大澤尾見渡志、西者、大谷山七峰山、峰伝也。

福地山者、佐賀見七分、住留家二分、海伊一分也。此依里、福地山者、佐賀見、海伊、住留家之三国仁懸留仁依而、三国第一山登申給也。

註

一、成務天皇五年（一三五）、天皇は、武内宿祢に命じて日本国内の国々を巡察し、地勢に応じて境界を定めることにした。その他、地方の国々、並びに県《あがた》には長を置き、豊作の栽培を奨励し、租税を納めるよう督励した。

二、このとき、佐賀見（相模）、海伊（甲斐）、住留家（駿河）の三国の境界を変更し、東駿河、つまり現在の駿東郡は相模国の分県とされた。また、福地山の西北は、富士山頂より丸山、つまり大塚の大室山頂を見渡し、大田山、今日言う足和田の山頂へ、そして御坂山嶺を尾根伝えに桧峰《ひみね》、今日にいう三つ峠山へ結び、南東側は相模国に、北西側は甲斐国に定められた。

また、甲斐国の南は、天司箇岳山頂より、これまでは中腹の大塚、つまり地形的位置からみる場合は、噴火岳の大室山と推定される。天子山地の天司岳は、今は雨が岳となり、富士山の大澤の裾へ見透かし、それより富士山頂へと、富士山頂を三国の境界に変更した。また一方、甲斐国の西は、大谷山七峰山の峰伝えにしたという。

このときの境界改正により、富士山（福地山）は、相模国七分、駿河国二分、甲斐国一分の地積割合となり、三国に跨る山によって、三国第一山ということになった。今日、富士浅間神社の大鳥居に掲げる「三国第一山」の額は、こうした古代に行われた、三国地積が分割されていた当時の名残りである。今日では、山梨（甲斐）と静岡（駿河）両県の県境にあり、三国とは不思議に思い、日本、中国、印度国の三国などと、的はずれをいうようになった。

人皇十五代・応神天皇

人皇十五代、応神天皇五年、同天皇之皇子、大山守皇子、明仁彦者、福地佐太夫長女、気野比女尾、妃ト志、阿祖山七社、惣名、阿祖山神社之大宮司長登成里絵。

福地佐太夫尾、副宮司長登定目、大山守皇子之弟、政元彦者、佐太夫之次女、桜山比女尾、妃ト致志、佐太夫之嗣子登成里、隼総別皇子登申給而、子孫皆、福地又ハ良、登、代々付留古登仁定目給也。

兄、大山守皇子之明仁彦者、御父、天皇之御神霊之宮之下仁居留仁因《よっ》而、宮下源太夫、登、宮下記太夫尾、番替仁付留古登仁定目給也。

太真祖命、火照須命、火須勢理命、火火出見尊之二皇子、宇家弥不二合須尊之弟、阿田都彦命、此之子孫之家尾、中宮司長之家卜定目、

大国主命、太多真命、天古屋根命、栄日命之子孫之家尾、小宮司中之家卜定目、

　金山彦命、作田彦、古登、猿田彦命、大物主命、前《さき》多摩彦命之子孫之家尾、祭典司長之家卜定目、

武甕槌《たけいかづち》命、経津主《ふつぬし》命、稚武主《わかたけぬし》命、建御名方命、豊城入彦命、豊玉彦命、手力男命、石掘理留命之子孫之家尾、宮守護評議員司長之家卜定目、

　塩土老翁命、塩真木彦、古登、櫛明玉命之家者、諸《もろもろ》之久佐久尾、清目清目留太目、塩尾真久《まく》、子孫代々之家須治《いえすじ》也。

　稲蒼魂《いなくらたま》命、味鍬《みすき》高彦根命、醜《しこ》太男命、作田彦命之子孫之家者、五穀尾始、諸之萬之草草尾備非、捧奉留家須治《いえすじ》也。

　高照比女命、下照比女命、宇住目比女命、五十《いそ》猛《たける》彦命之子孫之家者、笛、太子《たいこ》仁而、尾能尾歌非《おのうをうたい》、真伊尾茂尾《まいをもう》、家須治也。

　天香護山命、顕国玉命、興玉命、託彦根命之子孫家尾、社司、司典《してん》、祝《はふり》、祢宜《ねぎ》尾兼留古登之家登定目給也。

　此之三十六家者、不二山高天原、宇宙野、大室、中室、小室之天社、三十六神戸之子孫之家須治《いえすじ》也。

　玉祖大神、日照須《ほてらす》大神、日須勢理《ほすせり》大神、阿和家大神、祖家大神、物部大神、加茂大神、三輪大神、阿伊国大神、都場基《つばき》大神、伊佐和大神、真清田《ますみだ》大神、古都真智大神、阿和大神、太真前大神、加登里《かとり》大神、家島大神、身奈美大神、住和《すわ》大神、貫佐木大神、二阿山大神、都々古大神、大物伊美大神、高瀬湖大神、伊家日湖大神、渡津大神、倭文美大神、物別部大神、伊和基大神、中山大神、伊都久島大神、日記前《ひきさき》大神、田村大神、大桧《おおひ》阿佐大神、高加茂大神、和太都美《わたつみ》大神、

　此者、高天原阿祖山七廟総廟、阿祖山神社之摂社仁志而、三十六神戸卜申也。

都農大神、牧塩開大神、手長大神、阿祖彦大神、作田大神、農比女大神、大原野大神、中原野大神、小原野大神、大御神農大神、小御神農大神、足長大神、此之十二神者、高天原、阿祖山七廟惣廟、阿祖山大神社之末社也。

但志、太田皇子、根鳥皇子者、火須勢理命之子孫之嗣子、養家登成里、跡尾継、太田山麓、太田川向、日向之川端仁、止《とどまり》居座《おりまし》々《ま》須《す》也。羽田矢代宿祢者、武内宿祢之男子仁志而、作田彦命之遠孫之嗣子、養子登成里、御舟山麓之宮仁止《とどまり》居《いる》者也。

註　人皇十五代応神天皇の時代まで、旧暦、つまり陰暦の以前、日夜（陰陽）重ねて三百六十日で、太陽暦の百八十日を一年という。往古より伝来する、基準数。三十六神戸は、文字を書き、阿祖山大神社に勤務していた。

第七章　日本《やまと》武尊《たける》の東征と坂下（酒折）の宮

大元帥小碓命東征御征廃之事略暦

抑《そもそも》、大山祇命ノ遠孫、阿曽彦王命ヲ元帥登志而、東北国之諸々神々之遠孫、八百万神之遠孫之兵人尾、諸々之国々依里集目、不二山高天原之神都尾、旧復致須事之久和太而《くわだて》、都仁漏礼聞工、天皇始、諸公驚氣、大評議尾開、用意奈等座留《る》、大事成里登中志而、意見待千待千成礼共、要約志而、皇子《こうす》小碓命尾、元帥大将登致志、吉備《きび》武彦、並、大伴武日尾、副将《ふくしょう》登致志、東征致事仁一定志、南西諸国仁而、兵一万二千人、兵尾集目従非、進征致事仁一決志、兵集留。

間太《また》、武内宿祢尾勅使仁立而、大元帥小碓命、副将吉備武彦、大伴武日尾始、諸々之将々付従非、伊勢天照皇太神宮仁行、三七二十一日参拝祈願致志、神勅仁依而、天《あめ》之叢雲《むらくも》之御寶劔尾、大神主依里、勅使、武内宿祢仁授、宿祢依里、大元帥小碓命仁渡志給也。

其依里、近国之集里来留軍兵尾従非、尾張国迄進征致所、茂早、東国之軍勢、要所要所尾、堅固仁堅目居尾、計策尾以而打破里、三河、大井川迄追拂非、其依里、元帥小碓命者、尾張国、松子島之尾張源太夫之館尾、本陣登致、暫久滞在中、中島之里、尾張記太夫之孫、美夜須比女、古登、建稲種命之娘、岩戸比女、登、奈礼《なれ》染《そめ》深《ふか》久《く》契《ちぎり》尾《を》結《むす》非《び》給《たま》居《い》。

　諸軍仁下知志而、三河国依里、遠久見留国之要地、天竜川之東軍尾、七十五日目仁、要用打破里、大井川迄進征志給。

　命者、松子島之本陣尾引拂、要用大井川尾五十日仁志而打破里、阿部川迄、其依里三十日掛里、攻目来里、阿部川仁止里戦古登七十日、其依里、阿部川尾破里、其依里道々戦非、福地川仁止里、両軍他加《たが》意仁《いに》攻目戦古登、百六十四日目也。

　此之日、東軍降参致志、其依里降参致太留将々、福地山高天原、神都、家基都仁嚮道《きょうどう》致志来里、途中、山宮村仁而、休息致志居留所仁、狩人五人來里、此之野仁者、鹿多志、狩志而、遊日給登、言上奉致。有命。大井仁與呂古日給《よろこびたまう》。

　狩人之案内仁而、福地山麓《ふもと》野《の》之《の》萱原仁伴内意《ともない》、合図之口笛尾噴場《ふけば》、伏兵四方依里起里、一度仁火尾放千毛礼場《はなちければ》、命者、供之兵尾集目、天叢雲《あめのむらくも》之宝剱仁而、萱場尾、満丸《まんまる》久加里《くかり》、火打鎌仁而火打、火尾掛礼場、命之御運強《いよいよ》レ彌《つよく》、仁和加仁《にわかに》大風起里、火返而、東軍皆焼死毛留。

　此之有様尾、東軍之元帥、阿曽彦王、東御座山《おぐらやま》之峰仁於而見留。此之有様尾、神都家基都仁使者尾以而、進言致志、腹掛氣切手《はらかききつて》死志給。御年四十八歳也。

　神都、家基都之諸将者驚、橋々尾焼払、東北之国々之要害堅固之場所仁於而、堅目留古登仁、評議一決志、思意思意仁手別《てわけ》致志而、神都尾退散致志給也。

　其依里、小碓命者《こうすのみことは》、軍兵尾集目、神都家基都仁来里、宮司、福地記太夫之館尾本陣登致志、休息致志居留古登三十日。

　此之時、妾《そばめ》、岩戸比女、女子尾産ム。此尾、福地、登名付給。依而、火打鎌登、火打石尾添而、記太夫仁守護尾頼身。

　東国之要所要所者、東軍、堅目仁堅目居留、古登尾佐登利《さとり》、其依里、阿司家羅《あしがら》山尾越志、東佐賀見之東出崎依里、舟仁而、総国《ふさくに》之崎出仁越須仁、途中仁而、舟宇古加津《ふねうごかず》、此者、諸々之海神之登加目《とがめ》也。依而、我命《われみこと》仁替《にかわって》而、海中仁入乱登《いらんと》申志而、妃《きさき》、多《た》千波奈比女《ちばなひめ》、海仁入給場《いりたまえば》、舟宇古気《ふねうごきて》而、総国之崎仁付給。

東軍者、皆不意尾打太礼而、皆降留也。依而、東北之国々皆平定致志給仁付、其依里、命《みこと》、道奥《みちおく》、毛《け》之国依里、武佐志《むさし》、佐賀見《さがみ》尾廻里、足家羅山尾越志、御国坂《みくにさか》依里、神都《しんと》家基都仁来里、坂下里《さかおり》之新宮仁七日休足致志給。其依里《それより》、御古《おいにしえ》峠尾越志、海伊《かい》国仁入里《いり》、其依里、西毛野《けの》国仁井出、碓日《うすひ》峠尾越而、科野《しなの》之国仁入等瀬給也。

註

一、神都復旧事件が起こったのは西暦一一〇年頃。

二、この文書は「秦徐福七代之嫡流秦福寿」が記書したもので、建久三年に山宮大宮司宮下源太夫義仁が写したものである。

三、ここに述べられている坂下里《さかおり》の宮の位置は、富士吉田市大明日、字、長日向の山裾にして、現在、浅間神社の旧社地のところ。

四、坂下の宮は、新羅三郎義光、甲斐国司のとき、坂下りの旧跡を、里垣村（甲府市）へ移し、酒析神社として祭る記録がある。

五、この坂下里《さかおり》の宮（館のこと）での歌は、『古事記』にもあり。本原文と全く同様である。

六、以下、関連記事として、宮下藤馬亮義国（宮下家五十代）が建暦二申年に寒川神社宝蔵の元書を写した旨の奥書のある文書に記載の「火明尊御世代」中の第六十一代建稲種命の項より抜粋する。

后、橘姫、海中ニ入給バ、浪静ニ成リテ、御舟ハ上宇佐《ふさ》ニ上リ給。

記多夫《きたいふ》ハ熱都山ノ麓ノ四辻ニ宮ヲ建築志、美夜受姫親子ヲ保護ス。此ノ宮ハ四方ヨリ下里ノ坂下宮成留ニ依テ、坂下《さかおり》ノ宮ト申ス。

倭建《やまとたてる》命ハ、東諸ノ国ヲ鎭平《しずめたいら》ゲ、二度、高天原小室成ル新宮、坂下宮仁帰里給。

其夜歌ニ曰ク。

邇比婆理《にひはり》　都久波袁須疑弖《つくばをすぎて》　伊久用加泥都流《いくよかねつる》。

爾《ここ》ニ其御火焼之老人、記太夫、御歌ヲ續而、歌ニ曰ク。

迦賀那倍弖《かがなべて》　用邇波許許能用《よにはこのよ》　比邇波登袁加袁《ひにはとをかを》。

是以、其老人記太夫ヲ譽ム。美夜受姫《みやすひめ》親子養行保護、並、歌ノ功仁依弖、東 惣国 造《あずまのそうくにづくり》仁任志給。

上宇佐ノ小濱ノ小海耳男《こうみじお》ト言人、濱仁宇氣来留、御櫛袁比伊捧ゲ給功仁依弖、上宇佐之国造仁任ズ。

亦命、后、橘姫ノ差櫛《さしくし》ヲ姫ノ霊《みたま》登志、熱都山峯仁御陵袁作弖《みささぎをつくりて》納置、臺郎神《だいろうじん》、登祭祀ス。此ノ神袁、萬之悪暴風 鎮《よろずのあくぼうふうしずめ》之神登諸人崇目《あがめ》祭祀ス。

其依利、倭　建　命《やまとたけるのみこと》ハ、大伴武日袁《おおどものたけひを》、小室之坂下　宮《さかおりのみや》仁止弖《とどめて》、東国袁治志ス。

美夜受姫、及、吉備武彦等袁率弖《ひきいて》、海《かい》之湖端袁廻里、上毛《かみつけ》依利科野《しなの》仁越志、見野仁出弖、尾張仁到利、美夜受姫尾、兄建稲種命仁阿津毛。

註

一、（以下省略。なお、橘姫を祭る神社は、風神社といい、また、御大臈様《おだいろう》という。高位女官、台風被害を護る祭神としている。

二、以下、前掲の「大元帥小碓命東征御征廃之事略暦」の奥書のあとに「右仁系記給書」とある附随文書を掲載する。

亦其依里、科野《しなの》、日太《ひだ》、身農《みの》尾廻里、尾張《おわり》仁来里、松子島之源太夫之館仁付給時、帝都尾発志而依里、三年三月也。

命ノ妾、岩戸毘女（美夜受姫《みやずひめ》ともいう）之孕《はらみ》給《たまう》、懐妊尾見給而、茂早《もはや》出産仁近志、汝千、安産之太目《ため》、天之叢《むら》雲之宝劔尾、岩戸毘女仁授毛預《あずけ》給而、岩戸毘女之守護尾、源太夫夫婦仁預宅《あずけたく》志而、命者、其依里、大海《おおみ》国仁越志、順廻致須登申而、毘女登別礼尾次《つけ》毛給。

其依里、大海国《おおみのくに》仁越志、大海之国尾廻《めぐり》久里、元帥小碓命者、同国伊吹山仁於而、病 発《やまいはっし》志、其依里、馬仁打乗里、痛尾古等意《いたきをこらい》、道尾急事志而《いそがして》、伊勢仁掛里、天照皇太神宮仁、東国進征之次第尾奉献給。
其依里、病《やまい》次第仁重《かさなれ》礼、河和地野原《かわちのはら》、能保野《のほの》依《よ》
里《り》、吉備武彦尾以而、倭国、纏向《まきむく》之都仁座々須、天
皇仁、東国之乱之進征之次第尾、奉二言上一志給也。
但書　尾張、記太夫之長子、建稲種命。宮名、
源太夫。一女、岩戸毘女、古登、毘夜須毘女。諱、
岩戸毘女、小碓命、妾登也《しょうとなり》。身目《みめ》美成留仁《うるわしきなるに》
依而《よって》、岩戸毘女、古登、小碓命依里、美夜須名《みやすな》
尾《を》賜留也。
松子島之熱田仁、尾張源太夫、新宮尾、小碓命
之御本陣登致也。本宮者、中島之真清田《ますがだ》之境仁
有留也。
大元帥小碓命、此之能保野之清水川端仁而、清水
之御水尾呑給而、都古仁向而崩死給也。御年三十歳。
皇子崩死給登、御死骸之所依里、白之大鳥三羽毎井《まいい》
出《で》、天仁登里、其依里、都古帝都仁一羽、尾張仁一
羽、福地山仁一羽、毎下里止留《まいくだりとどまる》登《と》申也。此《これ》、元帥
命之霊魂成利登申也。依而、此之所尾、和泉《いずみ》野原白
大鳥之里、登申也。死骸者、能保山足基《のほやまのふもと》、清水川
之川端仁葬里給也。
元帥小碓命、勅命仁依而、諡名《おくりな》日本武尊《やまとたけるのみこと》、登
送里、奉二申志一給也。
日本武尊、東征御進発之武器、大将分者、劔、兵
卒者皆、弓、竹槍、小石、小木也。
弓者、矢尾持手射留器也。
竹槍者、敵尾津久器也。
小石者、切利津尾《きりつを》揃而奈毛留《そろえてなげる》器也。
木者、小佐区切而《ちいさくきって》、此モ同、切利津尾揃而奈毛留
器也。
皆惣方共、切利津者、思意思意切利津尾揃留古登
勘要也。
元帥小碓命、岩戸比女仁別礼志日依里、崩死給日
迄二十一日也。
景行天皇四十庚戌年八月四日、大元帥小碓命、東
征御征発日依里、元帥小碓命、崩死之日迄、凡三年
五ケ月登二十八日也。

此之大元帥、小碓命。
副将　吉備武彦、大伴武日
分将　武部彦、田勝男、山勇日、松根廣男、
真田□《不明》彦、中山辰男、森田政宗、
川田常彦、元田大鳥男、木□《不明》草男、
大谷深男、永湖円□《不明》彦、瀬澤清太、
杉根早□《不明》田、元田羽根男、倉手真子男、
早川龍子、永瀬早□《不明》、永倉元田彦、
大島浪瀬太、大川早瀬男、登山田仁男、
大沢鳥鳴男、藤崎花男、小沢成利男、
太多男彦、大坂登彦、西尾田仁男、
松本信根男、下田□《不明》男、大木田真仁、
田外彦田男、麻呂田佐男、少木田谷男、
坂田仁佐彦、小黒仲佐彦、阿曽太仁彦、
大谷田古男、西原元田仁彦、笠田国仲彦、
佐津摩田彦、大原田□《不明》彦、津島田元彦、
大力男田彦、足長大力男、手力□《不明》男、
大男田力彦、鬼長田彦。

此之四十八將者、則、分將仁志而、兵卒尾指揮役也。
福地山高天原神都名将附
諱名尾張田彦命、諡名阿東祖命、寿百四十二歳。
諱名丹仁彦命、諡名王武男命、寿百十六歳。
右両人者、不二山二度《ふたたび》日現礼、不二山始、諸神社
尾、勅命以而、奉㆓守護㆒人也。
諱名阿曽彦王命、諡名武知勇王命、寿四十八歳討
死。
右此之人者、官将日本武尊之太月仁討死致須人也。
諱名佐田彦命、諡名馬頭觀世王命、寿五十六歳。
右、此之人者、大山守皇子之身替利仁、福地川仁
於而討死致須人也。
秦徐福依里七代之嫡流、秦福寿　記書
建久三子年三月
山宮二所大神、大宮司

宮下源太夫義仁、写置書（花押）

註

一、日本武尊の東夷征討は、西暦一一〇年で東国反乱の首謀者は、当時相模国、現富士吉田市、富士浅間神社の宮司、大山祇《ずみ》命より第七二代、阿曽彦とあり、野火をつけ反抗した所は富士北麓の剣丸尾よって地名となる。

二、反抗の主旨は高天原家基都、神都の復興を願うが、大和朝廷は聞き入れず反抗した。

三、坂下、酒折《さかおり》の宮は、現在の富士吉田市大名見字古宮、旧浅間神社の場所である。

第八章　富士宮浅間神社の来歴

山宮浅間神社、宮司世代記

（甲斐国都留郡時代）

応神天皇の第三皇子、隼総別皇子は改名して、福地真田八千良《たはちろう》政元彦と申し、仁徳天皇五十三年（三六五）福地山、山宮の宮司と定め、室は大山守、明仁皇子の三女、松尾姫、政元、寿百七歳、反正天皇七年（四一三）三月三日崩ずる。

二代　福地真田八千良政元長子、福地真田八千良政次。室は太田守良の一女川合姫。政次寿八十七歳、安康天皇二年（四五五）十月十五日没する。

三　福地真田八千良政次二男、福地又八郎政長。室は羽田正守の一女竹姫。政長寿四十二歳、雄略天皇二十一年（四七七）三月十日没す。

四　福地又八郎政長一男、正里。（福地又八郎は各代世襲するので以下省略）室は羽田宗吾三女、八真姫。正里寿五十三歳、顕宗天皇二年（四八六）二月十日没す。

五　福地正里長子、宗晴。室は太田守治の二女、花子姫。宗晴寿七十二歳、武烈天皇五年（五〇三）二月八日没す。

六　福地宗晴長子、宗定。室は太田真人の一女、

茂奈姫。宗定寿四十八歳、安閑天皇二年（五三五）一月十日没す。

七　宗定の二男、元長。室は太田勝麻呂の一女、浪戸姫。元長寿二十八歳、欽明天皇二年（五四一）十月七日没す。

八　元長の一男、彦太。室は宮下記太夫仁元の三女、松江姫。彦太寿六十八歳、舒明天皇二年（六三〇）八月十日没す。

九　福地彦太の長子、元彦。室は宮下仁家の一女、時姫。元彦寿二十八歳、孝徳天皇大化二年（六四六）三月十四日没す。

十　福地元彦の長子、政定。室は宮下記太夫国仁の四女、奈良姫。政定寿三十一歳、孝徳天皇大化五年（六四九）四月十日没す。

十一　福地元彦二男、政彦。室は羽田宗太の一女、仲姫。政彦寿三十六歳、孝徳天皇白雉《はくち》五甲寅年（六五四）二月二日没す。

十二　福地政彦長子、彦一。室は宮下源太夫元国の三女、佐登姫。彦一寿二十一歳、天智天皇天智二癸亥年（六六三）七月十日没す。

十三　福地政彦二男、良彦。室は宮下記太夫仁成の長女里姫。良彦寿四十八歳、天智天皇天智七年戊辰年（六六八）五月十一日没す。

十四　福地良彦の長子、彦武。室は宮下源太夫元政の二女浪子姫。彦武寿二十三歳、天武天皇白鳳二甲戌年（六七四）八月十四日没す。

十五　福地彦武の長子、彦三。室は宮下源太夫元氏の四女、時若姫。彦三寿六十八歳、聖武天皇天平八丙子年（七三六）十月十日没す。

十六　福地彦三の長子、元長。室は宮下福地太夫元治の長女松野姫。元長寿三十歳、文武天皇大宝二壬寅年（七〇二）四月十二日没す。

十七　福地元長の長子、元忠。室は宮下記太夫元照の二女夏子姫。元忠寿二十二歳、元正天皇養老四庚申年（七二〇）八月十七日没す。

十八　福地元忠の長子、照元。室は宮下源太夫元

定の長女、花江姫。照元寿四十二歳、称徳天皇天平神護二丙午年（七六六）二月八日没す。

十九　福地照元の長子、正家。室は宮下福地太夫国富の三女、春姫。正家寿三十二歳、光仁天皇宝亀三壬子年（七七二）十月五日没す。

二十　福地元忠の三男、正康。室は太田守彦の一女、糸田、正康寿三十八歳、光仁天皇宝亀十己未年（七七九）十月三日没す。

二十一　福地正康の長子、国高。室は太田長太の一女、春子、国高寿三十歳、光仁天皇天応元辛酉年（七八一）十二月二十一日没す。

二十二　福地正康の二子、宗信。室は羽田秋宗の二女、八重、宗信寿六十三歳、桓武天皇延暦二癸亥年（七八三）三月十日没す。

二十三　福地又八郎宗信長子、宗晴。室は太田□□《不明》一女、夏江、宗晴寿五十三歳、桓武天皇十八己卯年（七九九）十月十二日没す。

室夏江、同延暦十九庚辰年二月十二日寿五十二歳にして没す。

この二十三代福地又八郎宗晴の長子、元宮丸十五歳、弟の大宮丸十三歳の時、桓武天皇延暦十九庚辰年（八〇〇）五月中、福地山大噴火のために、山宮村（今日の南都留郡鳴沢村字神座、天神山、天神峠下と推定。溶岩下に埋没した集落。絵図面より）災難を逃《のが》れ、弟の大宮丸は駿河国福地郡の岩本沢に逃れ居り、神夢の告げによって、延暦二十一壬午年（八〇二）十一月、福地の御原に浅間大神の宮を創立し、この宮を新山宮と申すなり。

その後、福地郡の大領（郡長）和示部《わにべ》豊麻呂の一女、菊野姫を娶《めと》り、福地又八郎大宮麻呂と申すなり。平城天皇大同二丁亥年（八〇七）五月、白玉池の端の不智神社の社地に新山宮より浅間大神を移し祭り給い、浅間神社の大宮司となり給なり。この宮を後世、大宮浅間大神宮と申すなり。

兄の元宮丸は、甲斐国山背《やましろ》郡と山梨郡の合の中山に難を逃がれ居り、神夢の告げによって、山梨郡の神山村の郷長、古屋彦九郎の家に行き、深く厄介になり居り、神部山に神夢の告げ通り浅間大神の宮を、弟の大宮丸と同時に、延暦二十一壬午年（八〇二）十一月創立し給い、古屋彦九郎の一女を女取り、古屋彦九郎の養子となり、姓名を改め古屋元太夫正彦と申すなり。

　この古屋彦九郎の祖先は、大山津身命の遠孫、阿《あ》曽《そ》彦《ひこ》王（大山津身命より七十二代の孫にして、日本武尊との戦いの主謀者となった人物）の弟、彦田王の遠孫なり。

　この彦田王は、景行天皇の御宇、日本武尊の難を逃れて、この山中に落ち来たりて隠れ住む人なり。

　この神部山の浅間大神の大宮司は、大同元丙戌年（八〇六）八月十五日、勅使大将軍坂上田村麻呂来たりて、富士山中央高天ケ原、元宮先元明神大社七社大神の副宮司を、古屋元太夫正彦に申し付けるものなり。

　同年八月十五日、勅使大将軍坂上田村麻呂相模国高座郡寒川神社、大宮司、宮下記太夫仁元に、富士山中央高天原、元宮先元明神大社、七社大神の大宮司を申し付け置くによって、富士山中央高天原の元宮先元明神大社、七社大神は、相模国寒川神社の大宮司と、甲斐国神山浅間大神の大宮司の両大宮司の受持となり、守護致すによって、富士山高天原の元宮先元明神大社、七社大神を、これより二所明神大社、山宮神社と申すなり。また、これより相模国高座郡の寒川神社と、甲斐国山梨郡の神山浅間神社を、里宮神社と申し給うなり。

　大同二丁亥年（八〇七）九月八日
　　相模国高座郡　寒川神社大宮司
　　　宮下記太夫仁元　花押
　甲斐国山梨郡　神山浅間神社大宮司
　　古屋元太夫正彦　花押

建久五寅年（一一九四）八月十五日
　山宮二所明神大社

大宮司　宮下源太夫義仁　写置　花押

駿河国富士郡大宮浅間神社、宮司世代記

一代　大宮麻呂は、元山宮の宮司、元宮麻呂の弟にして、富士郡の大領、和仁部豊麻呂の女の養子（婿入り）となり、寿七十八、貞観二辰年（西暦八六〇）七月十日没す。

二　長子、富士又八郎豊明。室、宮下明政の女、沢姫。寿五十八、寛平六寅年（八九四）十月三日没す。

三　長子、富士又八郎豊仲。室、阿部仲家の女、浜司。寿三十二、昌泰二未年（八九九）三月三日没す。

四　豊明二男、富士又八郎豊茂。室、宮下明高二女、花江。寿六十三、承平四午年（九三四）十二月十三日没す。

五　長子、富士又八郎豊元。室、宮下明信三女、政子。寿八十六、永観二申年（九八三）四月十四日没す。

六　長子、富士又八郎重豊。室、宮下明清一女、竹野。寿六十八、永延二子年（九八八）八月十五日没す。

七　長子、富士又八郎宗豊。室、宮下元経一女、春司。寿七十八、寛仁三未年（一〇一九）二月十二日没す。

八　二男、富士又八郎国豊。室、金子政信三女、小菊。寿九十六、康平三子年（一〇六〇）九月七日没す。

九　三男、富士又八郎武豊。室、宮下明秀一女、丸子。寿七十三、康平四丑年（一〇六一）九月七日没す。

十　国豊四男、富士又八郎豊成。室、宮下明秀二女、元女。寿七十八、延久四子年（一〇七二）七月三日没す。

十一　長子、富士又八郎経豊。室、宮下元頼一女、静子。寿五十七、永保二戌年（一〇八二）八月十日没す。

十二　長子、富士又八郎豊常。室、宮下明富一女、冬野。寿六十三、天仁二丑年（一一〇九）八月四日没す。

十三　長子富士又八郎秀豊。室、宮下明朝長女、小松。寿八十一、久安五巳年（一一四八）六月三日没す。

十四　二男、富士又八郎豊折。室、宮下明広長女、山吹。寿九十三。元暦元辰年（一一八四）十二月二十八日没す。

十五　三男、富士又八郎豊仁。室、宮下政仁四女、浪江。寿八十六、安貞二子年（一二二八）十一月五日没す。

但し、宮下記太夫政仁長女は、宮下源太夫義仁の室、二女は柏木忠太夫の室、三女は征夷大将軍源頼朝公の妾《そばめ》、四女は富士又八郎の室、五女は古屋彦太夫（甲州一宮浅間神社宮司）の室なり。

十六　豊仁の八女富江の夫は、宮下義国の七男義安で、養子となり、富士又八郎義安と申すなり。寿八十三、永仁六戌年（一二九八）十月五日没す。

十七　義安五男、富士又八郎国安。室、宮下義政三女、玉子。寿九十八、正平十五子年（一三六〇）八月十三日、宇津峰城（忍野村忍草）において没す。

十八　国安の長子、富士又八郎義照。室、宮下正成三女、義泰の妹、徳江。宇津峰城にて正平二十三申年（一三六八）二月十日。寿六十一歳にて没す。

富士山は延暦十九年（八〇〇）の大噴火により、東海道は埋没して岩石の満流尾《まるび》となり通行出来ざるに付き、田村麻呂、勅命にて来た。合高山《あいたか》（愛鷹山《あしたか》）南麓の、沼端を通り箱根の山道を開くなり。これは同二十一年（八〇二）なり。又同二十二年箱根山の道を廃止し合高沢より足柄山の麓を登り、岳《たけ》の本《もと》に出《い》で、それより旧道に復すなり。

この新道は、富士川より中沼に出で、この間三里。中沼より浮き島浜に出で、この間三里。浮き島浜より戸家里沢に出で、この間三里。戸家《とがり》里沢より合高大久保に出で、この間三里。合高大久保より深原大沢に出で、この間三里半。深原大沢より岳の本に出で、この間一里十二町、これより足柄山にかかるなり。建久五寅年（一一九四）源頼朝公、鎌倉往還再興し、駅宿を定め、岩渕・吉原・戸狩・佐野・神山・新御殿《みどの》・岳野下《たけのもと》の七駅を定め給うものなり。

天授五未年（一三七九）八月十五日

恐々謹《つつしみ》而《て》奉《たてまつ》る。

富士又八郎義照　花押

御皇君（長慶天皇）

註

一、富士宮浅間神社第十八代宮司、富士又八郎義照の時代（南北朝時代）までは、現・富士吉田市大明見、富士小室浅間神社の宮司、宮下家とは、代々婚因関係を結び同一歩調をとっていたが、義照の三男は、南朝勢力の不利を悟り、足利氏に仕え、これより富士宮浅間神社は盛大となった、とある。

二、本文書をここに取り上げたのは、社会一般に静岡県富士宮市内にある浅間神社が、わが国富士浅間神社の総本社であると誤解し伝承されていることが調査研究の上わかり、あえて掲載した。富士宮浅間神社の元社たる山宮は、富士山北麓の現富士吉田市内にあった阿祖山神社、別名、中央高天原の小室先元（浅間）神社の分社であり、南都留郡鳴沢村地内の天神峠付近にあった。

三、この山宮《やまみや》の創立は、人皇第十一代の垂仁天皇三年、BC二七のことで、高原七社総名、阿祖山神社の分霊を山村の上の大塚に遷し、この山村を山宮村と称した。ただし、延暦十九年の富士山大噴火により四十余丈下に埋没とある。

四、山宮村の推定位置は東海道に沿った集落であり、富士山（当時は福地山と書く）中央高天原の家基《かき》都《つ》に大古より祭祀する阿祖山神社（後世は富士浅間神社という）の分社であり、甲斐国内へ行く分岐点で、わが国最初に関所を置いた場所とも記されている。大室山の東麓一帯を今日神座という。甲斐国内に行く沿線に、最初に元住《もとす》村あり、ここは背《せ》の湖畔で、御坂山地を越えると、古関《ふるせき》村二か所あり、さらに下って甲府盆地、当時は海《かい》大湖（後世、甲斐と改正）の湖畔道には、市川大門《だいもん》という場所がある。大門は関所の名残りで、その源は富士山麓の山宮村からであった。また、山宮村は、相模・甲斐・駿河、三国の境界ともある。大古時代の国分《くにわけ》は、分水嶺をもって分けられ、富士北麓の水は相模川の上流で都留郡は相模国であった。聖徳太子（厩《うまや》戸《ど》皇子）の富士登山は、調《ちょう》子《し》麻呂《まろ》を供に、馬で山宮村から富士山北面七合五勺あたりまで登山した記録もある。

第九章　文献抄録

高間原の神霊を諸国へ遷座した次第

反正《ぜい》天皇（人皇十八代）三年（四〇九）四月三日、天児屋根命霊を、河内国（大阪）に高間原中室より移し祭るなり。

反正天皇同年四月十日、天太玉命霊を高間原中室より、同国に移し祭るなり。

反正天皇同年六月三日、高照姫命霊を高間原中室より、飛騨国（岐阜）に移し祭るなり。

反正天皇同年同月同日、下照姫命霊を高間原中室より、伯耆《ほうき》国（鳥取）に移し祭るなり。

安康《あんこう》天皇（人皇二十代）三年（四五六年）六月四日、白山姫尊霊を越前国（福井）に、高間原より移し祭るなり。（註　白山姫尊はイザナミ尊の諱名《いみな》をいう）

安康天皇同年七月七日、石皝姥命霊を紀伊国に高間原より移し祭るなり。

安康天皇同年同月二十日、建御名方命《たてみながた》霊を、諏訪国（長野）に高間原の南海島より移し祭るなり。

註　高間原の南海島とは、別紙の記録より宇宙湖とあり、宇宙湖の島に、大市日女尊（天照大御神の諱名）を埋葬して、大市島とある。大市島の墓守りは建御名方命の二男、武火見命の子孫が守り居たとある。その場所は、今日の忍野村忍草浅間神社の境内に「神祇宮王一女碑《ひめ》石」と書いた石碑があり、その建立は、鎌倉時代の建久四年、不動明王を祭る祠《ほこら》が側にあることから、同時代と推定され、諏訪神社も今日に残っている。

人皇二十一代雄略天皇十三年（四六九）七月二日、火火出見尊の霊を、但馬《たじま》国（兵庫）に高間原より移し祭るなり。

雄略天皇二十年（四七六）三月十七日、徐福大神霊を、紀伊国（和歌山）熊野山に、高間原中室より移し祭るなり。

雄略天皇二十二年（四七八）六月十五日、大山祇命、加茂沢比女命の両霊を、山背《やましろ》国（京都）に高間原小室より移し祭るなり。

雄略天皇同年七月十日、作田彦命霊を、伊勢・遠江・越地の三国に高間原の泉仙山（今日の三つ峠山）より移し祭るなり。

雄略天皇同年同月、大巳貴命霊を、大和・越地の二国に高間原の御舟山より移し祭るなり。

雄略天皇同年同月、前玉《さき》命霊を、上総《かずさ》国（千葉）に高間原より移し祭るなり。

人皇二十四代、仁賢天皇十年（四九七）七月十日、稚武王《わかたけおう》命を近江《おうみ》国（滋賀）に高間原より移し祭るなり。

仁賢天皇同年同月同日、経津主《ふつぬし》命を上野《こうずけ》国（群馬）に高間原より移し祭るなり。

人皇二十五代、武烈天皇五年（五〇三）六月三日、三穂津姫命霊を、丹波国（兵庫）に高間原より移し祭るなり（祖佐之男命の二女、豊受大神の祭司）。

右祭神は天皇に功を立て、其の国を賜わりし子孫の者《もの》、当高間原より祖先の霊を領国に移し祭るなり。この外諸神をその国々に子孫移し祭る神、大日本国六分余りなり。

勅命にて高間原より四方の国々に行き、その国の政治を司取り、その国にて死したる神は、その国の霊に祭り置くなり。

人皇二十九代欽明《きんめい》天皇十年（五四九）八月十日、大つむじ風にて、中室の摩呂《まろ》山峰の天照大神の宮を始め、徐福の宮、摂社、末社皆破壊され、よって、同天皇十三年（五五二）九月九日、高燈大明神の宮に、天皇の勅命にて、物部尾興、福地山高摩原に来たり、天照大神を始め、忍穂耳尊夫婦、仁々杵《ににき》尊夫婦、穂々出見尊夫婦まで四代、並びに、伊座凪《いざなぎ》尊伊座波《なみ》尊の宮の高燈大明神に合祀致し給う。摂社、末社をも同社に移し祭り給うなり。

当摩呂山峰は、天照大神の古社にて、大元《おおもと》宮なり。人皇十一代垂仁天皇二十五年（BC四）九月二十日、伊勢国に当社より神霊を移し祭り給う。よって当摩呂山を古宮と言うなり。

応神天皇三十七年（二三七）六月二十五日、勅命にて武内宿祢《すくね》来たり、古宮を再建致し、御祖代山峰を奥の宮と申すなり。

崇峻天皇二年（五八九）厩戸皇子来たり、皇子の日記に、天照大神古社地と記し給うなり。

応神天皇皇子、大山守王嫡孫十三代、福地記太夫明良、崇峻天皇二年七月十日、代々日記より出し記すなり。

註

一、天の児屋根命と天の大玉命の両神は、豊阿始原瑞穂国という古代日本の最初の国名を定めた時代の左右両大神と別紙にあり、時代は、国王の天之忍穂見尊、ニニギ尊時代とある。また、高照比女、下照比女も同時代で、高照比女は大国主命の妹で、下照比女は二女とある。石凝姥命は石堀留目命ともあり、武器製作の神といい、武神の大物主命の弟と別記録にある。

二、諏訪神社は全国に多くあるので有名であるが、祭神は本文中にあるとおり、建御名方命と申され、別の記録より見れば、国王の左右にあって、国政を担当する左右両大神家の武神家、武勇命の一族、一男稚武主命《わかたけぬし》、二男建御名方命《たてみながた》、三男経津主命《ふつぬし》、四男武甕槌命《たけいかづち》とあり、仁々木尊、次の火々出見尊の時代、再度にわたり、古代中国の三皇五帝という時代、国王舜帝は、わが国の九州、四国地方へ侵攻して来た。防戦のため、仁々木尊、神后の木花咲夜姫尊を始め、前記武神家一同は総大将として出征し、敵を撃退したと伝える。

三、本文中にも徐福大神霊を、紀伊国の熊野山に、高間原の中室、つまり今日の富士吉田市小明見より移したとあり、別記録には、同所より紀伊国へ分霊したので、当地を本宮といい、分霊を移した所であるから新宮ということが書いてある。徐福は、わが国の古代史を集大成した人と記録される。つまり、もっと具体的に古代史の発生を申せば、神武天皇の時代は、建国以来氏族は世襲で、国土の経営に功績のあった家を推挙して三十六神戸といい、これらの家人は文字などの学問をし、国政に関与して記録をして来た。人皇七代の孝霊天皇の時代、秦国より徐福の一行、五五八人がわが国に渡来して、富士山北麓に土着し、三十六神戸の人々より記録を集め、紙造りの進歩した紙に集大成した。この記録を見たのが聖徳太子であり、『古事記』『日本書紀』ができたのは、徐福の死後九百年後である。

四、本原文の筆記者は、応神天皇の皇子大山守王子より十七代の福地記太夫元照とあり、本文を書くには、祖先各代々の日記帳より書いたとある。厩戸皇子（聖徳太子）が、小明見の古原、天照大神古社地を確認し、日記に記し給うなりとあるは、貴重な記録である。

『旧事紀』の焼失と富士周辺の地異

人皇三十五代、皇極天皇四年（六四五）七月十日、大臣蘇我蝦夷《そがえみし》は、息子の入鹿を殺害された口惜しさに、聖徳太子、秦河勝が編纂した『天皇紀』『国記』

等を入れ置く宝庫に火をつけ焼き払い自殺した。この宝庫には、神代開闢の始めより人皇の始め、神武天皇よりこれまでの諸々の器、軍器諸々の物品、皆焼失し給うによって、諸々の天都、国津神々の祟《たた》りにか、同年八月十三日大日本国中大雨大嵐にて、諸々の国々皆大荒なり。最も甲斐国は、日本第一の大荒にて、耕地の田畑七分水いかり（水没）五分河原と成るによって、人皇三十六代孝徳天皇大化五巳酉年（六四九）三月十三日、左大臣阿部倉梯麻呂《くらはしまろ》、右大臣蘇我倉山田石川麻呂、内大臣中臣鎌足等、甲斐国と東駿河国の度々の大荒に、良農民難儀致すを哀れみ給い、天皇自ら評議して、勅命をもって、甲斐国の国造田辺武居と、駿河国の国造阿部比羅夫彦をお召し給い、甲斐国には、相模国の都留高座郡を、世《よ》継《つ》ぐ山峰より道志沢谷、津久井川境と定め、それより西を都留郡と定め、甲斐国に編入し給うなり。

また、東駿河国には、神山峠の北東の古沢原一円を、相模国阿始加羅《あしがら》上郡より割りて、駿河国駿河郡に編入し給うなり。これら北部の一帯は、大御神山峰限り、東は足柄山峰限り、この山は大横山とも申すなり。

人皇四十代、天武天皇白鳳十壬午年（六八二）八月十五日、駿河国賀茂、田方の二郡を割り、伊豆国を置く。田方郡を割り、那賀郡を置き、三郡と定め給うなり。

富士山噴火記

人皇五十代、桓武天皇延暦十九庚辰年（八〇〇）の大噴火は、人皇の御代第一の大噴火にして、神社仏閣を始め、人類、人戸、草木、鳥獣、魚虫の類に至るまで、福地《ふじ》山の回《まわ》りは二十里四方皆消滅し、沢々谷々は皆熱湯の満流尾《まるび》（溶岩流）となり、山々は真赤《まつか》となり、河川を始め、南海も三里沖まで塩水も真赤となるなり。

駿河国駿河郡（駿東郡の前身）は、人戸僅か三百五十七戸残り、田畑僅か十分の三残り、後は皆熱湯岩石の満流尾《まるび》となるなり。

同国福地《ふじ》郡（富士郡の前身）は、僅か山の沢々に人戸四百四十三戸残り、田畑十分の四残り、後は皆熱湯岩石の満流尾となるなり。

甲斐国八代郡の背《せ》の湖は、熱湯岩石押し込み半分となるなり。よって、同都留郡上郷阿祖谷三室《みむろ》の内、宇宙湖は熱湯岩石押し入り、二湖となり、泉仙《せんせん》山日《ひ》峰《みね》の西、大沢に一里《いちり》に二里の湖水現われるなり（河口湖の出現）。

延暦二十五年（八〇五）正月十日、勅使、大伴弟麻呂来て、都留郡を三つに分け、三津峠山日《ひ》峰より、相模河原（都留市鹿留川）限り、東は世都久《よづく》山峰より、加後坂峠限り、南西は福地山峰限り、八代郡の大領（郡長）の支配と定め給うなり。

南は三津峠山日峰限り、東は熱湯岩石満流尾より古国川（桂川）限り、北は丹波山限り、山梨郡の大領の支配と定め給うなり。


神社仏閣は皆全滅なり。人戸と同じく全滅なり。人戸僅か山野の沢々に五十三戸残るのみ。

南は山伏峠より、相模川限り北東は熱湯岩石の満流尾より、古国川（桂川）限り、相模国都久居郡の大領の支配となるなり。

道司《どうし》沢の尻、都久居の川端に、人戸僅か四十七戸残るのみ。

都留郡は、三郡の領地となり、ただ郡名残るのみ。この時、甲斐の国司は岳田王《たけだお》なり。

東海道の起こりと駅次

人皇一代、神武天皇四年、不二山聖廟地の元宮に、東海道を開き給う。その不二川（富士川）より家基《かき》都《つ》駅（今日の富士吉田市）までの駅次は、松岡駅より山本村を越し、瑞久保《みずくぼ》駅（富士宮市）まで、およそ七里なり。この松岡駅は、今の蒲原駅なり。

瑞久保駅より山村を越し、川口駅までは、およそ七里なり。この瑞久保駅は今の長倉駅なり。山村は、今の山宮村なり（溶岩下）。

川口駅より東方への順路は、西吉田、中吉田、東吉田の三村を越し、家基都駅までおよそ五里余り。川口駅は元と同じ。家基都駅は今の加吉《かきつ》駅なり。

註　富士山周辺の埋没木片、木炭の調査の結果、西富士、北富士は、山宮村以東の集落は、延暦、貞観の二大噴火により埋没。

阿始家羅山は、今の足上山なり。足上山の向い麓と、坂本駅より足上峠を越し、岳《たけ》の本《もと》村は今の竹の本村なり。竹の本村を越し、古沢駅まではおよそ七里半、この古沢駅は桃沢駅とも言うなり。今の横《よこ》走《ばしり》駅なり。または駿河駅とも申すなり。

横走駅より、加後坂峠を越し、水口駅までおよそ四里なり。この水口駅は今の水市駅なり。

水市駅より、長生《ながいき》、宇宙野《うつの》の二村を通り、加茂山峠を越し、加吉駅までおよそ四里なり。

今度の大噴火に、熱湯岩石押し流し、神社、仏寺を始め、各駅、各村の人家皆消滅致すによって、延暦二十年（八〇一）蒲原駅より、山本村を越し、合高山の南麓の吉原沼の岸を巡り、二島村より、箱根山に新道を開《あ》けれども、道の悪きに付き、同二十一年、勅命によって、坂上《さかのうえ》田村麻呂を普請奉行《ふしんぶぎょう》として来たり。

三島村より箱根山の麓通りの深原より、深沢を越し、竹の本村にいで、旧道の足上峠を越し、坂本駅に通ずるなり。

倭国《やまと》、高市の橿原《かしわばら》の宮より、不二山（富士山）中央高天原の阿祖山明神大社に、神武天皇四年、御参詣道を、天皇の勅命《ちょくめい》にて、東海に開き給う。

駅次の順路は、高市・広瀬・忍海・久世・宇野・原田・山城・宇太・山崎・山田・伊賀・桑名・市村・度海・鴨部・馬津・海部・中島・山田・知太・島浦・渡津・遠江・佐野・栗原・横尾・小川・横田・阿部・

松岡・水久保・川口・家基都市なり。この三十三駅次を定め給なり。

人皇五十一代、平城天皇大同元年（八〇七）六月、坂上田村麻呂を奉幣使《ほうへいし》の詔《みことのり》を以て勅使に来たり、甲斐国の国司、岳田王に詔を下し、太田真長《まおさ》を八代郡の大領に任じ、また、羽田宗治《むねはる》を同じく副領に任じ、阿祖山七社大神を始め、総廟浅間明神大社を再興し、同天皇の詔《みことのり》を以て、太田、羽田の両氏に、伴《ばん》の姓を賜わるなり。

七社大神を始め、七社総廟浅間明神大社の宮守護、並びに、同平城天皇の三国第一山の勅額《ちょくかく》を合せ、守護を申し付け給うなり。また、寒川神社（相模国）神部山神社（甲斐国一宮）の両宮司に、右神社の祈願を申し付け、鶴島の宝正寺（北都留郡上野原）に別当を申し付け給う。

時に、勅命を以て、福地山を富士山と改め、富士山中央高間原の阿祖山谷の三室の再興の神社は八代郡の分に皆組入れ給うなり。なおまた、今度の勅命によって、神武天皇の御定めの東海道の瑞久保・川口・家基都《かきつ》・水口・古沢、今の長倉（富士宮）、川口、賀吉《かきつ》、水市、横走の五駅は、皆消滅致し、人家は皆絶えれども、神武天皇の御定めの古跡なるによって、この駅次を本海道と、勅命をもって御定め置き給うなり。

聖徳太子、国・郡名の文字を改正

人皇三十二代崇峻天皇二年（五八九）厩戸皇子（聖徳太子）に詔《みことのり》をし、勅使として東北の諸国を回り風俗を巡察せしむ時、六月十五日、海伊の黒駒に乗り、福地《ふじ》山中央高天原の阿祖山谷小室、家基都駅(1)に来たり、宇宙沢、家始久保の白蓮滝尻の祓《はらい》原の寒川神社を、熱都《あたつ》山の日向、宮守の社、軽島の森の高御座《たかみくら》神社に合祀し、寒川大明神と祭り、寒川神社の元社地に、一宇の寺を創立し、白蓮寺(2)と名付け、自身体を書きて、白蓮寺に納め給う。

阿祖山七社総廟、阿祖山神社(3)の神官の職務役人を定む。大宮司の下に、副宮司を置く。副宮司の下に、社司八名を置く。並びに、祝《はふり》八名、祢宜《ねぎ》四名を置き、祝、祢宜の下に社掌八名置き、社掌の下に祭司八名、司典八名置くことに定め給う。並びに、神官五人に頭長を立てる事を定め置き給うなり。

但し、この年、厩戸皇子御年十八歳なり。

人皇三十三代、推古天皇八庚申年（六〇〇）皇太子厩戸皇子、大臣祖家馬子と評議の上、天皇に言上し、勅命を以て、小国を郡と改め定め給うなり。

当地、高天原小国名、都留高座国は都留高座郡と改め、小国名住留家国は住留家郡と改め、小国名福地国は福地郡と改め、小国名山背《しろ》国は山背郡と改め給うものなり。大日本国中諸々の万の国皆これに準じて同じ。

但し、この年、厩戸皇子御年二十九歳なり。

これまで都留高座郡は、小国名福地山中央高天原は、高座国と申すなり。天家坂下の大沢は、家都羅《かつら》谷《たに》、家都山谷、御家《みや》原、北祖止留《そしどめ》大沢、同小沢、座々古《ささご》沢、東祖止留《そしどめ》沢、チチ小座を都留国と申すなり。この小国二国を合わせて、今度、都留高座郡と申すなり。

同年、皇太子厩戸皇子は、高麗の僧慧慈《けいじ》、百済《くだら》の僧慧聰《けいそう》等と計り、大陰暦を始む。これ人皇神武天皇このかた本朝は、大陰暦の始なり。

推古天皇十五年（六〇七）皇太子厩戸皇子、高麗僧慧慈、百済僧慧聰等と計り、国名郡名の字を替え改め給うなり。但し申せば、

座家見国（さがみ、さがむの意）は相模国と改め、
居住留国（いずるの意）は伊豆国と改め、
住留家国（すみとどまる家の意）は駿河国と改め、
海伊国（かい、みずうみの意）は甲斐国と改め、

また郡名は、

都留高座郡（最初の都・家基都が置かれた所で高原地である意）は都留郡と改め、
住留家郡（前同）は、駿河郡と改め、

福地郡は（延暦十九年の大噴火以前は福地山といい、以後富士山と表記を改める）後、富士郡と改め、
山背郡（山の背、つまり山のうしろの意）は八代郡と改め、
谷間無地郡（海の周辺は谷間なしの意）は山梨郡と改め、
古間郡（ニニギ尊の王子、火照命は追放されてこまることからこま国という意）は巨摩郡と改め給う。
大日本国中、総国、総郡、皆これに準じて替え改め致せども、追々世の中の人気に従い改正致す見込みなりと、皇太子厩戸皇子申し給い置くものなり。

註

一、秦河勝は当地の出身者（世襲して子孫は現存）と想定され、厩戸皇子が崇峻天皇の勅命を受け、当地へ来麓したのは西暦五八九年で、神代から伝来の神社を復興し、白蓮寺を建立し、神官の職務役人の数等まで定められた。この時、諸学に明るい秦河勝は皇子に見込まれて側近となり、『富士文献』を書写し、『天皇記』『国記』『旧事紀』などの編纂にあたっては、富士北麓と大和国の朝廷を往復し、貢献した。また、皇子二十九歳の時の情報など、側近の秦河勝以外に記録に残せる人はなかったであろう。

『古事記』の成立は西暦七一二年であるが、それより百五年前に、表意文字の国名郡名を、宛字に変更したことが『富士文献』でわかる。まことに貴重な記録である。

しかし、今日の古代史観は、考古学上の物的証拠を重要視するようになり、古文書の記録などを調査研究する学者は少なくなった。

本県においては『甲斐名勝志』を編集した萩原元《もと》克《かつ》の学説に従い、考古学から見た物的証拠のないものは、疑問視する歴史学が主流になっている。

その例が『甲斐名勝志』の序文に見られるので、次に記載しておく。

「それ、甲斐国は山岳四方に連なり、郡郷その間にあり。甲斐は峡《かい》の仮字《かりじ》なり。倭名抄《わみょうしょう》に峡は山間の狭い処、俗に言う山の加比《かひ》とあれば、山のかひの意もて名付けたる国の名なるべし。峡は間なり。（中略）風土記には介賓《かひ》、日本書紀には柯彼《かひ》、続日本紀には歌斐とも書かれ、皆仮名書きなり」

これが山梨県、甲斐国語源の起りとしているが、『富士文献』と比較し、まったく妥当性を欠くことが判明したので、あえて記載した。

二、本文の末尾に記載の書写人は次のとおり。

建長六甲寅年（一二五四）八月十日

宮下源太夫正政（花押）

右記載の書、私写取恐謹々て奉「進上」敬白

元中二丑年（一三八五）正月十五日

（宮下家五八代）宇津越中守義利（花押）

御皇君　陛下（長慶天皇あて）

（　）内は筆者記入

三、原文は漢字と片仮名文字で書いてあるが、読みやすくするため、漢字と平仮名文字に改め、なお句読点、おくり仮名を入れた。

四、本文中の（　）内について

(1)家基都駅とは、今日の富士吉田市。

(2)白蓮寺　市内高座山の西麓。伝統は当市内の月江寺が受け継いでいる。但し太子の自画像は、市内の福源寺にある。

(3)阿祖山神社　調査の結果、当市内の大明見の古宮は、『延喜式』に載る甲斐国大「座の浅間神社であることが判明し、伝統は当市内の上下浅間神社が継いでいる。

富士山という表記の成立と山宮二所明神

人皇五十一代平城天皇、大同元年（八〇六）六月、坂上田村麻呂奉幣使の詔を以て勅使に来たり、甲斐

国八代郡の太田真長を大領と致し、阿祖山七社総廟、阿座真大神の宮を再興創立し、七社名神大社の宮を司取る事を命じ、任二八代郡の大領一、また、羽田宗治を副領に任じ。同七社名社大社の宮守護を申し付け給う。並びに、両氏に平城天皇の勅《ちよく》額《がく》守護を申し付け、天皇の詔を以て、両氏に伴《ばん》姓を賜る者也。

この時、甲斐国々司は岳《たけ》田《だ》王《お》と申し給うなり。またこの時、天皇の詔を以て、福《ふ》地《じ》山を富士山と改め賜わるものなり。

鶴島宝正寺に別当を申し付け、相模国寒川神社の神官に、宮守神社、山守神社、福地八幡神社の三座の宮守りを申し付け、甲斐国、神山浅間明神の神官に、天照皇太神、根野神社、幸燈明神、高座明神社の四座の宮守りを申し付け給うなり。これを二所明神と申すものなり。

これより、この二所明神を山宮と唱え、寒川神社(今日の神奈川県高座郡寒川町の神社)と神《かむ》部《の》山《へ》明神(今日の山梨県東八代郡一宮町の神社)を里宮と唱え給うものなり。

また、別当《べつとう》、鶴島の宝正寺(北都留郡上野原町鶴島)と両里宮の神官は、毎年六月一日より八月十五日まで、山宮二所明神に出張致し、勤務致すことに定め給うによって、古原の小久保の左右に、両神官の館を造営す。

寒川神社の神官を大多和の館と名付け、神部山明神の神官を古原長江の館と名付け給うものなり。

註

一、富士山の表記は、人皇十代崇神天皇までは不二山であり、以後、福《ふ》地《じ》山となり、富士山となる。

二、小室浅間神社を二所明神と称する時代は、都留郡を復活するまで、四百年間続いた。

富士山周辺地名の語源

足利氏の将、千葉兼胤が龍《たつ》箇《が》河原において焼き捨

てた寒川日記の書類の焼残りの切れはしの（『富士文献』、最大の災害）文書

抑、不二山は世界第一の神山なり、よって中央高天原に諸々の天都《あまつ》神とどまりましますによって、高《こう》座国《ざのくに》座家見《さがみ》の里《さと》と申すなり。

不二山より湧水は流れ、無気無類の清水にして、作物のこやしとなる名水なり。この水の流れ下る沢は四沢あり、西沢、東沢、南沢、北海沢なり。

東沢を座家見《さがみ》沢と申すなり。

南沢を居住留《いずる》沢と申すなり。

西沢を住留家《するが》沢と申すなり。

北沢を瀬（背）野湖、海《かい》大湖の二湖あり、よって海沢と申すなり。

不二山中央高天原を高座国と申し、座家見《さがみ》沢を座家見国と申し、居住留沢を居住《いず》国と申し、住留家沢を住留家国と申し、海沢を海《かい》国と申すなり。皆これは小国名にして、不二山を源にして、諸々万《もろもろよろず》の沢々谷々原に流れ通る谷々原野の総体の大国名は、座《さ》家見《がみ》国と名付け給うとあり、小名座家見《さがみ》沢は、古国《ふるくに》沢（桂川・相模川）と改め給うとある。

古国沢より高天原に登る坂を、天家《てんや》坂と申すなり。

註　当市内上暮地の坂を今日は天矢場《てんやば》という。大古は千二百尺の大滝がありという。

居住留国より高天原に登る坂を、御国《みくに》坂と申すなり（この路線は山中湖の東側に登る加後山の三国峠へ登る旧道が往古の道路）。

住留家国より高天原に登る坂を、古農《こんのう》坂と申すなり。

註　この路線は、富士の西側、富士郡より上九一色村、鳴沢村を経て中央高天原に至る。富士の北麓へ来る往古の路線にして、逢坂は上九一色村地内、古農は鳴沢村地域内、今日は溶岩流に埋没したが、往古は農耕地であった地名を伝えている。

海国より、高天原に登る坂を、元住《もとす》坂と申すなり。

註

推古天皇の時代に聖徳太子が海国を甲斐国と地名表記を変更した。しかし今日まで甲斐国の語源を山峡《やまかい》からの転訛とする説が信じられている。これは『甲斐名勝志』を編集した江戸時代の萩原元克《もとかつ》の説である。海国つまり甲府盆地より富士北麓へ登る坂道は、一般には往古の若彦路《わかひこじ》、つまり日本武尊の通行した御坂《みさか》山の大石峠と思われるが、この峠は標高一五〇〇メートルもある。御坂山地のうち標高の低いところは、本栖湖の北岸の峠で一二〇〇メートルの場所があるので、本文にいう元住坂は、この場所のことであろう。

この路線は市川大門へ結ばれた。大門とは往古の関門の場所の名残りであり、本文の考証上の裏付となっている。市川とは、富士川とよばれる以前、海大湖のある時代は、海大湖より流出する川を、海国第一の川という意を取り、河口の地名を市川といい、この場所より舟で小国名古間国へ渡る交通の要所であったことが想定される。

市川大門より南側の鵜の瀬の場所には、天神の滝があり、人力をもって三回掘削した記録があり、最終は天平二年（七三〇）僧行基が活躍した時代である。

南は居住《いずる》留国の沢に居住《いず》島田に古農《こんのう》の里《さと》あり。西は住留家《するが》国の沢に家島田と言う古農の里あり。北は海国の沢に山背田《やましろだ》の古農の里あり、東は古国沢に、田野座《くら》に古農の里あり。高天原の小国名、高座国には御座野《おざの》に古農の里あり、瀬の湖（青木が原樹海一帯）の上の山村の古農を中の古農と申すなり。

人皇十一代垂仁天皇三年（皇紀六三四、BC二七）小室沢家基都《かきつ》の里（富士吉田市）より、不二山中央高天原の八百万《やおよろず》の天都《あまつ》神々の総神社、阿祖山神社の御霊屋《みたまや》の御社より、山村の神社に幣を移し祭り鎮座奉るなり。山村の上の大塚に祭るによって、山宮先元神社と申すなり。これより山村を山宮村と申すなり（山宮村は溶岩下に埋没の海国内への道路分岐点にあたる)。

右の通り焼残りの紙切れに有レ之候なり。

永享二戊年（一四三〇）十二月十七日

甲斐国神部山（一宮）浅間神社宮司

古屋彦太夫　宗信（花押）

(同国上吉田諏訪神社宮司)

小佐野又三郎正成（花押）

註

一、原文はすべて漢字であるが、文意に支障のない文字は、平仮名に改め、読みやすくした。

二、語源の文字は、全部表意文字で記され、いわゆる縄文時代に日本列島へ渡来した祖先は、漢字を用いる漢民族であることを立証している。文字は意志伝達の便をはかるため作られたが、地名など多くを宛字に変更したのは、聖徳太子の時代から始まり、こうした風潮から、歴史大系の『古事記』『日本書紀』に宛字が多く用いられたと想定される。

第十章　富士山噴火の記録

延暦十九年福地山大噴火記、並に福地山神官伊勢参詣記

延暦十九辰年三月三日、福地山高天原、中室、小室尾始、宇宙野、大室中、三十六神戸之宮司、副司、宮守社家、眷族《けんぞく》皆相談之上、家族眷族尾合《あわ》セ合計三百余人、伊勢太神仁参詣仁出掛《でかけ》、伊勢之ニ見箇浦仁廻里、福地山尾遥拝致志、其与里《それより》、天照太神、豊受太神之両社仁参詣致志。其与里間田、新都・山城国、平安城仁行気、諸々尾見分《けんぶつ》津致志居留登古呂《ところ》仁、甲斐、駿河、相模之三国之国司与利《こくしより》、早馬仁而、福地山者大地震、大強暴風、百雷一時仁来利而、鳴利飛引久。六日日夜《むいかにちや》、七日七夜、福地山一円、何箇所登無久、噴火致志、八方之沢々仁熱湯押出志。福地山二十里四方之人家・馬・牛・鹿尾始、諸々之鳥獣・草木迄皆消失志、福地山二十里四方野沢々谷々迄、人家多伊而、岩石野満流尾《まるび》登成里、山々谷々和、皆真加《まつか》之山々谷々登成里、沢々野川々之水茂、皆真加登成里、南海之大海茂、三〜四里尾気迄者、真加《まつか》野大海登成里、間太、山野谷沢々之場所之与気《よき》所仁、住居多留《すみいたる》人々者、甲斐、上毛、下毛、武蔵、上総、下総、常陸、東相模、伊豆、西駿河、遠江《とうとうみ》、三河、信濃等仁、仁毛野加礼留《にげのがれる》人茂多人数阿利。

高天原者、一面之熱湯満流尾登成里多留次第尾、三国之国司与利、追々、京都仁使者来《きたり》而、天皇陛下仁言上致仁依而、天皇、大井仁警気給。

此之次第尾聞々、三百余人之人々無気加奈志身居《なきかなしみいる》尾《を》、天皇始、諸々之高官高位之人々、最澄上人、京洛中《きょうらくちゅう》之人々阿和礼身給《あわれみたまいて》而、福地山《ふじさん》高天原与利《より》来里居《きたりいる》、三百余人之保護方尾、京洛中洛外《らくがい》之人々□□□□□。

明二十巳年六月朔日《ついたち》、従四位上征夷大将軍坂上田村麻呂尾、大使登致志、正五位上百済俊哲《くだらのしゅんてつ》、従四位下多治比浜成等尾、副使登志、福地山噴火跡之検察之勅使尾命司《めいじ》、最澄上人仁、福地山二十里四方之諸々之人々始。諸々之鳥獣、草木仁至留迄之焼死仁之供養尾、以二勅命尾一中付利、宮司、副司尾始、宮守社家、眷族始、三百余人尾案内人登致志、同月十五日、福地山中央高天原小室仁来里、不二山行満寺之焼跡仁、焼木尾阿津目《あつめ》、一宇之堂尾創立志、聖徳太子自画像登、泰国之徐福之持来留、薬師如来之像尾、穴蔵与利出志、最澄上人、天皇与利賜利志、雲切如来登、聖徳太子之像之掛物尾、薬師如来之両脇仁掛毛、焼死々太留、諸々之人々始、鳥獣魚類仁至留迄、皆供養致志、此尾、不二山延暦寺登申成里（場所は富士吉田市内大明見日向山の麓《ふもと》）。

此者即チ、行満寺為二再興之一、行満寺焼跡仁立レ寺成里《てらをたてるなり》（行満寺も日向山の麓）。

都留島、救願寺仁而、同供養致志、寺号尾改目、本郷山宝正寺登号須。

其与利、故宮司宮下福地記太夫元村之二十七子、当宮司宮下源太夫元秀。副司金子国太夫政明、同副司井出弾正亮明治始、外諸神官、福地八方之沢々谷々之焼跡尾案内致志、取調多留古登、左野通里。

福地山宇宙湖、熱湯押古身、二湖登成利。寒川之谷川高久成利。

高座山《たかざす》尾崎、熱湯尾皆加武利。

小室沢者、小御《み》岳山之加茂山神社之前野、南亀池与利、菊里日女《きくのさとひめ》之古跡之笠砂野《かささのの》小島迄、皆一律之海登成利。

西之瀬野大湖(7)半分登成利。

西田原仁、二里仁一里余之水海《みずうみ》出留成利(8)。此者、太田川(9)仁、熱湯押古身、津武礼志多目《つぶれしため》成里。

御船湖、熱湯押古身、三箇一登成留成里。

高天原、旧相模国分、大郷名都留郷之阿曽見郷加《か》吉《きつ》駅。東吉田、中吉田、西吉田、日向、川久保、浅川（六カ村）。

大郷名福地郷之内太田川郷。川口駅、山宮、大山、大原、上山、上手、中手、下手、元住、浅川、広里、天神、神原（十三カ村）。

宇宙郷。水市駅、宇宙野、長生（三カ村）。

人戸千六百余戸、人数五千四百余人。

元甲斐国分、北村之郷七箇村。北村、村本、古関、大鳥居、瀬古、大磯、佐野。

皆川郷六箇村。皆川、河内、清沢、阿志川、宮原。

人戸五百余戸、人数千五百余人。

駿河国分。福地山西大沢、福地郡上郷十箇村　井出、御原、伴野、大塚、北山、水沢郷　水久保駅、稲子、森島、宮下、松岡郷、岩本駅。

下郷十七箇村。玉野池、久志、川久保、加島、瀬古津、福沢、福畑、中野、三津沢、鈴本、山本郷福地川駅、福島、田子、柏原、松本、古里、大下。

戸数千百八十九戸、人数三千六百七十八人。

福地山東南大沢駿河国駿河郡上郷八箇村。福住、福田、住山、神山、中山、秦野、日向、神代。

人戸二百七十三戸、人数七百二十余人。

下郷三郷仁而十八ヶ村。杉崎、横走、古沢郷　駿河駅、大久保、岳野元郷　足柄駅、小菅沢、深谷、神山、鈴木、和泉郷　大原、小泉、原、福岡、合高、豊本、金子、古谷、天利。

戸数千五百余戸、人数三千二百余人。

福地山南面者、熱湯岩石、合高山二而、駿河郡、富士郡之両沢ニ分礼、南海迄押流須也。

福地山北東面、都留高座郡者、相模沢御、駒沢村迄押流須成里。

阿曽見事《こと》、加吉都《かきつ》駅与利下六箇村（10）。座見《くらみ》、相模、田原、宮原、田之倉、駒沢、此之六箇村尾、元相模国之本郷登申成。甲斐国六箇村。

戸数。二百六十余戸　人数一千二百余人。

甲斐国分、戸数二三六〇、人数八一〇〇人。

駿河国分、戸数二九六二、人数七五九八。

合計、戸数五三二二、人数一五六九八人

別当、行満寺、丹沢丹治者、高座《こうざ》郡北奥之大沢仁、社家宮守、小菅政長登共共野加礼行住居留。此者深山之山奥也。

勅使検察致須登古呂、福地山八面仁、七十二箇所、噴火之跡 現礼見勇《あらわれみゆる》留成里。故宮司宮下福地記太夫元村之二十七子、宮司宮下源太夫元秀、同長子宮下仁元、眷族百十一人。副司金子国太夫政明、眷族二十四人。同副司井出弾正亮明治、眷族十五人。此者此之三家者。大山守皇子之遠孫成利。

月夜見尊遠孫、副宮守頭・大将・鈴木喜平太清定。眷族十三人。

天別天火明命遠孫　頭将・宮守司・天利小膳太明仲。眷族十三人。

作田彦命遠孫　副宮守司　皆川小仁太清泉。眷族十四人。

武甕槌命遠孫　宮守司・総元司　本郷清太夫軍敬。眷族二十人。

武御名方命遠孫・宮寺司・副元司・大住健太夫訪敬。眷族十八人。

天之太玉命遠孫・生沢太玉夫仲秋。眷族十二人。

前玉命遠孫・総社人取志目頭・原平太夫道弘。眷族十五人。

稚《わか》武玉命遠孫・同総社家・宮守人副取志目頭・杉崎稚太夫元晴。眷族十五人。

天之古屋根命遠孫・同社家・宮守人総取阿津加伊役・古屋半太夫春信。眷族二十人。

大阿奈無知命遠孫・同副取阿津加伊役・小菅右馬夫駒尾。眷族二十人。

秦国之徐福之遠孫・社中神子取阿津加伊役・福岡萬七太徐教。眷族二十八人。

此之三百余人之人々者、皆征夷大将軍坂上田村麻呂之従二命仁一、同年七月十四日、福地山行満寺出張寺。東相模国・武蔵国続気、相模川之保登里之岡田原之安楽寺尾目阿而仁、皆同日一同引移留成里。

福地山高天原尾始、近郷近国者、東北国々奥羽迄、神代之八百万之神々之御子孫八分、秦国徐福之子孫二分。但志、不二山高天原始、近郷者、神代之八百万之神々之御子孫七分、秦国徐福之子孫三分。大山守皇子、集総別皇子、根鳥皇子、此之三皇子者、皆保無田《ほんだ》別尊之皇子成里（誉田別尊は応仁天皇の別名）。

此之三皇子者、大山守皇子之、諡名明仁皇子登申志、隼総別皇子者、諡名政元皇子登申志、根鳥皇子者、諡名太田皇子登申成里。此之三皇子之御子孫、不仁山高天原始、近郷近国者申須真而茂無久、東北之国々之奥羽之国々仁、十分之一阿留登言伝尾留《あるといいつたえをる》成《なり》里。茂津登茂《もつとも》、大山守皇子仁者、男子二十三人、女子二十二人阿里多留登申成里。

明留十五日、福地山高天原之八百万之神々之供養尾致志、並諸々之焼死人之供養致志、不二山中央高天原諸神社、摂社、枝社、末社百二十社、宮守社家、六百三十六家従伊、焼熱湯仁宇津身《うずみ》、和津加三百余人、伊勢参詣之太目野加礼、百済国《くだらこく》与利、福地八幡大神仁奉納致志置多留、焼鏡残留野身。

但志、此之鏡者、福地八幡大神之御神鏡登致志而、福地八幡大神之内宮仁納置多留者成戸。

古原之穴蔵与利、宝物、諸書類、器物尾皆出志而、持真伊留成里。

相模国者、旧大山守皇子之領地成留仁与利而、国中之崇敬人、与利来里。福地山中央高天原之八百万之神々、東阿津間《ひがしあずま》之大原仁、天間久多利座々多留《あまくだりましたる》登而《とて》、相模国尾始、東大原之国々之人々数万人阿津真利、崇敬致志、大塚尾都基《つき》、福地山中央高天原仁、焼残里多留骸器物、諸々之品々尾、非呂伊阿津目《ひろいあつめ》、持来留、諸々之品々尾、大塚之中仁納目。同年九月十九日、大祭致須成里。

勅使者、其与利京都仁帰里給成里。

此之岡田原之安楽寺者、不二山行満寺出張之多目、行満寺開基、百済国之僧、日羅之弟子、行基、元明天皇和銅三庚戌年（七一〇）十二月創立之寺成里。

同延暦二十一壬午年（八〇二）正月与利、拝殿、並、神殿尾創立致志、社号尾、寒川神社登致志。

祭神者、
第一、国佐都知尊（国佐槌尊）

第二、寒川日古・寒川日女命（大山祇命同婦神加茂沢姫命の別名）

第三、菊里日女命（木花咲夜姫命の別名）

第四、誉田別尊・小沢日女命
但志、此之神々之御子孫仁而、神代与利、本社尾守護致志居留仁依而、合瀬祭留成里。

本社之始祖、祭神者、国佐都知尊、第二寒川日古、寒川日女命、菊里日女命之四神成利。第三仁、誉田別尊、小沢日女命尾、合祀仁祭留成利。

今度、福地山中央高天原野八百万之神々尾合祀致志、鎮座々而《しずめましまして》、祭里給成里。

同年五月五日、大祭致志、大日本国、第一之神山、不二山中央高天原与利移志、祭留宮奈留仁依而、此之所尾、寒川郷神山村登名付給。

其与利三百余人之人々者、思伊思伊仁諸所仁別礼住居尾定目、開発致須成里。

旧東海道者、福地川与利、足柄山迄、順路須駅者、松岡郷岩本駅、山本郷福地川駅、水沢郷水久保駅、此之三駅者、福地山西大沢駿河国分、福地軍成里。

山宮村者、甲斐国分、大田川郷川口駅、阿曽見郷加吉駅、宇宙郷水市駅、此之三駅者、元相模国分（大化の改正により、都留軍は甲斐国に編入）。

古沢郷駿河駅、岳野元《たけのもと》郷足柄駅、此者福地山《ふじさん》東南之大沢北辺野部《ぶ》、駿河国駿河郡成里。此与利《これより》足柄山尾越志而、東相模国仁入留成里。

此野福地川与利、足柄山迄野合太《あいだ》者、福地山之噴火仁而、熱湯岩石押流礼、一面之熱湯満流尾登成而、人馬者申迄茂無久、鳥獣茂加与和座留、岩石野原野之場所登成里。人馬之通行止留仁依而、征夷大将軍従三位坂上田村麻呂尾大使登志、従四位下多治浜成尾副使登致志、同延暦二十一壬午（八〇二）三月三日、勅命尾被無《こうむ》利《り》、福地野仁来利、駿河国南海部野福地川与利、吉河原之気和《きわ》尾、合高山《あいたかやま》之南裾野尾見登尾志、合高山之足基《ふもと》、吉河原之気和尾通里、三月十二日与利、五月末迄仁、箱根山仁新道尾開久成里。

箱根山野新道悪気仁依而、同延暦二十二癸未年八月、箱根山野新道尾廃志、足柄山野西裾野尾登里、足柄峠野旧道仁復旧致須成里。

其与利、征夷大将軍坂上田村麻呂者、二度陸奥《むつ》国仁帰而、胆沢仁城尾築気《きずき》、浮浪四千人尾分配志而、蝦夷尾《えぞを》討多志無《うたしむ》。既仁志而蝦夷之首長大墓《おおばか》公、磐具《はんぐ》公、諸衆五百尾非気伊而降留。此者同二十三年五月五日成里。

其与利、坂上田村麻呂公者、二首長尾引津礼而、帰京之途中、八月十五日、寒川神社仁立与利、奥羽蝦夷《えぞ》鎮治多留大祭尾致志、太刀二本、小刀五本、奉納致志、京都仁帰里給成利。

此之坂上田村麻呂之始祖者、四道将軍武渟川別《たけぬなかわわけ》之女、佐加比女、福地山高天原仁而、秦国人徐福之四男、福田仁古加礼《こがれ》、福田之種尾生《う》身《み》、田武根、登申志、福地山南大沢仁止利居利《とどまりおり》、其遠孫坂上田徳栄、藤原鎌足《かまたり》公仁仕栄《つかえ》、功阿留仁依而、天朝仁子孫仕栄《つかえ》居里《おり》、中納言坂上刈田麻呂、以㆓勅命尾㆒、淡路廃帝、並与党藤原仲麻呂尾打而、平久《たいらぐ》功仁依而、鎮守府将軍登成利給。

此者《これは》、人皇四十八代称徳天皇御代成里。其嫡子、人皇五十代日本《やまと》根子皇統弥照天皇御代、中納言鎮守府将軍坂上田村麻呂、以勅命尾、奥羽之賊党、並、蝦夷以下之賊党尾討平之功仁依而、従三位征夷大将軍仁任須給和留成里。其之嫡男尾、鎮守府将軍、錦麻呂登申成里。

抑々《そもそも》我箇始祖者、秦国、始皇帝尾、欺無気《あざむき》本島仁渡留人成里。始祖尾、徐福登申成利。始祖徐福者、始皇帝尾、欺無記、金銀砂金、珠玉、米、塩、味噌、酒、醤油、油、衣類、道具等十分仁要伊志、大船四十八艘造利、老若男女五百余人引津礼、日本之不二山尾目阿而仁《めあてに》、大海之原尾、東仁東仁登、舟尾古気、何昼夜登無久、古気来礼場、島阿利、日本野、不二宝来山成留登、舟与利阿加利、阿多里尾、回里見礼登茂、不二宝来山和見恵須。此之島仁者阿良知《あらじ》登而《とて》、間太、元之舟仁乗利、大海尾、東南仁古気来礼場、左右仁島阿利、不二宝来山和見江須。其与利間太、大海尾、舟尾南仁古気毛礼場、天晴礼・浪静仁成見礼場、大海之置記《おき》仁、遙仁、不二宝来山現礼見江給。五百余人之人々皆与呂古非、遙拝致志、舟尾早目而、古気毛礼場、不二宝来山和加久礼而《かくれて》、加多知茂無気《たちもなき》大山阿里。此古曽《これこそ》、不二宝来山成留成等《ふじほうらいさんなるなら》運登《んと》、山野裾々野仁、舟尾古気阿加利而見礼登見礼《こぎあがりてみれどみれ》共《ども》、不二宝来山之加多知和、少志茂奈加利毛礼、古々仁和阿等時登《あらじと》、五百余人之人々手分《てわけ》登成利而、阿知《あち》古知登多須根《こちとたずね》佐賀志、様尾弥久《ようやく》、不仁宝来山尾見付多留日者、日数尾久礼場《おくれば》、三年三月成里。此之所尾、後仁聞毛場、日本国紀伊国之木立野大山多登《だと》申成里。

其与里、五百余人者、二度大船仁乗利、不二宝来山尾、目阿而《あて》目印《じるし》仁、舟尾古気、不二宝来山足基《ふもと》仁付、其与利、不二宝来山野中央高天原仁登利《のぼり》、中室仁止利《とどまり》、五百余人之人々者、皆名々加《めいめいが》、此之中室、大室仁止利《とどまり》、名々之登瀬伊《とせい》、家行《ぎょう》、職行、尾羽毛見《はげみ》、子孫繁栄志而、高天原始近郷者、此之五百余人之子孫三分登成利。間太、近国始、東北之国々者、奥羽迄、此之五百余人之子孫加二分通利成利登申成里。

秦国人徐福、男子七子阿利。一男福永、後、福岡登改目、二男福万、後、福島登改目、三男徐仙、後福山登改目、四男福寿、後、福田登改目、五男福畑、此与利者、高天原仁来利而生礼留成里。六男福海、七男福住之七子成里。

二男福島者、眷族五十人従非、紀伊国大山仁移志、其土地尾開発致《いたす》須事尾命須。

此之大山之多目仁、不二宝来山尾見宇志奈伊、三年三月、此之所仁真夜伊、居多留山奈留仁依而、此之山野名尾、久真野山登名津久。此野時迄仁、秦国人五百余人之子孫繁昌志而、千余人登成利給成里。

後、福島之子孫、徐福之霊尾、福地山与利久真野山仁別《わけ》移志、祠《ほこら》尾《を》立而、霊《みたま》尾祭留。

此与利、福地山野徐福之宮尾、本宮登申志、久真野山之宮尾、新宮登申也。

一代　始祖徐福　　二　福永古登福岡
三　徐光　　四　福仙
五　福泰　　六　徐京
七　福寿　　八　福岡阿徐
九　福岡福馬　　十　福岡福連
十一　福岡福真　　十二　福岡徐仁
十三　福岡福清　　十四　福岡徐教
十五　福岡福佐　　十六　福岡徐進
十七　福岡福泰　　十八　福岡徐長
十九　福岡福房　　二十　福岡徐最
二十一　福岡徐海　　二十二　福岡福平
二十三　福岡泰良　　二十四　福岡徐宝
二十五　福岡福信　　二十六　福岡泰徐
二十七　福岡徐源太福衛
二十八　福岡泰太十政福
二十九　福岡長衛太忠福
三十　福岡万七太徐教

延暦二十三年九月中
秦国人徐福時利《より》三十代後胤
福岡万七太徐教　謹記

後記須。人皇五十二代嵯峨天皇御宇鎮守府将軍坂上錦麻呂、勅命仁依而、右兵衛督藤原仲成尾討而、平久功仁依而、従四位中納言尾兼。

建久五寅年八月（一一九四）

山宮大宮司　宮下源太夫義仁（花押）

為後世是写置者也。

註（本文中のカッコ数字）

(1)熱湯満流尾《まるび》
　福地山は、延暦十九年の富士山大噴火以前の名称。中央高天原は、大古の首都であった家基都《かきつ》、現在の富士吉田市を中心とする富士北麓の一帯をいう。

(2)聖徳太子自画像
　聖徳太子は、人皇三二代崇峻天皇の勅命をもって、神社復興、仏寺建立のため来麓し、自画像を書き置きした。下吉田の聖徳山福源寺は、この太子自画像を宝物として今日に伝来する。

(3)福地山中央化天原
　溶岩地帯となったこと、今日の常識では噴火によってできる溶岩とわかるが、当時としては、こうした現象を表現する言葉がなく、熱湯の如く岩石が満ち流れる火を、熱湯満流尾という固有名詞が付けられた。

(4)福地山宇宙湖
　今日の山中湖と忍野村の平坦な地帯は、かつては一続の湖であった。この一帯の湖を宇宙湖という。

(5)寒川の谷川
　桂川のこと。大月市猿橋まで流れ、溶岩流によって埋没。

(6)菊里比女《きくのさとひめ》の古跡の笠砂野の小島
　『古事記』『日本書紀』にいう笠砂の御崎のこと。

(5)と同様の溶岩流下に埋没、絵図上では、現在の大明見集落地。

(7)瀬の大湖
　今日の青木が原樹海の場所にあった湖水。延暦十九年の噴火によって、溶岩が流れ込み、半分になったという。その後、貞観六年（八六四）の噴火によって埋没し、現況の西湖、精進湖、本栖湖の三湖となった。

(8)西田原に二里に一里半の湖できる
　今日の河口湖のこと。当時は新湖、または延暦湖といった。河口湖の南岸一帯は、船津式溶岩、小海式溶岩、大田和式溶岩によって埋没しているが、この溶岩流を地学者は、基底溶岩、または古期溶岩といい、河口湖は有史以前の大古からの溶岩流によって堰止されている湖であるから、最も古い時代からの湖であるという学説を信じているようだ。問題の解決をするには、山中湖の湖底調査同様に、湖底調査をすればわかる。

(9)太田川
瀬の湖より流れ出ていた川。河口《かこう》に河口《かわぐち》駅があり、今日の鳴沢村紅葉台下、推定百メートルの溶岩下に埋没した。太田川の水を利用する集落が数カ村あったが、この時、すべて溶岩下に埋没したと伝える。

(10)加吉《かきつ》駅より下六箇村
今日の桂川沿線にして、座見《くらみ》、相模、田原、宮原、田之座は都留市地域内、駒沢は大月市猿橋をいう。つまり猿橋まで溶岩は流れたことから、猿橋溶岩流に埋没六箇村をいう。

延暦、貞観の富士山噴火

桓武天皇延暦十九庚辰年（八〇〇）春大宮司始、諸々宮守之請人、伊勢大神宮仁参詣之留守居中者、太田真長登、羽田宗治之両人仁而、阿津加利居所、四月十日古路与利、仁和加仁天和久羅夜見登成里、日輪和少茂見恵須、泰雨《たいう》、大風、度々吹奈加志、地震勇里奈加志《ゆりながし》奈留仁依而、容易奈等須登心得、諸々神社之宝物、並、諸国与利奉納物尾皆阿津目、要害之穴蔵仁入札居留登古呂、泰地震多加和加等須《だいじしんだかわからず》、身体古奈身甚仁奈留要奈《こなみじんなるような》、大音之日引《ひびき》日引仁尾曽礼《おそれ》、加吉掛《かきかけ》峠(1)尾古志、相模河原仁(2)、仁毛行気、山奥仁、無二無三仁掛伊利、熱久而太真等須、山中之湖水仁伊利、水草尾、阿太真仁加武利、与尾与尾《よをよう》之古登仁而、一命太須加利居留也。湖水之魚獣鳥湖水仁来而、死々太留尾非呂伊太部《たべて》而、湖水之中仁而志野久古登、五月十日与利十月二十二日迄也。此者、羽田宗治登、太田真長也。其与利羽田宗治登供々魚獣鳥等之焼死々多留尾非呂以而和太部《ひろいてはたべ》、露命尾津奈気居留古登、同二十巳年（八〇一）六月迄也。

但志、福地山登古登奈久《どことなく》燃焼をした。尾茂奈留登《おもなると》古呂《ころ》、七十二箇所与利吹火《ふんか》致し、瀬野湖[3]半分登奈利、太田川津武礼而《つぶれて》、西太田原仁、凡《およそ》、二里仁一里半之新湖水[4]阿等和礼《あらわれ》、御舟湖水半分登奈利、小室野沢者、湖水登奈利[5]、南之湖水二湖登奈利、寒川之谷川高久奈留奈利[6]。

福地山二十里四方之沢々和、皆岩石之満流尾登奈利、山々之草木和、皆焼而、真加《まつか》登奈利、人家和申須仁尾与場須、鳥獣皆太伊而、岩石登奈利、山々和草木焼而真加登奈留也。

同六月、勅命仁而、大宮司尾始、諸々之宮守之人々伊勢参詣之人々尾津礼、共々福地山仁、大宮司、宮守之人々案内仁而、最澄上人福地山仁来利《きたり》、高天原之諸社、諸寺之焼阿登仁而、焼木尾阿津目、行満寺焼阿登仁《やけあとに》、一寺創立志、諸々焼死人尾始、諸々之鳥獣之焼死仁之供養致志、此尾、福地山延暦寺、登名付、其与利、大宮司尾始、諸々宮守和、東相模国仁引移利、其地尾、高座郡登申須也。

当福地山中央高天原和、仙泉山《せんせん》日峰《ひみね》与利、相模河原限里。南高天原和、皆山背郡《やましろ》（八代郡の以前の名）仁組入礼、太田真長尾、山背郡之大領登致志、羽田宗治《むねはる》尾、副大領登致志、高天原之諸々之神社仏寺之守護伴《ばん》尾、申志津加留《つかる》。其与利参詣之諸々人々、太田、羽田之両氏尾、伴之氏、登申須也。

平城天皇大同元丙戌年（八〇六）六月、坂之上田村磨、勅命仁而、空海上人登山共々来利、福地山中央高天原、阿曽山総神社尾再興志、三国第一山之平城天皇之、賜二勅額尾一、空海上人之仁王尊尾納無《おさむ》。

東相模国、寒川神社宮司仁、福地八幡宮、宮守神社、山守神社之宮司尾申付。甲斐国山梨郡。神部山浅間神社宮司仁、天照太神、根野神社、幸燈明神、高座神社之宮司尾申付、鶴島宝正寺（上野原町）仁、高天原山宮総神社之別当尾申志付、福地山尾、富士

山、登改目、(7) 天皇与利、太田、羽田之両氏仁、賜《たまう》二
伴《ばん》之姓尾一、両氏仁富士山高天原総神社之宮守護尾
申志付利居留也此与利両氏者伴之姓仁改目給尾也。

八代郡大領、太田真長

同　副領　羽田宗治

註（文中のカッコ数字）

(1)加吉掛峠

今日の小明見の向原より都留市東桂の鹿留へ越える峠。

(2)相模河原

鹿留《ししどめ》川の河原をいう。

(3)瀬野湖

今日の青木が原樹海にあった大湖にして、延暦十九年の噴火によって湖水は半分になったという。現況はその後の貞観六年の噴火によるものである。貞観六年の噴火は三大実録に載り、社会に知られるが、延暦十九年の大噴火により埋没して瀬野湖半分になったことは知られていない。瀬野湖、背之湖は同一湖である。

(4)太田川津武礼而、二里仁、一里半之新湖表われる

太田川は瀬野湖より流れ出て、富士北麓第一の住民生活の用水路であったが、集落とともに溶岩下に埋没して、今日に見る河口湖が出現した。川口郷の村歴の変革を載せたが、理解に乏しいと思うので、富士山噴火の記録を載せ、実証には湖底調査をすれば、山中湖と同様に、根の付いた倒木を発見することができる。

(5)小室の沢は湖となる

大明見の東側の水田地帯のことである。今日集落をなしている地帯は、延暦十九年に大月市の猿橋まで流れた溶岩流で、この溶岩にせき止められ湖となったという。自噴する水源は、飲用水に利用している。

(6)寒川の谷川高くなるなり

桂川のことにして、今日は溶岩流上を流れている

が、記録には深さ三十丈に埋没するとあり、およそ一〇〇メートルは埋没し、高くなったことは事実である。

(7)福地山を富士山と改める
延暦十九年の噴火により、文字は改められた。

延暦十九年福地山大噴火記（訓み下し文）

延暦十九辰年（八〇〇）三月三日、福地山高天原、中室、小室ヲ始メ、宇宙野、大室中、三十六神戸ノ宮司、副司、宮守、社家ノ眷族、皆相談ノ上、家族、眷族《けんぞく》ヲ合セ、合計三百余人、伊勢太神ニ参詣ニ出掛、伊勢ノ二見箇浦ニ廻リ、福地山ヲ遙拝致シ、其ヨリ天照太神、豊受太神ノ両社ニ参詣致シ、其ヨリマタ、新都ノ山城国平安城ニ行キ、諸々ヲ見ブツ致シ居ルトコロニ、甲斐、駿河、相模ノ三国ノ国司ヨリ早馬ニテ、福地山ハ鳴リ、大地震、大強暴風、百雷、一時ニ来タリテ鳴リ響ク。六日目夜、七日七夜。福地山一円何箇所トナク噴火致シ、八方ノ沢々ニ熱湯押出シ、福地山二十里四方ノ人家、人馬、牛、鹿ヲ始メ、諸々ノ鳥獣、草木迄、皆焼失死シ、福地山二十里四方ノ沢々谷々迄、人家絶伊而《たえて》、岩石ノ満流尾《まるび》ト成リ、山々谷々ハ皆真赤《まっか》ノ山々谷々ト成リ、沢々ノ川々ノ水モ皆真赤ト成リ、南海ノ大海モ三、四里沖迄ハ真赤ノ大海ト成リ、マタ、山ノ谷、沢々ノ場所ノ良キ所ニ住居シタル人々ハ、甲斐、上毛《かつけ》、下毛《しもつけ》、武蔵、上総、下総、常陸、東相模、伊豆、西駿河、遠江、三河、信濃、等ニ逃ゲノガレル住人モ多人数アリ、高天原ハ一面ノ熱湯満流尾トナリタル次第ヲ、三国ノ国司ヨリ追々京都ニ使者来タリテ、天皇陛下ニ言上致スニ依テ、天皇大イニ驚キ給、此ノ次第ヲ聞々三百余人ノ人々嘆キ悲シミ居ルヲ、天皇ヲ始メ、諸々ノ高官、高位ノ人々、最澄上人、京洛中ノ人々モ哀シミ給イテ、福地山高天原ヨリ来タリ居ル三百余人ノ保護方ヲ、京洛中、洛外ノ人々□□□□《不明》ニ至ルマデ伝エ下サレ給。

明二十巳年六月朔日《ついたち》、従四位上征夷大将軍坂上田村麻呂ヲ大使ト致シ、正五位上百済俊哲《くだらのしゅんてつ》、従四位下多治比浜成等ヲ副司トシ、福地山噴火跡ノ検察ノ勅使ヲ命ゼラレ、最澄上人ニ福地山二十里四方ノ諸々ノ人々ヲ始メ、諸々ノ鳥獣草木ニ至ル迄ノ焼死ニノ供養ヲ、勅命ヲ以テ申シ付カリ、宮司、副宮司ヲ始メ、宮守、社家、眷族《けんぞく》ヲ始メ、三百余人ヲ案内人ト致シ、同月十五日、福地山中央高天原、小室ニ来タリ、不二山行満寺ノ焼跡ニ焼木ヲ集メ、一宇ノ堂ヲ創立シ、聖徳太子ノ自画像ト、秦国ノ徐福ノ持チ来タル薬師如来ノ像ヲ、案蔵ヨリ出シ、最澄上人、天皇ヨリ賜リシ雲切如来ト聖徳太子ノ像ノ掛物ヲ、薬師如来ノ両脇ニ掛ケ、焼死シタル諸々ノ人々ヲ始メ、鳥獣魚類ニ至ル迄、皆供養致シ、コレヲ不二山延暦寺ト申スナリ。コレハ則チ、行満寺ヲ再興ノ為、焼跡ニ建テル寺ナリ。

都留島ノ救願寺ニテ、同ジク供養ヲ致シ、寺号ヲ改メ、本郷山宝正寺ト号ス。

註 都留島の本郷山宝正寺は、現在の上野原町鶴島にあり、『甲斐国志』に記載の富士山法性寺の前身である。

ソレヨリ故宮司宮下福地記太夫元国ノ二十七子、当宮司、二十六代宮下源太夫元秀、副司、金子国太夫政明、同副詞、井出弾正亮明治《だんじょうすけ》ヲ始メ、外諸神官、福地ノ八方ノ沢々、谷々ノ焼跡ヲ案内シ、勅使モ検察致シ、取調ベタルコト左ノ通リ。

○福地山ノ宇宙湖ニハ熱湯押込ミ、二湖トナリ。

○寒川ノ谷川ハ高クナリ。高座山ノ尾崎ハ熱湯ヲ皆カブリ。

○小室沢ハ、小御岳山ノ加茂山神社ノ前ノ南亀池ヨリ、菊《きく》ノ里比女《さとひめ》古跡ノ笠砂野《かささの》ノ小島マデ、皆一ツノ水海トナリ。

○西ノ瀬野大湖ハ半分トナリ（青木が原樹海のこと）。

○西ノ田原ニ、二里ニ一里余ノ水海出来ルナリ。

コレハ、太田川ニ熱湯押込ミ、ツブレシタメナリ（河口湖の出現）。

○御船湖ニ熱湯押込ミ、三箇一トナルナリ。

○高天原ノ旧相模国分、大郷名、都留郷、阿曽見郷、加吉《かきつ》都駅、東吉田、中吉田、西吉田、川久保、浅川。

○大郷名、福地郷ノ内、太田川郷、川口駅、山宮、大山、大原、上山、上手、中手、下手、元住、神原、広里、天神、神原。

○宇宙郷、水市駅、宇宙野、長伊木。

コノ人戸、千六百余戸。

　人数、五千四百余人。

○元甲斐国分、北村ノ郷七箇村、北村、村本、古関、大鳥居、瀬古、大磯、佐野。

○皆川郷五箇村、皆川、河内、清沢、阿志川、宮原。

コノ人戸、五百余戸。

　人数、千五百余人。

○駿河国分、福地山ノ西大沢、福地郡上郷十箇村、井出、御原、伴野《はんの》、大塚、北山、水沢郷ノ水久保駅、稲子、森島、宮下、松岡郷、岩本駅。

○下郷ノ十七箇村

玉野池、久志、川久保、加島、瀬古津、福沢、福畑、中野、三津沢、鈴本、山本郷ノ福地川駅、福島、田子、柏原、松本、古里、大下。

コノ戸数、千百八十九戸。

　人数、三千六百七十八人。

○福地山ノ東南ノ大沢、駿河国駿河郡、上郷八箇村

福住、福田、住《す》山、神山、中山、秦野、日向、神代。

コノ人戸、二百七十三戸。

　人数、七百二十余人。

○下郷ノ三郷

古沢郷ノ駿河駅、杉崎、横走、大久保、岳野元《たけのもと》郷ノ足柄駅、小菅沢、深谷、神山、鈴木、和泉郷ノ大泉、小泉、原、福岡、合高、豊本、金子、

古谷、天利。

コノ戸数、千五百余戸。

人数、三千二百余人。

○福地山ノ南面ハ、熱湯ハ合《あい》高山ニテ、駿河郡、福地郡ノ両沢ニ分レ、南海マデ押流スナリ。

○福地山北東ハ、都留高座郡ノ相模沢ヲ駒沢村マデ押シ流スナリ。

阿曽見郷ノ加吉《かきつ》駅ヨリ下、六箇村、座見、相模、田原、宮原、田ノ座《くら》、駒沢、コノ六箇村ハ、相模本郷ノ内ノ六箇村ナリ。戸数二百六十余戸、人数千二百余人ナリ。

○別当ノ行満寺ノ丹波丹治ハ、高座郡ノ北奥ノ別大沢ニ、社家、宮守ノ小菅政長ト共々逃シ行キ、住ミ居ル。ココハ深山ノ山奥ナリ（今日の小菅村、丹波山村のこと）。

○勅使ノ検察致ストコロ、福地山、八面ニテ、七十二箇所噴火ノ穴ガ現ワレ見ユルナリト。

○故宮司 宮下福地記太夫元村ノ二十七子宮司宮下源太夫元秀、同長子、宮下仁元ノ眷族百十一人。副司、金子国太夫政明ノ眷族二十四人。同副司、井出弾正亮明治ノ眷族十五人。コノ三家ハ、大山守皇子ノ遠孫ナリ。

○月夜見尊ノ遠孫、副宮守頭大将、鈴木喜平太清定ノ眷族十三人。

○天別天火明命ノ遠孫、副将宮守司、天利小膳太明仲ノ眷族、十三人。

○作田彦命ノ遠孫、副宮守司、皆川小仁太清泉ノ眷族十四人。

○武甕槌命ノ遠孫、宮守総元司、本郷清太夫軍敬ノ眷族二十人。

○武御名方命ノ遠孫、宮守司、副元司、大住建太夫訪敬ノ眷族十八人、。

○天ノ太玉命ノ遠孫、生沢太玉夫仲秋ノ眷族十二人。

○前玉命ノ遠孫、総社人取締頭、原平太夫道弘ノ眷族十五人。

○稚武王命ノ遠孫、同総社家宮守人、副取締頭、杉崎稚太夫元晴ノ眷族十五人。

○天ノ古屋根命ノ遠孫、同社家宮守人。総取扱役、古屋半太夫春信ノ眷族二十人。

○太阿奈無知《おおあなむち》命ノ遠孫、同副取扱役、小菅右馬太夫駒尾ノ眷族二十人。

○秦国ノ除福ノ遠孫、社中神子取扱役、福岡萬七太徐教ノ眷族二十八人。

○コノ三百余人ノ人々ハ、皆征夷大将軍、坂上田村麻呂ノ命ニ従イ、同年七月十四日、福地山行満寺ノ出張寺、東相模国、武蔵国続キノ相模川辺リノ岡田原ノ安楽寺ヲ目当《めあて》ニ、皆同日一同引キ移ルナリ。

福地山高天原ヲ始メ、近郷近国ハ、東北ノ国々ノ奥羽迄、神代ノ八百万ノ神々ノ御子孫ガ八分、秦国ノ徐福ノ子孫ガ二分。

但シ、不二山高天原ヲ始メ、近郷ハ神代ノ八百万ノ神々ノ御子孫七分、秦国、徐福ノ子孫三分。

○大山守皇子、隼総別皇子、根鳥皇子、コノ三皇子ハ、皆、保無田（誉田）別尊ノ皇子ナリ。コノ三皇子ノ、大山守皇子ハ、諡名ヲ明仁皇子ト申シ、隼総別皇子ハ、諡名ヲ政元皇子ト申シ、根鳥皇子ハ、諡名ヲ太田皇子ト申スナリ。コノ三皇子ノ御子孫ハ不二山高天原ヲ始メ、近郷近国ハ申スマデモナク、東北ノ国々ノ奥羽ノ国々ニ、十分ノ一アリト言イ伝エナク。モットモ大山守皇子ニハ、男子二十三人、女子二十二人アリタルト申スナリ。

○明クル十五日、福地山高天原ノ八百万ノ神々ノ大祭ヲ致シ、並ビニ諸々ノ焼死人ノ供養ヲ致シ、不二山中央高天原ノ諸神社、摂社、枝社、末社ノ百二十社、宮守社家六百三十六家ヲ志《し》多《た》甲《が》斐《い》、焼熱湯ニウズミ没シ、ワズカ三百余人、伊勢参詣ノタメ逃レ、百済《くだら》国ヨリ福地八幡大神ニ奉納致シ置キタル焼鏡ガ残ルノミ。

但シ、コノ鏡ハ、福地八幡大神ノ御神鏡ト致シテ、福地八幡大神ノ内宮ニ納メ置キタルモノナリ。
古原ノ穴蔵ヨリ、宝物、諸書類、器物ヲ皆出シテ持テマイルナリ。
○相模国ハ、旧大山守皇子ノ領地ナルニヨリテ、国中、崇敬人ヨリ来タリ、福地山中央高天原ノ八百万ノ神々、東《ひがし》アズマノ大原ニ天降リ座々《ましまし》タルトテ、相模国ヲ始メ、東大原ノ国々ノ人々数万人集アリ崇敬致シ、大塚ヲ築キ、福地山中央高天原ニ焼残リタル骸、器物、諸々ノ品々ヲ拾イ集メ、持チ来タル諸々ノ品々ヲ大塚ノ中ニ納メ、同年九月十九日、大祭ヲ致スナリ。勅使ハ、ソレヨリ京都ニ帰リタマウナリ。
○コノ岡田原ノ安楽寺ハ、不二山行満寺ノ出張ノタメ、行満寺ノ開基、百済国ノ僧、日羅ノ弟子、行基、元明天皇和銅三庚戌年（西暦七一〇年）十二月創立ノ寺ナリ。
○同延暦二十一壬午年正月ヨリ拝殿並ビニ創立致シ、社号ヲ寒川神社ト致シ、祭神ハ第一国佐都知尊、第二寒川比古、寒川比女命（大山祇命夫婦の別名）、第三菊里比女命（木花咲夜姫命の別名）、第四誉田別尊、小沢比女命（応神天皇夫婦の別名）。
但シ、コノ神々ノ御子孫ニシテ、神代ヨリ本社ヲ守護致シ居ルニ因ッテ合セ祭ルナリ。本社ノ始祖神ハ国佐都知尊（国佐槌尊、イザナギノ尊ノ父神）、第二、寒川比古、寒川比女命、菊里《きくのさと》比女命ノ四神ナリ。第三、誉田別尊、小沢比女命ヲ合祀ニ祭ルナリ。今後、福地山中央高天原ノ八百万ノ神々ヲ合祀致シ、鎮メ座々《ましまし》シテ祭リ給ウナリ。

同年五月五日大祭ヲ致シ、大日本国第一ノ神山、不二山中央高天原ヨリ移シ祭ル宮ナルニ依ッテ、此ノ所ヲ寒川郷、神山村ト名付ケ給ウ。ソレヨリ三百余人ノ人々ハ、思イ思イニ所々ニ別レ、住居ヲ定メ開発致スナリ（寒川郷神山村は、高座郡寒川町)。
○旧東海道ハ、福地川ヨリ足柄山マデ、道筋ヲ示ス。駅ハ松岡郷岩本駅(富士市岩本)。山本郷福地川駅(富士宮市内)。水沢郷水久保駅(富士宮市上井出の猪之頭)。此ノ三駅ハ福地山ノ西大沢ニシテ駿河国分ノ福地郡ナリ。山宮村ハ甲斐国分(鳴沢村字神座にして精進《しょうじ》口《くち》富士登山道一合目付近、青木が原溶岩流にて埋没)。大田川郷川口駅(鳴沢村地域なるも溶岩流にて埋没)。阿曽見郷加吉都《かきつ》駅(富士吉田市内)。水口郷水市駅(山中湖村平野)。此ノ三駅ハ、元相模国分。古沢郷駿河駅。岳野元《たけのもと》足柄駅。コレハ福地山ノ東南ノ大沢ノ北辺ノ部。東駿河国駿河郡ナリ(今日の駿東郡)。コレヨリ足柄山ヲ越シテ、東相模国ニ入ルナリ。コノ福地川ヨリ足柄山迄ノ間ハ、福地山ノ噴火ニテ、熱湯押流シ、一面ノ熱湯満流尾《まるび》ト成リテ、人馬ハ申スマデモナク、鳥獣モ通ワザル岩石ノ原野ノ場所トナリ人馬ノ通行止メニ依テ、征夷大将軍従三位坂上田村麻呂ヲ大使トシ、従四位下多治浜成ヲ副使ト致シ、同延暦二十一壬午年三月三日、勅命ヲ被《こうむ》リ、福地ノ野ニ来タリ、駿河国南海部ノ福地川ヨク、吉河原ノ際《きわ》ヲ通リ、三月十二日ヨリ五月末迄ニ、箱根山ニ新道ヲ開クナリ。
○箱根山ノ新道ハ悪キニ依テ、同延暦二十二癸未年八月、箱根山ノ新道ヲ廃シ、足柄山ノ西裾野ヲ登リ、足柄峠ノ旧道ニ復旧致スナリ。
○ソレヨリ征夷大将軍坂上田村麻呂ハ、二度陸奥国ニ帰リテ、胆沢ニ城ヲ築キ、浮浪者四千人ヲ分配シテ、蝦夷ヲ討タシム。既ニシテ蝦夷ノ首長、大幕《おおばく》公、盤具《はんぐ》公ハ諸衆五百ヲ率イテ降ル。コレハ同二十三年五月五日ナリ。ソレヨリ坂上田村麻呂公ハ、二首長ヲ引連レテ帰京ノ途中、八月十五日、寒川神社ニ立チ寄リ、奥羽ノ蝦夷ヲ鎮治シタル大祭ヲ致シ、太刀二本、小刀五本ヲ奉仕納致シ、京都ニ帰リ給ウナリ。

○此ノ坂上田村麻呂ノ始祖ハ、四道将軍武渟川別《たけぬなかわわけ》ノ女、佐加比女、福地山高天原ニテ、秦国人、除福ノ四男、福田ニ恋慕《こがれ》、福田ノ種ヲ産ミ、田武根ト申シ、福地山南大沢ニ止マリ居リ、ソノ遠孫ノ坂上田徳栄ハ藤原鎌足公ニ仕エ、功アルニ依テ、天朝ニ子孫仕エ居リ、中納言坂上刈田麻呂ニ勅命ヲ以テ、淡路ノ廃帝、並ビニ与党ノ藤原仲麻呂ヲ討チ平グ功ニ依テ、鎮守府将軍トナクタマウ。

○コレハ人皇四十八代ノ称徳天皇ノ御代ナリ。ソノ嫡子、人皇五十代日本根子皇統ノ弥照天皇ノ御代、中納言鎮守府将軍坂上田村麻呂、勅命シ以テ、奥羽ノ賊党、並ビニ蝦夷《えぞ》以下ノ賊党ヲ討チ平グ功ニ依テ、従三位征夷大将軍ニ任ジ給ワルナリ。ソノ嫡男ヲ、鎮守府将軍錦麻呂ト申スナリ。

○ソモソモ我ガ始祖ハ、秦国ノ皇、始皇帝ヲ欺《あざむ》キ、本島ニ渡ル人ナリ。始祖ヲ徐福ト申スナリ。徐福ハ始皇帝ヲ欺キ、金、銀、砂金、珠玉、米、塩、味噌、酒、醤油、油、衣類、道具等ヲ十分ニ用意シ、大船四十八艘ヲ造リ、老若男女五百余人ヲ引キ連レ、日本ノ不二山ヲ目当ニ大海ノ原ヲ東ニ東ニト舟ヲ漕ギ、何昼夜トナリ漕ギ来タレバ島アリ、日本ノ不ニ宝来山ナルト、舟ヨリ上リ、アタリヲ巡リ見レドモ、不二宝来山ハ見エズ、此ノ島ニハ非《あら》ズトテ、マタ元ノ舟ニ乗リ、大海ヲ東南ニ漕ぎ来タレバ左右ニ島アリ、不二宝来山ハ見エズ。ソレヨリマタ大海ニ舟ヲ南東ニ漕ギケレバ、天ハ晴レ、浪静ニ成リケレバ、大海ノ沖ニ遙ニ不二宝来山現ワレ見エ給ウ。五百余人ノ人々皆喜ビ遙拝致シ、舟ヲ早メテ漕ギケレバ、不二宝来山ハ隠レテ形モナキ大山アリ、ココゾ不二宝来山ナリナラント、山ノ裾々《そそ》野《の》ニ舟ヲ繋ギ上クテ、見レド見レドモ不二宝来山ノ形ハ少シモナカリケレ。此処ニハ非《あら》ジト五百余人ノ人々手分ケトナリテ、アチコチト尋ネ探シ、漸ク不二宝来山ヲ見付ケタル日ハ、日数ヲ繰レバ三年三月ナリ、コノ所ヲ後ニ聞ケバ、日本国紀伊国ノ木立ノ大山ダト申スナリ。

○ソレヨリ五百余人ハ二度大船ニ乗リ、不二宝来山ヲ目当テニ船ヲ漕ギ、不二宝来山ノ足基《ふもと》ニ着キ、ソレヨリ不二宝来山ノ中央高天原ニ登リ、中室ニ止マリ、五百余人ノ人々ハ皆銘々ガ、コノ中室、大室ニ止マリ、銘々ノ渡世ノ家業職業ヲ励ミ、子孫繁栄シテ高天原ヲ始メ、近郷ハ、コノ五百余人ノ子孫三分ト政リ、マタ近国ヲ始メ、東北ノ国々ハ奥羽迄、此ノ五百余人ノ子孫ガ二分通リナリト申スナリ。

○秦国人徐福ノ男子七子アリ、一男福永、後、福岡ト改メ、二男福万、後、福島ト改メ、三男徐仙、後、福山ト改メ、四男福寿、後、福田ト改メ、五男福畑、コレヨリハ高天原ニ来タリテ生レルナリ。六男福海、七男福住ノ七子ナリ。

○二男ノ福島ハ、眷族五十人ヲ従エ、紀伊国ノ大山ニ移シ、ソノ土地ヲ開発致ス事ヲ命ズ。コノ大山ノタメニ、不二宝来山ヲ見失ナイ、三年三月コノ所ニ迷イ居タル山ナルニ依テ、コノ山ノ名ヲ久真野山ト名ズク。コノ時迄ニ秦国人五百余人ノ子孫ハ繁昌シテ、千余人トナリ給ウナリ。後、福島ノ子孫ハ、徐福ノ霊ヲ、福地山ヨリ久真野山ニ分ケ移シ、祠《ほこら》ヲ立テ霊ヲ祭ル。コレヨリ福地山ノ徐福ノ宮ヲ本宮ト申シ、（富士吉田市字吉原）、久真野山ノ宮フ新宮ト申スナリ（新宮市）。

一代	始祖徐福	二	福永コト福岡
三	徐光	四	福仙
五	福泰	六	徐京
七	福寿	八	福岡阿徐
九	福岡福馬	十	福岡福連
十一	福岡福真	十二	福岡徐仁
十三	福岡福清	十四	福岡徐教

十五　福岡福佐　　十六　福岡徐進
十七　福岡福泰　　十八　福岡徐長
十九　福岡福房　　二十　福岡徐最
二十一　福岡徐海　　二十二　福岡福平
二十三　福岡秦長良　　二十四　福岡徐宝
二十五　福岡福信　　二十六　福岡泰徐
二十七　福岡徐源太福衛　　二十八　福岡泰太十政福
二十九　福岡長衛太忠福　　三十　福岡萬七太徐教

延暦二十三年九月中
秦国人徐福時利《より》三十代後胤
福岡萬七太徐教、謹記（花押）

後記須、人皇五十二代嵯峨天皇御守、鎮守府将軍坂上錦麻呂、勅命二依而、右兵衛督藤原仲麿尾討而平久功二依而、従四位中納言尾兼。
建久五寅年八月
山宮大宮司宮下源太夫義仁（花押）
為後世是写置者也。

註

一、福地山
延暦十九年（八〇〇）の富士山大噴火前までは、人皇十代崇神天皇時代から、人皇五十代桓武天皇時代まで、福地《ふじ》山と表記した。しかし、大噴火は福地山に祭られる神々への信仰を疎《おろそ》かにした、として、福地山を富士山と改称の事、七社の大神の宮を再創立致す事とし、位階正二位とする事など、ときの朝廷は大同元年（八〇六）六月三日大政官牒状をもって、元宮七社太神官、宮司官下記太夫仁元に命じ、これより富士山という文字を用いた。

二、『日本後紀』に載る、延暦十九年の噴火
延暦十九年六月朔《ついたち》、駿河言、自《より》二去三月十四日一、迄二四月十八日一、富士山嶺自焼、昼則《すなわち》、煙気暗冥《あんめい》、夜則、火光照レ天、其声如レ雷、灰下如レ雨、山下川水皆紅色也。以上の通りあるのみで、具体的な状況は判らない。

富士山噴火年代記

人皇四十三代、元明天皇御宇、和銅六年（七一三）
詔諸国、作風土記、富士山和、相模、甲斐、駿河、
三国之中仁有仁依而、三国第一山登申也。
一、左之神社和、風土記仁明也。
駿河国富士郡大宮駅。
正一位浅間名神大社御伝記。
元社、甲斐国都留郡阿曽見駅。
正一位一幣司、小室浅間名神大社々伝。
都留郡和、大古和、相模国也。中古、孝徳天皇大
化五年（六四九）十月十日、相模国尾分、甲斐国仁
入留也。

延暦十九年の噴火

桓武天皇、諱名、日本根子皇統弥照天皇登言。延
暦十九年（八〇〇）之四月中、福地山七拾二箇所与
利噴火致志、人馬仁不限羅、草木迄、皆死志多利。
最も場所之与記所之人々和、甲斐、上毛、武蔵、
東相模、伊豆、西駿河之国仁野加礼、住人茂多人数
成利。
南湖（宇宙湖）熱湯押込、二湖登成利、寒川之谷
川和高久也。
高座山尾崎和《おさきは》、熱湯尾加武利、小室沢和、湖登成
利、背之湖和半分登也。
大田川和、津武礼而、西田原仁、二里仁一里余之
湖出留也（河口湖の出現）。
村、二十二箇村。阿曽見、東吉田、中吉田、西吉
田、日向、川久保、河口駅、山宮、大山、大原、
上手、中手、下手、元住、浅川、広里、天神、神原、
上山、水市駅、宇宙野、長生《ながいき》。
阿曽見和、家基都駅登茂申也。
是与利《これより》下、六箇村。
座見《くらみ》、相模、宮原、田原、田之座、駒沢也。
計、甲斐国分（但し富士北麓）
人戸、一千八百六十余戸。

人数、六千六百余人也。

山宮村和、岩石土砂四十丈余焼埋太留仁《たるに》依而、山宮村之宮司、兄弟和、兄、元宮麻呂和、甲斐国八代郡之東、山梨郡登合《あい》之中山仁野加礼居留。弟、大宮麻呂和、駿河国富士郡岩本沢仁、野加礼居利《おり》。

大同二年（八〇七）九月九日之夜、兄弟共仁夢之津毛仁依而、兄、元宮麻呂和、中山之北東之山仁、同十一月、祠《ほこら》尾創立志而、浅間明神登祭留。此之山尾、神部《かむのへ》山、登申也。

弟、大宮麻呂和、富士郡上野御原仁、同祠尾立而、浅間明神尾祭留也。此野所尾、新山宮村、登申也。

考昭天皇之遠孫、和邇部《わにべ》豊麻呂、延暦拾四年（七九五）富士郡之大領登成、同二拾年、其之女仁養子登也。此之所仁、浅間明神之宮尾立而、大宮麻呂、宮守尾致志居留也。

大同三年（八〇八）坂上田村麻呂、勅命仁而来利、福地神社之社地仁引移志、大宮麻呂尾、大宮司《ぐうじ》登定目給也。


都留郡和、熱湯駒沢村迄、押下里《おしくだり》、岩石登成利、人家太伊而、熱湯之谷登成里。

富士郡和、三原、世古《せこ》津迄、熱湯押下里、岩石登成留。

駿東郡和、而和、合高山仁押加武利《おしかぶり》、南和、佐野原迄、押下留。東和、竹之本迄押下里、人家皆太伊而、熱湯之岩石登成留也。

都留郡和、仙泉山峰（三つ峠）与利、相模河原（鹿留川）尾具渡志、其与利上、南西和、八代郡仁而支配須。

相模河原与利下和、延暦十九年（八〇〇）押出太留、熱湯満流尾東和、相模国津久伊郡仁而支配須。

仙泉山与利《より》北東和、熱湯満流《まるび》尾下和、古国《ふるくに》川（桂川）尾限《かぎり》里、西和、山梨郡仁而支配須（東桂字山梨丸尾の地名今日に残る）。

平城《へいぜい》天皇、諱名日本根《やまとね》天推国《あまおしくに》高彦天皇、登言。大同元年（八〇六）六月中、坂上《さかのうえ》田村麻呂、勅命仁而来利、甲斐国之国司仁申付、八代郡大領太田安貞仁案内致佐世、仙泉《せんせん》山尾、山越志仁行木《ゆき》、阿曽谷小室沢之四社尾、再興致佐世、相模国、寒川神社之神官登、甲斐国、神部山神官登、鶴島宝正寺等仁《ら》、宮守尾申付、平城天皇之三国第一山之、賜《たまわる》勅額尾。年々六月一日与利、小室大社仁登利、小屋場仁居《お》利《り》、八月十五日仁和、神部《かむのへ》山神官和、神部山仁帰里、鶴島宝正寺和、宝正寺仁帰利、寒川神社之神官和、寒川仁帰留事登相定日候者也。勅使和、京都仁帰留者也。

八代郡和、孝徳天皇与利、文武天皇、大宝元年（七〇一）迄和、山背《やましろ》郡、登也。

貞観六年の噴火

清和天皇、諱名惟仁《これひと》天皇、登言。貞観六年（八六四）五月与利之噴火仁和、仁王坂足基《ふもと》之要害之地之小屋場仁而、祈願尾致志居、富士山鎮火致仁依而、八月八日、勅使、元社小室之小屋場之拝所仁付給。明九日、尾咲山峰之幸燈天神之社仁於而、諸々之山谷尾、検察致須所、北方、御船湖、熱湯岩石登成利、少《すこし》之小池残利、御船山和、岩石之中登成利、此之正中之頂仁、現宮殿尾給。宮尾造利、垣仁有《あるに》四隅依《よって》而、丹青石立四面、右之高佐一丈八尺計《ばかり》里、厚佐一尺余里、石門立相去留。内仁一重之石之高閣阿利。此《これ》石尾構造営《かまえぞうえい》、彩色美麗《びれい》不可勝言。此和、富士山之諸々之神方造羅瀬《つくらせ》給所成利登、頭御下而、遥拝致志、西之方尾見渡場、三津峠沢之湖和、三津峠山、中尾咲山陰迄、熱湯押込、少茂不見恵。背《せ》之湖和、大田山陰迄、熱湯押込、少茂不分羅《わからず》。平地和、広佐百四五十町、西之方仁、数千町計《ばかり》利、皆岩石登成利、三津峠山南尾咲与利、同中尾咲、同西尾咲、御《お》古《いにしえ》山、大田山、背《せ》山、皆保熱仁而焼、真加《まつか》登成留。此之有佐間尾見留《みとどめて》而、勅使和、明十日京都仁帰留也。

其後、九月九日、御船山山頂之峰仁現《あらわし》給宮殿和、蔵匿《ぞうとく》志給也。依而、富士大神之大祭日和、九月九日登定留也。

同七年（八六五）七月十三日、甲斐之国司（岳田王）仁勅志而曰《いわ》久《く》。八代郡之郡家之南仁鎮座致志置久、富士根元三社之宮和、昨年之噴火仁付、熱湯保熱仁而、焼失致須仁依而、昨年、富士大神方之現志給、宮殿之通仁、再造営致須者也。依而、国司御受致志、右勅使之通仁、再造営致志、同十一月二十七日、天皇仁言上致須。

同十二月九日、勅使来而、浅間（先現）明神大社登致、賜《たまわる》二従二位与利正一位一幣司尾一、二度《ふたたび》非、官社仁列須留者也。

山梨郡神部山浅間明神仁於而、甲斐国総国民仁而、同二十日、富士山鎮火大祭致須也。

大宮（駿河）浅間明神大社仁於而、同二十五日、駿河国総国民仁而、富士山鎮火大祭致須也。

同十年（八六八）六月、小室明神大社与利、新富士仁道尾開久。此之山和、富士山延暦十九年之大焼之時現《あらわし》給山也（標高一九〇〇メートルの小富士のことか。他に該当する山は見当らない）

同二十二年（八〇三）雲霧煙皆晴、駿河、相模、両国之人々見付、朝廷仁言上致也。此之山和、加後坂之平地《ひらち》仁現志給山也。

小室名神大社与利、加茂坂（鳥居地峠）尾越志、加後坂迄百四十六町也。此所仁、延暦之噴火前和、横走之関有利、東海道之通路之人々之往復尾、調留所也。

延暦之噴火前、東海道和、富士川与利、

松　岡（富士市、岩本）
山　本（富士宮市）
瑞久保（富士宮市大宮）
山　村（鳴沢村、富士登山道精進口一合目、天神峠下、字名神座、埋没する）
河　口（鳴沢村、ヒバリガ丘、埋没する）
家基都（加吉とも書く。富士吉田市、大明見、小明見、大部分埋没する）
水　市（大古は水口という。山中湖の東側で、鷹《たか》丸尾《まるび》溶岩流出現のため、水位が上昇し、

湖中に没する）

横　走（古佐和ともいう。御殿場市、埋没）

竹之本（小山町）

足柄山也

松岡、山本、瑞久保和、駿河国富士郡也。

山村和、甲斐国八代郡登、都留郡登、駿河国富士郡之境界仁有留也。

此之都留郡和、大古和、相模国也。

垂仁天皇三年八月十五日、元社、小室沢与利、此之山村之上之大塚仁、阿曽山神社尾移志祭也。此与利山村尾、山宮村、登申須也。

河口、家基都《かきつ》、水口和、都留郡也。

富留佐和、竹之本和、駿河国駿東郡也。

延暦之噴火後和、熱湯押出志、岩石登成留仁与利而、富士山之南成留、合高山之南裾野仁、吉原之気和仁、東海道之通路尾開久也。

延暦之噴火前和、諸々之神々、神代与利、鳴沢、亦和、御座野、高座山峰仁於而、音楽、笛太鼓之声仁而歌伊《うたい》、舞遊《あそび》居利志箇《おりしが》、新小富士現《あらわれ》礼給与利、此之山仁而、舞遊《あそび》非給也。

延暦之噴火前和、篠垣《しのがき》塚仁而、遥拝致志居《おり》志加、本年与利、加後坂上仁而、遥拝致須也。

小室名神大社之社伝之太々御神楽《おかぐら》和、神代与利之諸々之神々之真似方尾、祢宜《ねぎ》、祝《はふり》仁而致須也。

貞観十二年の噴火

貞観十二年（八七〇）七月、富士山中央与利噴火致須也。同十七年十一月五日、富士山表之峰仁而、白衣之美女二人舞遊仁依而、此日尾、大宮浅間明神大社之大祭典日登定留也。

承平七年の噴火

朱雀天皇、諱名、実明天皇登言。

承平七年（九三七）十月十三日、富士山峰与利八方仁噴火致志、熱湯岩石大雹《でん》仁而、雨降留如志。此時飛火仁而、大宮浅間焼留也。

依而、天慶元年（九三八）八月中、貞観六年六月中、富士之大神方、御般山峰仁現給志宮殿之通仁、小室名神大社登、同造仁再造営致須也。

孝光天皇、諱名、時康天皇登言。仁和三年（八八七）四月六日、大宮大社仁、勅使来而、賜㆓幣尾㆒。

醍醐天皇、諱名、敦仁《あつじん》天皇登言、延喜七年（九〇七）五月二日、大宮大社仁、賜㆓従二位尾㆒。

小室大社仁、奉授太政大臣尾也。小室大社之大宮司、富士記太夫和、大山守皇子之嫡胤仁志而、大日本三大宮司之一人也。

村上天皇、諱名、成明天皇登言、天暦元年（九四七）七月七日、富士山度々之噴火仁付、藤原千晴仁命司来而、小室大社尾、三町山合之日本武尊之旧跡、福地八幡之社之大黒木之基仁移志、再造営致志、村上天皇之、賜㆓勅書尾㆒。此時、空也上人供仁来利、勅命之賜㆓真筆尾㆒。

大同元年（八〇六）之平城天皇之勅額尾、再興致志、同二年（九四八）空海上人之作之仁王尊尾茂、再興致須也。

天暦六年の噴火

天暦六年（九五二）二月、富士山峰与利、北東仁噴火致須也。

冷泉天皇、諱名、憲平天皇発言。安和二年（九六九）七月、源頼光主従来而、小室大社之平城天皇之勅額仁、渡部綱道、書副尾致須也（渡部綱道、世上は渡辺綱という）。

正暦四年の噴火

一條天皇、諱名、懐仁天皇登言。正暦四年（九九三）八月、富士山北東、三日三夜鳴利非引気、噴火致須也。

寛仁元年の噴火

後一條天皇、諱名、敦成《あつなり》天皇登言。寛仁元年（一〇一七）九月、北方三箇所噴火致須也。富士山度々之噴火仁依而、参詣致須者一人茂無之仁付、小室大社和衰微《すいび》致須者也。

　同月二十三日、大奉幣御定目役和、東海道之使和、陰子藤原季忠也。

　同十二月二日、大宮大社仁、賜正一位尾。此之時、神宝武記、致須也。小室大社仁和、往復出来佐留仁依而、大宮大社而《にて》使者和止留也。此与利大宮大社和、益々盛泰登成利、歴朝之崇教不二浅加羅一。

　後冷泉天皇、諱名、親仁天皇登言。永承七年（一〇五二）、源頼義、勅命仁而、奥羽之国賊尾鎮目留太目、小室大社仁参詣致志、太刀一本奉納致須也。

永保三年の噴火

　白河天皇、諱名、貞仁天皇登言。永保三年（一〇八三）七月、富士山七箇所与利噴火致志、熱湯押流留也、富士山之噴火此之時止留也。

　富士山入流登和、延暦十九年（八〇〇）之噴火与利、今度迄八度噴火致志、熱湯岩石押流留仁依而申須也。

　此与利、富士山之噴火和、伊豆国大島仁引移留也。鳥羽天皇、諱名、宗仁天皇登言。天永三年（一一一二）与利大島之噴火始留也。

　二條天皇、諱名、守仁天皇登言。永暦元年（一一六〇）源家之落人、三浦、柏木、武内、渡部、天野、大森、石部、中村、之人々、小室大社仁落来利、宮司、記太夫政仁之情仁依而、小室総宮伴尾致志居留。

　同二年、宮司大統領仁而、小室大社尾再興創立致須也。此与利、阿曽谷之再興始留也。

　鎌倉幕府、富士裾野にて巻狩を建久四年（一一九三）五月八日、征夷大将軍源頼朝公、富士山藍沢《あいざわ》夏狩之為、人々駿河国駿東郡仁趣《おもむき》記給《たまう》。藍沢仁入利（小山町に入り）、加後坂与利（山中湖畔の篭坂より）宇都野仁狩込（忍野村の内野に狩り込み）加茂坂屋越（当時の忍野村忍草の一帯は湖水であったので、内野から札合《ふだごう》の山裾を通って、鳥居地峠を越え）、御祖代山の山中にて（今日は杓子《しゃくし》山という、大明見のワサビ沢のうち、字名鹿見《しかみ》沢のところにて）、源頼家、大鹿を見付、山越仁駆行き（山越しに忍野村の内野の山を駆けて行き）相模河原仁於而（つまり都留市の鹿留山の河原において）、弓仁而射止留仁依而、父、頼朝、大伊仁祝、与呂古非《よろこび》、御祖代山之山中仁於而、（通称ワサビ沢の不動尊を祭る不動湯、または硯水《すずりみず》と言う場所）文尾《ふみを》認《したため》目、使者仁而、奥方政子御前仁送利届留也。

同十二日与利、十五日迄、頼朝公之御本陣和、三浦寺（場所、大明見日向山、後、福仙寺というが、西桂町小沼へ移転。福善寺の前身）頼家公之御本陣和、万蔵寺（小明見向原の万年寺の前身）也。

同十五日、富士山東北之御狩終而、小室尾立而、富士郡之御旅館仁移利給也。

此与利、富士山西北之御狩致志居内、同二十八日之夜、曽我十郎祐《すけ》成、同五郎時致《ときむね》和、征夷大将軍源頼朝公之御旅館、井出之館仁忍入、父、祐泰之敵、工藤祐経尾討多留仁依而、富士山之巻狩止留也。

富士山周辺を鎌倉幕府より賜わる。

拾人の氏名。

同八月、三浦源九郎、同庄九郎、同治九郎、同善九郎、柏木忠七郎、渡部庄太夫綱高、大森茂二郎、天野源太郎、武内平三郎、長田源二郎、都合拾名之者仁、保元、平治二度之合戦之父等之戦功仁依而、亦和、長田源二郎父和、石橋山之戦功仁依而、富士山、賜二二十里四方尾一、鎌倉武運長久之祈祷尾申付留也。

小室根元三社名神大社仁和、社地、目八丁四方仁、神領、賜二五十五町尾一。

幸燈天神仁和、社内仁於而、賜二目通四方尾一。三浦寺仁和、一門諸士之供養領登志而、桂谷仁於而、賜二五百町尾一。小室三社之別当尾申付留也。

同四年同月、万蔵寺仁和、向山、賜二目通尾也一。

同五年（一一九四）富士山二十里四方尾、十二郷仁分割致志給非、祈祷之座数尾定目、九月九日之大祭日仁和、鎌倉武運長久之為、十二郷与利、阿曽谷小室、龍《たつ》之河原（大明見の小室浅間神社旧社地の南側）仁寄合、流鏑馬《やぶさめ》祭尾始留也。

同年、都留郡一円、賜㆓武田氏仁㆒、依《よっ》而《て》、都留郡和、旧記仁復志、延暦之噴火前之通仁、境界尾定目給也。

同六年（一一九五）四月三日与利、小室根元《こんげん》四社之総名浅間明神尾、再造営之為、畠山重忠、和田義盛之両人尾、奉行登致志、小室仁来利、根元四社尾、再興致志、仁王坂峠（大明見の旧社地から小明見の古原へ越える峠のこと）与利、加茂坂峠（大明見から忍野村へ越える鳥居地峠）仁、平城天皇之勅額《ちょくがく》、鳥居尾移志、鳥居勅額伴和、渡部庄太夫仁中付留也。

仁王坂与利、加茂坂向之足基《ふもと》仁、雲慶作之仁王尊之門尾移志、小室明神大社之下馬役尾、大森茂二郎仁申付留也。

加後坂前之山合仁、旧横走之関尾再興致志、山中之関登名付。天野源太郎、長田源二郎仁申付留也。

此与利、小室大社大祭日仁和、鎌倉与利、征夷大将軍之名代登志而、代参之使者来而、祭尾致須也。

此与利小室名神大社、旧復志、益々盛泰登成給也。

後堀河天皇、諱名、茂仁天皇登言。貞応二年（一二二三）三月、左京希太夫、江間義時、小室名神大社之拝殿尾造営致志。並仁、福地八幡大神尾再建立致須也。

元仁元年（一二二四）八月、執権法條泰時之目代登志而、三浦義村来而、小室名神大社之屋根替致須也。

富士山元宮小室浅間神社祭日

正月元日、同七日、同十七日、同二十一日

二月八日、同二十二日、応神天皇祭

三月初申日、同十八日

四月初中日、同二十五日、大祭日也

五月五日、富士山鎮火祭也

五月十二日、田植祭、西田、東田有り

六月九日、富士山鎮火祭也

八月九日、宮殿遙拝祭也

九月九日、大祭日也。同十九日、新米尾始、五穀尾諸々之御神《み》仁、奉上《あげたてまつり》給祭也。同二十二日、応神天皇一族之祭也。

十二月九日、富士山鎮火大祭日也。同三十日、大祓祭也。

延暦十九年之富士山之噴火与利、度々之噴火仁付、富士大神之変革尾記須也。

元仁元年（一二二四）十月三日

宮司　藤馬亮（花押）

註　藤馬亮は、宮下源太夫義仁の長子にして、富士山周辺十二郷、三十八庄の総地頭兼小室富士浅間神社の宮司。富士宮下藤馬亮義国という。

一般的な文献に所載の噴火記録

●天応元年（七八一）秋七月六日、駿河国言、富士山下灰ヲ降ラシ灰ノ及ブトコロ木葉《もくよう》凋《ちょう》萎《い》ス（『続日本記』）。

●延暦十九年（八〇〇）六月朔《ついたち》、駿河国言ウ。三月十四日ヨリ、四月十八日マデ、富士山嶺ハ自ラ焼ケ、昼ハ則《すなわ》チ煙気《えんき》暗冥《あんめい》、夜ハ則チ火光天ヲ照シ、其ノ声ハ雷ノ如ク、灰ノ下雨《フル》ノ如シ、山下ノ川水ハ皆紅色也（『日本後記』）。

●貞観六年（八六四）七月十七日、甲斐国言、駿河国ノ富士大山ハ忽千暴火有リ、焼砕崗巒《しょうさいこうらん》ハ草木ヲ焦シ、熱土鑠石《しゃくせき》（溶岩）ヲ流シ、八代郡ノ本栖並ニ背《せ》ノ両水海《みずうみ》ヲ埋メ水ハ熱シ湯ノ如シ、魚《ぎょ》亀《べつ》ハ皆死ス。百姓ノ居宅ハ海ト共ニ埋ム、或ハ宅有レド人無シ其ノ数ハ記シ難シ。両海以東ニ亦水海有リ、名ヲ河口ノ海ト曰《ゆ》ウ。火焔《かえん》ノ赴向《ふこう》ハ河口ノ海。本栖、背《せ》等ノ海ハ未《いまだ》焼埋ノ前、地ハ大震動シ、雷電、暴雨、雲霧《うんむ》晦冥《かいめい》シ、山野ヲ弁ジ難シ、然ル後、此ノ災異《さいい》有リ焉《えん》（『三代実録』）。

以上のように、三回の噴火を挙げたが、延暦十九年の大噴火は世上に知られず、これまで研究をした人もなく、したがって河口湖の出現や猿橋溶岩流の出現に否定的であった。

また、貞観六年に青木が原溶岩流の出現も『三代実録』にあったから、その事実がわかり、有史後最大の噴火のように思われているが、延暦十九年の大噴火には及ばぬところである。

火焔の赴向は河口の海とある文を、大概の人が、現河口湖を想定しているようだが、現河口湖でなく、往古背《せ》の湖畔にあった集落、河口駅の名を指し、河口の海ということが、自然のことばである。今日いう西湖のこと。

焼山噴火口とその溶岩流の調査

(1)焼山噴火口を初めて見た時は、滝沢林道を造って間もない、本林道の三合目に造林小屋を作った昭和三十三年頃である。造林小屋に宿泊して付近の林地況を調べていたところ、一部は崩落して断崖となっている噴火口を発見し驚いた。北富士演習場上に、こんな大きな噴火口があることは予想もしないことで、唖然《あぜん》として展望し、富士山の北西側に多くある寄生火山は、噴火丘となり、丸い山をなしているが、小山のない噴火口のみの火口底を暫く眺めていた。その後、更にその付近を調査したところ、噴火口跡が列状に発見された。

場所は、富士事業区第十一林班と下部の九林班内である。標高はおよそ一七〇〇メートル—一四五〇メートル、この間の距離千五百メートルである。

数年後、富士山溶岩洞穴研究会の会長、東京大学名誉教授の津屋弘達先生にこの状況を話し、現地調査をすることになった。私はこの頃、林務部を退職し、県立富士ビジターセンターへ勤務、富士山の成り立ち等の解説上必要があり、先生と小川孝徳さんと共に、泥流層下の木炭、木片、噴火口付近の木炭を採取し、埋没年代を知る資料として、富士山全域の情報を調べ採取し、測定は京都の産業大学へ依頼し資料を送っていた。

焼山噴火口付近には埋没木炭の場所を知っていたので、先生達は喜んで同行し、現地調査をしたところ、噴火口を二十二カ所も発見し、埋没木炭を採取し、溶岩流の流出方向、東北の山中湖、鷹丸尾溶岩流の上で展望した。

なお、往古の山中湖と忍野村の平坦地は連結していた湖であったが、古文書によると、延暦十九年の富士山大噴火に、溶岩流によって湖水は堰止められ二湖となり、水位は上昇して、水市《みずいち》駅は水埋したと、申し上げた。さらに、昭和八年頃、山中湖で日大の学生三名がヨットの練習中突風のため水死した。捜索は潜水夫を頼み捜した。時に湖底には石柱があったと山中湖の漁師は言う。私はそのとき現地へ見物に行っていたので状況は覚えていた。こうしたことを先生と小川さんに話すと、湖底調査をして見ようとなり、湖底調査は多くの成果を上げた。

さて、溶岩流は、山中湖方向と富士吉田市方向へと第九林班中で分れ、右方向は鷹丸尾溶岩流となり、左方向は桧丸尾溶岩流となり、北富士演習場内を流下している。

鷹丸尾溶岩流の末端は、忍野村内野集落の北側の山裾まで流れ、今日より五百年以前までは宇津湖という湖水であったが、忍草《しぼくさ》の鵜《う》の口《くち》という場所が地震で崩落、湖の水は流出し湖底平野と化した。平野の湿原地帯には魚類・両棲類の蛙が多く、鷹の餌となるので、鷹は溶岩地に多くいることから鷹丸尾というようになった。

左方向へ流れた桧丸尾の地名は、今日は北富士演習場内で草原地帯となっているが、江戸時代にはヒノキの優良材の産地として、地元住民の山稼場《やまかせぎば》として、現地で板にし、馬の背にて運搬、遠く三島、沼津まで行き売り捌《さば》いた記録が残っている地域の地名である。

この溶岩流の岩石を調べてみると、珪素から成る石英、長石などの白い班点は僅少で、鷹丸尾溶岩、また遠く大月市の猿橋溶岩等と比較して同質の溶岩であり、近くの剣丸尾、船津式溶岩流とは異なっている。つまり桧丸尾溶岩流は猿橋まで巨離およそ四十キロメートル流れたことである。

ところで昨年秋、北富士演習場内の鷹丸尾溶岩地内で発見された溶岩樹型は、直径二メートル以上が五十五本、うち四メートル以上が二本、三メートル以上が六本、溶岩流の深さはおよそ四メートル。溶岩流の支流や渕の部分に当る場所で発見された。

この焼山の噴火は、記録によれば延暦一九年、西暦八〇〇年、天皇は桓武天皇の時代であり、今より千二百年前の富士山大噴火とあり、火を噴き上げる箇所七十二カ所、溶岩は、猿橋まで流れた溶岩流である。

(2)富士山麓一帯で最高の巨木は、精進湖畔の大杉である。周囲一〇・六メートル、円周率で徐すと、直径三・三八メートルであり、次が河口湖畔、浅間神社の大杉、周囲九・五〇メートル、直径三・〇二メートルである。樹令は両方とも一千年といわれる。

このたび演習場内で発見された溶岩樹型の直径は四・四〇メートルと四・二〇メートルであり、円周率を乗ずると、一四・一三メートルと一三・一九メートルとなる。標高は一一〇〇メートルで、気象状況は悪い場所であるといえよう。

富士ビジターセンターへ勤務の時代、南富士の富士市内の潤《うるい》川の泥流層に埋没していた木材が河川の侵食により露出した樹種ヒノキを切断、直径六〇センチメートルの断面を樹令計算したところ、五百年生とわかった。埋没時の年代測定の結果は千九百年前と分かった。

こうしたことも参考にして、今度発見された溶岩樹型の樹木の樹令は、推定千五百年生の樹木であったと判断され、歴史時代に比較して見れば、今日より二千七百年前の神武天皇の時代から、人皇五十代桓武天皇の時代まで、北富士は平穏無事の山であったことを実証する溶岩樹型である。

ヒノキ丸尾溶岩流の末端は猿橋まで流れたので猿橋溶岩流というが、この溶岩流は遠距離まで流れたので、名称が地域ごとに異なっている。例を挙げれば、上吉田地域では西念寺丸尾といい、下吉田、明見地域では菊丸尾といい、溶岩流の幅は一〇〇〇メートル、深さは中間地で飲用水のため、ボーリングをした結果は、上吉田で八〇メートル、下吉田で四五メートルを記録している。

都留市東桂町一帯の溶岩地は山梨丸尾という。この地名は、延暦一九年、富士山噴火溶岩流に追われ、人々は逃亡し、無住地となり、東桂町より下流の都留郡は廃止して、上流は八代郡に、下流は山梨郡に編入され、四百年間山梨郡時代は続いた。山梨はその名残りである。

『富士文献』による延暦の噴火災害記録の一端を紹介しておこう。

桓武天皇延暦十九庚辰年春、大宮司始め諸々宮守の諸人、伊勢大新宮に参詣《さんけい》の留守居中は、太田真長と羽田宗治の両人にて預り居る所、四月十日頃より俄かに天は暗闇となり、日輪は少しも見えず、大雨、大風、地震揺れながしによって、要易成らずと心得、諸々神社の宝物並びに、諸国よりの奉納物を集め、要害の穴蔵に入れ居る所、大地震だか分からず、身体粉みじんに成る様な大音の響に恐れ加吉掛《かきかけ》峠を越し、相模河原（鹿留川）に逃げ行き、熱くてたまらず山中の湖水に入り、海草を頭にして、様々の事にて命《いのち》を助かり、湖水の魚獣鳥 湖《みずうみ》に来て死々たるを拾い食べ、湖水の中にて凌《しの》ぐ事、五月十日より十月二十二日迄なり。（中略）

福地《ふじ》山（当時は福地山と書く）何処《どこ》となく噴火し、主なる所七十二箇所噴火、瀬《せ》の湖半分となり、太田川埋没して、西大田原に凡《およそ》二里に一里半の新湖水現われ、御舟湖半分となり、小室の沢は湖水

となり、宇宙湖は二湖となり、寒川（桂川）の谷川高くなる。（中略）

福地山北東面、都留高座郡は、相模沢を駒沢村（後世猿橋）迄押流す成り。

阿曽見事《あそみこと》、加吉都《かきつ》駅より下六箇村、座見《くらみ》、相模、田原、宮原、田之倉、駒沢の六箇村を元相模国の本郷と申す成り。甲斐国六箇村、戸数二百六十余戸、人数一千二百余人。

延暦一九年の富士山大噴火は、多量の溶岩と、多量の砂壌土を噴出し、桂川流域の猿橋まで埋め立てられた。富士火山のエネルギーは莫大である。猿橋溶岩流は、本県出身の石原初太郎先生のいう、基底溶岩流、つまり洪積世時代の溶岩流でなく、今より千二百年前の新規溶岩流であることが、北富士演習場内で発見された溶岩樹型調査で明らかとなった。

この成果については、溶岩洞穴研究会の小川孝徳会長ほか会員一同に心から感謝の意を表したい。

第十一章　鎌倉幕府と古文書を保管した宮下家

保元平治、並びに源平合戦の功績賞与

鎌倉幕府が戦功により与えた文書

免状

三浦源九郎、同庄九郎、同治九郎、同善九郎、同家臣武内平三郎、並ニ、柏木忠七郎、渡部庄大夫、大森茂二郎、天野源太郎、其方ラ父ラ、保元平治二度之合戦之儀兵ニ付、並ニ長田源二郎父ハ、石橋山儀兵ニ仍テ、都合拾名之者、阿祖谷東西南北、名字大小、並ニ、鎌倉武運長久之祈祷、征夷大将軍源頼朝免賜之申付也。

建久四丑年（一一九三）八月三日

北条遠江守　時政（花押）

因幡守　大江広元（花押）

三浦荒二郎義澄（花押）

畠山二郎　重忠（花押）

右　拾名中

戦功者十名による会議文書

建久四癸丑年八月三日、三浦上野守義顕の長男、三浦源九郎こと太神宮の大宮司宮下源大夫義仁、義顕の二男、三浦庄九郎重泰、同三男の三浦治九郎義重、同四子の三浦善九郎義基、柏木伊予守義隆の二

男、柏木忠七郎義政、渡部美濃守綱広の長男、渡部庄大夫綱高、大森駿河守頼茂の長男、大森茂二郎頼重。天野遠江守景信の三男、天野源太郎景国、武内紀助蔵長定の二男、武内兵三郎長貫、長田藤七郎資家の長男、長田源二郎忠利等は、その父等の功により、征夷大将軍源頼朝より、富士山の東西南北二十里四方を賜わり、その地域の区分を定めた。

その地域は、富士山の阿祖谷太神宮鎮座地一円、甲斐国八代郡（都留郡を廃止。八代郡に編入時代につき）駿河国富士郡、駿河郡の三郡に跨り、東は鹿留河原より、相模山峰伝え、大御神山に沿い駿河川限り、南は深沢より金時山峰伝へ、佐野原より合高山（愛鷹《あしたか》山）一円、及び大宮沢の裏地限り、西は大宮沢の裏地より芝川に沿いて二国山（天子山地）一円、及び頼山より阿志川峰通り限り、北は三坂山峰伝え仙泉山桧峰《ひみね》（三つ峠山）限り、鹿留河原限りとした。

同年八月七日、十名合議の結果、表五郷、即ち村山郷、富士郷（以上富士郡）木原郷、御殿郷、駿河郷（以上駿東郡）並に裏七郷（山梨県）都留郷、宇都郷、鳴沢郷、福地郷、大原郷、河口郷、大田和郷の十二郷に区分し、更に三十八庄（村）とした。

郷に郷司を、庄には庄司（庄屋の始まり）を置き、これを統治するものを総地頭、又は大地頭と称した。しかして其の区分を鎌倉幕府の大将軍に上申したところ、翌年三月十五日免定（つまり承認の意）せられた。免定書の写しは次のとおり。

富士山阿祖谷、甲斐国八代郡、駿河国富士郡、駿河郡（駿東郡）の三郡にまたがり、東は鹿留河原より相模山峰伝へ、駿河川限り、南、深沢より金時山峰伝へ、佐野原より合高山一円、西、大宮沢裏地より芝川伝へ二国山一円、瀬山峰伝へ限り、北、仙泉山桧峰《ひみね》伝へ鹿留河原限り、凡二十里余四方、十二郷三十八庄に定事（但し十二郷名三十八庄名は省略）。右件条々依レ仰レ君、政所並問注所免定之申付者也。

建久五寅年（一一九四）三月十五日
政所別当　前因幡守　中原朝臣広元（花押）
前下総守　源朝臣那政（花押）
令民部少丞藤原行政（花押）
案主　鎌田新藤次俊長（花押）
知家事　岩平小中太中原光家（花押）
問注所執事　中宮大夫属三善康法師（花押）
侍所別当　左衛門少尉平朝臣義盛（花押）
所司　梶原平三朝臣平景時（花押）
富士十二郷
総地頭　大宮司源大夫義仁殿

宮下家と渡辺家の由緒

保元・平治の乱に、源義朝の軍勢は、平氏の清盛の軍勢に敗れ、永暦元年（一一六〇）源義朝は東国へ落ち延びの途中、尾張国の内海にて、従兄弟の長田致忠の館にて、入湯中致忠の息子に殺害された、との通報を聞き驚き、源氏の落人、三浦、柏木、渡辺、天野、大森、石部、中村の人々は、富士山麓まで落ちて来た。時に三浦の妻、義朝の妹、若桜姫は出産期となった。仮の山小屋をつくり、炊煙を上げていた。その煙を不思議に思い、七社明神大社の宮司宮下政仁は、煙の上がる現地を尋ねて見れば落人達であることがわかった。事情を知り、宮下宮司は落人を案内して小室の里へ迎え入れ土着した。この間三浦の妻、若桜姫は山小屋にて男子を安産した。生れた五男は後、小室源五郎忠兼という。渡辺美濃守綱広の一女富士葉と結婚し、源平の合戦に出征し戦死した。

落人の三浦は、源氏の八幡太郎義家の弟で加茂二郎義綱という。三浦半島の守護職の三浦家へ婿入し三浦を氏とし、その長子を義顕といい、義澄の兄である。妹、浦江は渡辺綱広の妻となり義兄《ぎけい》義顕と共に源義朝に仕えていた。

三浦義顕の長子は、幼名を源九郎重成と呼んで居たが、宮下記太夫政仁は、尾張国熱田神社の宮司と相談の上、娘の春子の婿と致し宮下家第四十九代を継ぐことになった。こうしたことから、姓を改め、宮下源太夫義仁という。

宮下家は、延暦十九年（八〇〇）の富士山大噴火のため、当地（富士吉田市内）より相模国の現・寒川町に『富士文献』等全部を持参移住して居たので、当時は寒川神社を里宮といい、当地を山宮という。『富士文献』は山宮の家基都《かきつ》時代のことを書いたものであるので、宮下源太夫義仁は、山宮の宝物にするを目的に、毛筆をもって、文字を楷書で書写した。

文書の内容は美辞麗句を用いず、具体的で、天神七代、地神五代より始まる、三十六神家の人々の記録を、徐福が集大成したもので、この徐福文書、さらに神代より伝来する富士先元神社（阿祖山大神宮）の累代大宮司が録取した文書の書写をすること十数年、原文が筋のとおる確かな事実を書いた文書であるを確信し、後世に伝え知らせるため、書写した年月日を書き署名をしている。宮下源太夫義仁は書写業務とともに、建久五年、浅間神社の元社、山宮を復興のため、鎌倉幕府に申請し、幕府は別紙、次のとおり承知した。

但し、鎌倉幕府は建設費がないので、募金奉行を、畠山重忠に命じ執行した。その結果集められた砂金は、人員三百名から六百九十四両、白米七十二斗五升、白布十二反をもって再建している。頼朝は筆頭者で、三十六両、白米三石、婦人の政子は白布十二反とある。

達状

此の度、富士山浅間再興に付、八代郡、山梨郡、相模国津久井の三郡に、延暦の噴火に付、編入致し置くところ、中古の如く《くだんのごとし》、都留郡に旧復致す状、執達、よって如レ件。

但し、二所明神再興終事。

建久六卯年四月三日（一一九五）

征夷大将軍　源頼朝

奉行　畠山重忠（花押）

富士十二郷地頭

二所明神宮司、源太夫殿

註　建久五年当時　富士山麓の当社を朝廷は、どのように見ていたか、次に記載して参考にする。以下は、建久五甲寅年十月十二日、神祇宮長兼内大臣藤原忠親、同副官長藤原道家が、二所明神大社大宮司に出した文書である。

日本国七大社、並に一国一の宮は一社のこと

(1)伊勢国（三重県）度会郡山田、天照皇大神宮、祭神三品の神器の三宝を御神体と致し、天照大神を始め、宇家屋不二合須世五十一代の神皇、弥真都男王こと宇家屋葺不合尊まで、神皇、神后代々を鎮座奉り置く大宮なり。

(2)同国同郡山田原に、人皇二十一代雄略天皇二十二年（四七八）豊受大神宮を丹波国真井原より移し、鎮座奉る。祭神国常立尊なり。

(3)甲斐国（山梨県）富士谷高天原小室、加吉《かきつ》駅、二所明神先元大社祭神、日本国開闢《かいびやく》元始の神皇、神后を始め、天都大御神の一族代々の八百万世の神皇大御神の鎮座奉り置く大宮なり。祭神の御身体は国佐槌尊の剣石《つるぎいし》、白龍王女の鏡石、天照大御神の宝司玉の卵石、同神御神刀の御剣《みつるぎ》、仁人木尊の御陣刀の御剣、並に木花咲耶姫尊の魂魄《こんぱく》の鎮目止利座須御霊《とどまりますみたま》石なり（以下省略）。

(4)尾張国（愛知県）愛知郡熱田原の熱田明神大社の祭神は、草薙《くさなぎ》剣を御神体と致し、日本《やまと》武《たける》尊を鎮座奉り置く大宮なり。

(5)出雲国（島根県）出雲郡出雲原の出雲大社の祭神は、大国主命を始め、子孫代々、並び、祖佐之男命を始め、一族の子孫代々を鎮座奉り置く大社なり。

(6)大和国《やまと》（奈良県）倭原の笠縫《かさぬい》の里《さと》に富士山高天原より、人皇十代崇神天皇六年（BC九二）天照大神の宮を移し祭るなり。祭神は天照大神なり。御神体は三品の神器御宝なり。同十一代垂神天皇二十五年、天照皇大神宮を、伊勢国度会《わたらい》郡五十鈴《いすず》川上の宇家屋不二合須尊の御陵の霊魂の宮、山田大神の宮に合祀致し、再創立し、三品の神器の三宝を移し、御神体と致し、天照大御神より宇家屋不二合須世五十一代の神皇、神后を合せ祭り、天照皇大神宮と崇敬し給う宮なり。

(7)山城国（京都府）竈《かま》山に宇家屋不二合須尊の二皇子を始め、栄日子《えびす》命より五十五代海都知刀《うみとちと》命の一族諸臣神を合祀して、西宮大神、またの名、貴船大明神と申すなり。祭神は宇家屋不二合須の世、五十一代の神皇、宇家屋葺不合尊（神武天皇の父弥真都男王尊のこと）、第二皇子、稲飯皇子、同三皇子、三毛入野皇子を始め、栄日子命より五十五代の孫、海都知刀男命一男、豊武刀命、歳三十八、二男、建勇命三十六歳、三男、強力男三十四歳、四男、武力建命三十二歳、五男、手力強命二十九歳、六男足早雄命二十七歳、七男、知賢勇命二十五、外諸々の臣神を従え津木見島（九州島）西北の付島《つしま》海上に於て、西大陸の大軍勢の乗り来たる数多の軍船と戦い、敵を討つ事数知れず、大軍の兵の敵船に乗り越し戦い居る時、不二山より黒雲うずを巻き来たり、俄かに暴風起こり、数多の軍船皆吹き散らし、軍船残らず皆滅却《めっきゃく》し、海上の船に乗り居る敵も見方も皆残らず大海の藻屑の泡と消え失せた。

この時、栄日子家は、栄日子命より五十六代にして断絶し給うなり。よって神武天皇即位元年、勅命によって、山城国の竈山に祭る大宮なり。竈山に祭るによって、竈《かま》山大神と申すなり。

(8)山城国（京都府）愛宕《あたご》郡、加茂大明神、祭神、別雷命《わけいかずち》。

(9)大和国（奈良県）城上郡、三輪大明神、祭神、大巳貴命。
(10)河内国（大阪府）河内郡、牧岡大明神、祭神、天児屋根命。
(11)和泉国（大阪府）大島郡、大島大明神、祭神、日本武尊《やまとたける》。

註 本文中には以下、全国七十社程あるが省略した。なお、(7)の山城国窯《かま》山の西宮大神またの名、貴船大明神までが、七社大社と称された。当市内の浅間神社は第三位になっていることに留意。また、(7)の記事中の外敵侵攻者は東周国である。

富士山元宮、小室浅間神社

大宮司兼総地頭・宮下家来歴（抜粋）

第一代（宮下家四九代、それ以前は省略）

三浦上野守従四位上、源義顕長男、従四位上富士宮下源太夫義仁、明見院殿富士勇安大居士。正治二甲庚年（一二〇〇）九月二十二日死去。寿七十八歳。

右この人は相模国一の宮、寒川神社の大宮司宮下記大夫政仁は、源甚吾重成の親分と成り、重成に、名字官名を賜わり、宮下源大夫義仁となし、自身の娘を妻と致し、永暦二辛巳年（一一六一）三月、尾張国熱田神社大宮司と相談の上、阿曽谷総神社の大宮司と致し、駿河、伊豆、甲斐、上野、下毛、陸奥、出羽の七ヶ国の宮取締を申し付けるなり。

建久四丑年（一一九三）八月三日、源頼朝公より外九名の者と一同に富士山二十里四方を賜わり、鎌倉武運長久の祈願を申し付かるなり。

同五寅年（一一九四）富士山二十里四方を十二郷に割り、十二郷の総地頭に任ぜられる。

宮下記大夫政仁の長女春子。明見院殿真室妙安大姉。寿永二癸卯年（一一八三）二月二十二日死去。

右は富士宮下源大夫義仁妻、春子こと。

第二代

富士宮下源太夫義仁長子、従四位上、富士宮下藤馬亮義国こと釈岩忠居士、建治二丙子年（一二七六）七月六日死す。寿七十三歳。

右この人は、正治二申年（一二〇〇）九月十日より、富士十二郷の大地頭並びに阿曽谷総神社の大宮司の両職を建治元年乙年（一二七五）五月七日まで致すなり。妻は三浦荒二郎義澄二女、浪江、尼清永大姉、弘長三癸亥年（一二六三）六月十二日死去。右は富士宮下藤馬亮義国の妻、浪江こと。

第三代

富士宮下藤下藤馬亮義国長子、従四位上、富士宮下右近亮義政こと三浦院殿泰山開元大居士。

建長四壬子年（一二五二）五月二十二日死。寿六十七歳。

右この人は建長元酉年（一二四九）五月七日より、富士十二郷大地頭並びに、阿曽谷総神社の大宮司の両職を同四子年九月二十日まで致すなり。妻は三浦駿河守義村の三女、花子こと尼立春大姉。弘長三癸亥年（一二六三）三月八日死去。

第四代

富士宮下右近亮義正二男・従四位上、富士宮下源大夫正忠こと釈伝道大居士。文永四丁卯年（一二六七）二月十五日死去。寿五十八歳。

右この人は建長四子年九月二十日より、富士十二郷大地頭並びに富士総神社の大宮司の両職を、文永四卯年正月十七日まで致す也。

妻は三浦武蔵守泰村の長女、ま津子。尼妙広大姉。弘安三庚辰年（一二八〇）二月十五日死去。

第五代

富士宮下源大夫正忠長子、従四位上富士宮下左京亮正成こと釈泰山大居士。延慶元戊申年（一三〇八）二月二十八日死去す。寿七十六歳。

右この人は、文永四卯年（一二六七）正月十七日より、富士十二郷大地頭並びに富士総神社の大宮司の両職を正安三丑年（一三〇一）八月十日まで致すなり。

妻は三浦二郎光村二女、藤江。尼妙光大姉、正応元戊子年（一二八八）十二月二十九日死去す。

第六代

富士宮下左京亮正成長子、従四位上富士宮下源大夫義泰こと釈元円大居士、延元二丁丑年（一三三七）三月十一日死去す。寿六十三歳。

右この人は正安三丑年（一三〇一）八月十日より、富士十二郷大地頭、並びに富士総神社の大宮司の両職を、文保二午年（一三一八）正月十八日まで致すなり。

妻は渡部庄大夫綱広長女、菊司。尼桃林大姉、延慶元戊申年（一三〇八）三月二十一日死去す。

第七代

富士宮下源大夫義泰長子、従四位上富士宮下右近亮義忠こと釈治道大居士、元応二申年（一三二〇）八月二日病死す。寿二十三歳。

右この人は文保二午年（一三一八）正月十八日より富士十二郷大地頭並びに富士総神社大宮司の両職を元応二申年まで致すなり。

妻は和田左エ門尉義秀の姉、秀子。尼妙和大姉、延元元子年（一三三六）正月四日死去する。

第八代

富士宮下源大夫義泰儀子、従四位上富士宮下右近亮こと、始め宇津野田貫次郎という。後正三位下、宇津野田貫次郎こと、釈忠山大居士。弘和三癸亥年（一三八三）七月十七日、寿八十六歳にて死去する。

右この人は、実は相模国一の宮、寒川神社大宮司の実子なり。

この大宮司は応神天皇の庶長皇子大山守皇子より五十五代目、里宮宮下記大夫明吉の長子にして、母は富士宮下左京亮正成の長女にして、富士宮下源大夫義泰の姉なり。

この里宮と申すは、延暦十九年中富士山大噴火の時、当地より寒川明神を東相模国馬入川（相模川）の辺《ほとり》に移し里宮と称し居るなり。

当地の元宮は、大同元年（八〇六）六月中坂上田村麻呂、加幣の使に来りて再創立し、山宮と申すなり。弘安五年年（一二八二）五月十三日の夜、暴風大雨にて、馬入川大満水に付き、父明吉は祖父とども、寒川明神の由緒《ゆいしよ》宝物の諸書物を宝蔵より取り出すとて、満水のために押し流され、行方知れざる故に母は里宮丸三歳の水子を背に負い、泣き泣き富士山小室の里、山宮宮司の世話にて、小室城宮下の館にて義兄の小室丸と共々育てられ、実の親子兄弟よりも親しみ居り、十五才の春元服して、次郎義高と改名し、駿河国富士郡大宮村浅間神社の大宮司富士又八郎国安の長女、富士又八良義照の姉を妻とし、義父源大夫義泰より、富士十二郷の内、村山郷、大田和郷の境界、両郷の内、宇性野庄、内野庄、西宇津野庄の三庄を分け、四十貫給う。よって西宇津峰山の丑寅のふもとの、宇津野に居宅を造り、田貫《たぬき》二郎と申すなり（場所は静岡県富士郡上井出田貫湖の辺り）。

元応二申年（一三二〇）八月二日、義兄、富士宮下右近亮義忠病死致すに付き、富上宮下右近亮義高と相成り、義兄の家嫡《かちやく》（後継）となり、以後富士十二郷の大地頭並びに富士総神社の大宮司の両職を務め居り。建武二年（一三三四）春、楠木正成は秘密に二条大納言為定郷と相談の上、密かに夜舟にて、興良《おきなが》親王を富士山小室城の宮下の館に送り来るによって、長子、三浦左京亮義勝と密談の上、東宇津峰城、南の館に密《ひそ》かに移し給う。

註　東宇津峰城、南の館の場所は、山梨県南都留郡忍《おし》野《の》村忍草《しぼくさ》にして、富士山麓の西と北に宇津峰城の館を置き、敵に居る場所を発見されぬよう、孫氏の兵法を実戦に行う最初の人。後世、狐と狸は人を化《ばか》す、という田貫の殿様、忍者の起りとなる。

同年八月七日、護良親王の御首級を近臣の松木宗忠持ち来たるに付き、長子、左京亮義勝と密談の上、富士山元宮小室浅間神社の内宮に納めかくし奉り、それより長子左京亮義勝と密談の上、密計のため、同十一月二十七日、地頭と宮司の両職は、長子の左京亮義勝に譲り、東宇津峰山南城の館に閑居し、興良親王を秘密に守護奉の居り、親王を慰めの為館の前に田を作り、宇津野田貫二郎と変名し、諸国に密計をめぐらし居り、正平十八年（一三六三）九月九日、宗良親王より、正三位下を賜わるなり。

註　宗良親王は後醍醐天皇の第五皇子とあり、護良親王の弟、千首和歌で有名な歌人。

この人の母は、富士宮下左京亮正成の長女里司。釈尼妙貞大姉。延元元丙子年（一三三六）五月十五日死去す。

富士宮下左京亮義高こと、宇津野田貫二郎の妻は、富士又八郎国安の長女、宮子こと、尼平山大姉。正中二乙丑年（一三二五）七月十日死去す。

第九代

富士宮下右近亮義高こと宇津野田貫二郎長子、従四位上、富士宮下左京亮義勝こと、始め大和田六左エ門という。後三浦越中守と申すなり。

阿曽院殿仁義忠泰大居士。正平十未年（一三五五）七月二十一日、上野国吾ケ妻にて戦死す。寿五十六歳。

右この人は、元享、正中（一三二一—一三二五）のころ、富士十二郷の男女の人々に剣道軍学を学ばせ、伯父の富士又八郎義照を始め、富士十二郷の剛勇の人々を召し連れ、剣道修業と偽り、諸国の国司、地頭の実況を窺《うかが》い歩き、摂津国にて万里小路《までのこうじ》藤房郷に出合い、共々河内国、楠木正成の館に行き、天下の大事を議論し、楠木正成の意見に従い、共に密計を約し、万里小路藤房郷と別れ、富士山小室城宮下の館へ帰り、諸地頭と密計をはかり居った。

元徳二午年（一三三〇）正月二十三日、万里小路藤房、山伏姿となり富士山小室の館に来たりて密事の上、鎌倉幕府調伏（北条氏の悪政を批判し降服させる意）の祈祷を宮司を始め、総宮守りの神宮に申し付けた。

同年十月、両六波羅より兵を起すと、鎌倉に注進来たると、鎌倉の間者《かんじや》より告げるによって、武内長九郎、富士又八郎の二名を連れ富士義勝は京都に上り、万里小路藤房等にひそかに通じ、それより乞食《こじき》非人の姿となって京都近辺を窺い居り、元弘元未年（一三三二）八月二十七日夜、笠置《かさぎ》山の岩屋に行き、藤房郷に対面し、密談議論の上、諸公郷に談じ、唐の高宗の夢にことよせ、帝の夢になぞらえ万里小路藤原藤房に面じて、楠木正成を呼び寄せ、天下の大事を計らしめた。

楠木正成は計策を従い、当富士山小室の館に帰還した。楠木正成も本国河内の金剛山に帰るなり。この日は元弘元年（一三三一）九月七日なり。

それより諸国に間者（状況探索者、スパイ）を入れ密計をはかり居る。

同三年五月、駿河、伊豆、相模、都留郡の兵六千余人新田義貞の兵と合わせ、北条高時の一族一類を鎌倉に攻め入り皆殺しに致し、建武元年（一三三四）三月十二日諸将を引き連れ入朝し、従五位下に叙され、源大夫に任ぜられる。駿豆相の三国の地頭を兼務するとある。

註　有名な戦記本『太平記』に「三浦大多和合戦意見の事」として記載されている人物は、裏大将として活躍上、本名宮下なるも三浦大多和平六左衛門義勝とあり、年令は、宮下義勝三十五才、新田義貞三十三才、楠木正成四十一才、後醍醐天皇四十七才同天皇の側近者藤原藤房は四十才、京都妙心寺初代管長の関山国師（恵玄和尚）五十八才、南北両朝の状況観察者、『梅松論』にも見られる、夢想国師六十才。建武元年動乱当時の南朝擁立首謀者の年令である。

同十一月二十一日、護良親王の近臣松本宗忠、菊地二郎当社に来たり、征夷大将軍護良親王、足利兄弟の計策に落ちいり、罪人となり、足利直義に申し付け、鎌倉に送りけると申しければ、義勝は、足利直義より奪い取らんと色々に姿を替え、手くばりして密計をはかり居るうち、同二年二月十五日、楠木正成は二条大納言為定卿と秘密にはかり、興良親王を夜舟にて送り来たり、伊東浜より宇佐美三郎道案内にて、巡礼の風体にて送り来るによって、父左近亮義高と談じ、東宇津峰山南城の館（今日の忍野村忍草）に移し奉り給う。

同年（一三三五）七月十七日の夜、鎌倉にて、足利直義の命により渕部義広に護良親王は殺害された。御首級は近臣の松木宗忠、富士登山道者の風体にて、同八月七日持ち来たるに付き、父義高とひそかに談事、富士山本宮小室浅間神社の内宮に納めかくし奉り、義勝、松木宗忠と共々京都に登り忍び居り、楠木正成とひそかに談じ、また諸公卿に談じけれども、諸公卿もちいざれば是非なく、楠木正成と秘密に別れ、姿を非人となりて富士谷に帰りける。

同年十一月二十八日密計のため、父右近亮義高より、富士十二郷の地頭並びに、大宮司の両職を受継ぎ、富士十二郷に号令をかけ、狩之介興家を大将と致し、興良親王（護良親王の長男十歳）を守らせ置くなり。

父義高は変名して、田貫二郎と相成り、お側を離れず守護奉り居る。富士又八郎国安（富士郡大宮浅間神社宮司）は軍学の師を致しおる。

義勝は東北の実況をうかがい居り、同三年正月三日、武内長九郎、富士又八郎の二人を従え、山伏と姿を変じ京都に上り、楠木正成と談じ、和田和泉《いずみ》守、楠木氏に力を添え、足利兄弟を四国へ追い払い、楠木正成と別れ、同年三月四日、主従三人非人の姿となり変装して富士谷に帰り、大宮司職をし東北諸国の実況をうかがい居る。

延元元年（一三三六）六月十日、楠木正成公の忠臣、楠木八郎貞治、外六人の忠臣、楠木正成朝臣の御首級を持ち来たり、護良親王の御首級と共に納めかくし奉る。同三年六月二十日、遠江国伊井谷より、為伊介高顕、天野津島守、奥山太郎七百五十騎にて道中守護致し、征東将軍宗良親王を、富士谷小室城、宮下の館に送り来たるによって、明くる日、東宇津峰南城の館に移し奉り、甥《おい》の興良親王に面談の上、伯父、甥にて親子の契約を結び、親子と成りて宇津峰城の南湖（当時の忍野村は湖水であった）に毎日遊び居た。その後、吉野より勅使来たりて、興良親王は密かに忍んで吉野に上るなり。征東将軍の宮は、狩之助大将にて、副将は入間三郎、蒲原十郎等用心堅く守り居るによりて、暫くの間御心安くぞましましける。

同四年（一三三九）八月三日、宮は東宇津峰山南城忍が館を御出立ちありて、小室城宮下の館に立ち寄りて、兄護良親王の御首級を堅く頼み、小室浅間神社に拝礼致し、小室を立ち菊丸尾（溶岩地）を越え白渕浜（河口湖）を巡り御古《おいにしえ》峠（大石峠）を越え、信濃国にお越し給うなり。

脇屋義治は、父義助四国にて病死の後、興国元年（一三四〇）五月二十三日、母と共に富士谷小室城宮下の館に尋ね来たり、父の遺言によりて、伯父義勝を頼むに付き、それより義勝は日本国中に反間の計策をめぐらし、足利氏は二派となり、大混雑と成るに付き、正平六年中（一三五一）高師直のために吉野より富士谷に来たり、同万里小路藤房郷も伊豆国熱海の温泉寺より忍び来たり、楠木正成の本城、金剛山の金剛を取り、楠木氏と根元を合わすため、根合房宗弼《こんごうぼうそうしつ》となり、小室坂の阿弥陀堂にて、富士登山の人々に杖を作り居り、乞食坊主と偽わり居り、松木宗忠は商人と姿を変じ、足利氏を攻め滅ぼさんと、義勝に力を添えて密計をめぐらしける。

同七年（一三五二）正月、武蔵、上野、相模を始め、八州一度に兵を起こし、鎌倉を攻め滅ぼさんと計れども、足利尊氏父子に覚《さと》られ、互に戦いけるが敗れて、味方の残党は信濃、越後に逃げかくれ居る。

義勝はそれより山伏又は非人と姿を変げ、諸国の残党を狩り集め、同十未年（一三五五）六月二十八日、脇屋義治、新田義宗、同義興等と共に、征東将軍宗良親王に従いて、手勢十万余騎にて越後国より上野国にあらわれ、吾妻《あがつま》に本陣を構え、右三将を三道に分け、一時に鎌倉勢を攻め落さんと、下知をなし居るところ、同年七月二十一日、尊氏の軍益々振う。上杉憲顕等そむきて、後ろより無二無三に攻め立てられ、義勝は運命これまでなりと、宗良親王には、新田義宗を始め、外将々士を付け従い、信濃国諏訪城に落し給い、自分はふみ止まって、新田義宗に代り戦死した。

富士三浦義勝は、宮方の蔭大将となり、種々に身を変げ、武家方の実況を探《さぐ》り、反間の計策をめぐらし居ることを、これまで武家方においても少しも覚《さと》られざるなり。

これ皆楠木正成の明知の反間の計策なり。富士三浦越中守義勝妻は、脇屋義助の妹にして、鶴司という。

鶴司こと、尼源光大姉、正慶二癸年（一三三三）正月五日病死した。（義勝三四歳のとき）後妻は、諏訪四郎高宗の長女、松子という。

松子こと、尼清照大姉、応永三子年（一三九六）七月二十一日、老死した。

正平十年（一三五五）七月二十一日、上州吾妻において、三浦越中守義勝、富士谷の父田貫二郎義高に送る辞世、最期の一言。

嗚呼《ああ》一杯の酒は一世の旅立

五十六年の夢のあとは煙の如し

只催すばかりで花も実もなし

註　宮下義勝は青年時代、楠木正成、藤原藤房等と兵法を学び、その勢いで呑んだ酒は、勝義の人生一代の運命となり、花も実もないことを、辞世に残している。

第十代

富士越中守義勝長子、宇津越中守道次、事始《こと》め、田貫左京亮義利という。宇津峰院殿義照泰大居士。

応永三十一辰年（一四二四）八月十五日夜信濃国伊那郡杖《つえ》つき峠にて賊士のために死す。寿八十八歳。

右この人は、正平十未年（一三五五）七月二十一日より、地頭宮司の両職を勤め居り。正平十年七月より征東将軍宗良親王は、富士谷の東宇津峰城を根城と致し、信濃上野の間に隠れ居るなり。

文中三寅年（一三七四）九月十九日、興良親王こと、陸良親王は富士谷小室城宮下の館脇屋義治の跡を尋ね来るに付き、いま武家方にては新田、楠木の一類は、如何なる深山《みやま》谷間までも、千金を与えて探す場合なれば、天授四年（一三七八）脇屋義治の家臣、若林九郎を非人に変装して伊予国に遣《つか》わせ、新田義宗に申し入れ、河野一族を頼み、脇屋義治は河野の館にて病気おこり死去したと偽わり、葬式を行いければ、京都隣国は申すに及ばず四国、九州までも脇屋義治は死去のことは聞こえけれども、関東八州、奥羽、北国に間者を入れ窺うところ、脇屋義治死去のことは少しもわからざるゆえ、なおまた天授五年九月十日、若林九郎を僧侶に仕立て、普門品の実書三十一巻を持たせ、奥州に長子の脇屋義則を尋ね行き、十月三日巡り合い、昨年伊予国にて、父義治死去の次第を語り、三十一巻の実書を渡せば、歎き悲むこと限りなし。

それより荘殿寺において、父の供養を致し給うなり。よって、脇屋義治は四国にて死去したることが関東八州、奥羽北国までも聞こえければ、義治朝臣は僧となりて、僧名義山と号し、炭焼沢（当市内の小明見向原の裏山）に隠堂を創立し、前宇津峰宮、陸良親王を此の所に七年守護致し居り、それより滝口、遠山の両氏を従え、泉仙山（三つ峠山）の奥の岩屋にかくれ座々《ましま》し、前宇津峰宮は応永四丑年（一三九七）四月四日、自害して崩死給也。

よって、脇屋義治、菊地二郎等とはかり、富士元宮小室浅間神社の宮下の陵に葬るなり。

この御方は、始め興良親王と申して、護良親王の実の御子なれども、東宇津峰の館において、伯父宗良親王と親子の契約を結び、吉野に上り天皇より征夷大将軍に任ぜられる。常陸国の大守と致し、陸《むつ》の一字を賜わり、陸良親王と申し奉りて、諸々の難戦をしのぎ、（中略）諸国を遍歴し、木曽路より富士谷に落ち来たる御君なり。

天授元年（一三七五）より、応永四丑年（一三九七）まで、田貫左京亮義利は、脇屋義治の長子、義隆を守り立て、出羽、奥州に義兵を起すこと、応永四年までなり。

同年四月八日、遠江国伊井谷より、井伊伊井介高顕、天野民部少輔《しょうすけ》遠幹、奥山兵部太輔《だいすけ》忠常、その外、西遠江の兵士付き従い、征夷大将軍尹良親王の道中旅行を守り来たり、富士谷の東宇津峰城、田貫左京亮義利の館に入らせ給うなり。伊井高顕は兵どもを残し置き、その身は国に帰るなり。

同五寅年（一三九八）正月十七日、脇屋左衛門佐義治病死する。将士とはかり炭焼沢の隠れ堂の下に葬るなり。脇屋義治朝臣は、脇屋義助の長子にして、母は田貫二郎義高の長女なり。（つまり脇屋義治は宮下義勝の甥である）

建武二年（一三三五）十一月より、父と共ども諸国の難戦を凌ぎ、父病死の後母と共に富士谷に来たり、伯父、左京亮義勝を頼み、共に密計をはかり諸国にあらわれ戦い居り、伯父左京亮義勝は正平十年（一三五五）七月二十一日戦死の後は、征東将軍宗良親王をば、富士谷にかくし置き、上毛《こうづけ》、下毛《しもつけ》、出羽、越後、信濃に義兵を起こし、戦い敗れて宗良親王を守護し、信濃国浪合に落ち隠れ居るところ、文中三寅年（一三七四）七月十日、母鶴江、西宇津峰の館（富士郡田貫湖の辺り）にて病死致すによって、富士谷に帰り、陸良親王を守護奉り居るなり。

応永五年（一三九八）正月、脇屋義治死後は、諸氏相談の上、尹良《ただなが》親王を上野国寺尾城に移すと偽わり、にせ宮をつくり移す途中、鎌倉勢と大いに戦い、鎌倉勢を追い払い、甲斐国にまわり、武田信長の館に立ち寄り、数月御逗留ありて、同八月十三日、上《こう》毛《づけ》国の寺尾城に移し給うなり。

それより後、遠江、駿河の両国の宮方の武士を絶えすとて、遠江の守護今川貞世の弟、今川仲秋、駿河の守護今川範氏の子、氏家、その長子、泰範等はきびしく、千金を与えて各村を取調、打ち殺すによって、同五年より七年正月までは、二か国内そこかしこに大混雑にて、戦って死すもあり、生け取られて殺される者あり、大騒ぎ故、宮方の残党追々集り来て、東宇津峰城に立てこもり、駿河国富士、駿東の二郡を戦領し、後宇津峰の宮尹良親王を守護奉りましましける。その忠勇の武士卒足軽ども一万二千余騎也。

同八年（一四〇一）奥州霊山の城、落城の後は、奥州の宮方の残党追々集まり来たる。同九年三月四日、脇屋義隆こと義則は、主従三人にて羽黒山の行者の風体にて落ち来たり、宇津峰の城に隠れ入る。同十五日、新田貞方《さだまさ》主従四人にて、禅僧の姿にて富士谷小室城に落ち来たり、宇津峰城に入り隠れ、両将にて征夷大将軍尹良親王を守護奉り居るなり。

奥州の宮方敗走の後は、足利将軍より、諸国の武家方の武士に千金を与え、諸国の宮方の武士を見付け次第打ち殺す故、諸国の宮方の武士等は追々富士谷に集まり来たり、駿東富士の二郡を戦領し、今川氏と戦って西駿河をも戦領し、今川氏は遠江《とおとうみ》に走る。

伊豆の田方辺より、西相模をも戦領して乱入して、米麦粟塩、其の外穀物、金銭を奪い富士谷に立て篭《こも》り居るなり。

このこと鎌倉に聞こえ、足利氏満は、東八州駿遠甲信越の国々に回文をまわし、上杉民部大輔顕憲を総大将と致し、八方の入口より攻めて立てられ、同年四月五日まで防ぎ戦えどもかなわず、富士谷の軍勢敗走に及びける。

よって、後宇津峰の宮尹良親王は、四家七党付き従い、東宇津峰城を落ちて、忍湖《おしのびこ》を回り宇津野より鹿留山《ししどめ》に入り隠れましますなり。宇津越中守義利は、宇津峰山の出頂《でちょう》にて合図の狼煙《のろし》をあげければ、脇屋、新田の両将を始め、外の将々方は思い思いに士卒を連れて、隠れ場所にみちびき失《う》せにける。

それより後宇津峰の宮尹良親王には、脇屋新田の両将左右に付き従え、四家七党守護奉りて、なお山深き山中に移しましますなり。この三将こもりたる山を、三将代山《みしょうたい》と申す也。

註　都留市内の御正体山《みしょうたい》、往古は御祖代山。

宮のまします沢を、宮沢と申し宮原と申すなり。

それより脇屋、新田の両将は鎌倉を計るため、箱根山中の木賀彦六左ヱ門秀澄の館に隠れ居る。この秀澄は脇屋義則の祖父、義助に仕えし人なり。

同十一年（一四〇四）三月四日、関東管領足利氏満の目代として、千葉兼胤来て、源頼朝公より差し置きの諸領を始め、悉く残らず廃止、富士十二郷の地頭の人々の宝物書類、福仙寺、万蔵寺の宝物書類、富士元宮七社大神の宝物書類を皆集め、竜《たつ》の河原において焼き捨てにける（竜の河原は神社の前の川原）。

これによりて富士山元宮小室浅間神社の内宮なる護良親王の御首級は、夜にまぎれ密《ひそか》に浅日村（都留市）大領司（郷司）渡部正平の館に移すに、舟形の台と共に移すによって、石船神社と申すなり。この渡部正平は、松木左中将宗忠の長子なり。

それより足利将軍よりは、東西の管領に申し付け、宮方の皇族を始め、楠木、新田の種は、千金を与えて、草木を分けて絶えすもようにて、嵯峨にましますす熙成《ひろなり》太上天皇（後亀山天皇）の皇太子、廣成親王をつけねらうによって、太上天皇は、応永十一年

（一四〇四）三月十二日、楠木二郎正光と秘密に談じ、皇太子小倉宮と御子亀寿王の両親王を、秘密に伊勢の国司、北畠満雅郷の館に移し給うことに一決し、吉野よりひそかに越智伊予守通頼と和田新三郎正高を呼び寄せ、主従五人山伏の風体となり、夜にまぎれひそかに嵯峨の皇居を忍び出て、伊勢国司北畠満雅郷の館に着き給い、満雅郷に申し入れ頼みければ北畠氏承諾し、足利方にてはこの事を覚《さと》りしか、足利氏の間者と思いし怪《あや》しき曲者《くせもの》が、かわるがわるに来て、北畠氏の館をつけねらうに依て、なおまた、北畠満雅父子は主従五人相談致し、北畠郷は嫡子顕雅を添え案内人と致し、同十三年（一四〇六）四月二十九日夜、主従六人富士登山者の風体にて、日暮れるを待ちて、伊勢崎に行き、用意の舟に乗りて、富士山を目当てに漕《こ》ぎ来たり、吉原の浮き島沼に着き給う。この日は同年五月三日なり。それより舟は国元に返し、その夜は東駿河の佐野駅（今日の裾野市）佐野源左衛門方に一泊致し、明る四日、富士谷小室城宮下の館に着き給い、宇津越中守義利に申し入れ、小倉宮父子を、楠木二郎正光の子と偽り、万蔵寺（当市内小明見向原）に移し給う。

鈴木越後守は、丸山の館（小明見丸山城）にて守護致し居る。四人の将士は比えい山の行者と偽り、富士山にて七年間修行致す者なりと偽り、富士山に登る姿にて、世間の実況を窺《うかが》い居る。小室城（大明見）にては宇津越中守見張りを立てて堅めいる。蔵見城（都留市倉見）には、井出弾正少弼《しょうしつ》見張を立てて堅め居る。

同十五年（一四〇八）足利将軍より当地方を、上杉顕憲に賜わり、同年四月六日、当富士谷明見駅に来たりて、諸神宮を召し出せども、来る者一人も無けれども、下方三郎正武の長子、兵大夫正重、上《じょう》西寺に隠れ居れども剛勇の人なる故、表われ来て対面致しければ、神領、神官の義は、源頼朝公より差《ざい》し置きの通りと申し渡しければ、総神官の総代として御受け致す者なり。これより丁高《ちょうたか》を、貫高に攻め給うなり。

同十七年（一四一〇）十一月二十三日の夜万蔵寺焼失致すによって、鳴沢山山野寺に小倉宮の父子を移し、脇屋義治の男、了仲法師、新田貞方等と共に守護ましまし居る。

楠木二郎正光は、万蔵寺の庭中に大松の木の焼跡に灰を集め、小倉宮来たりて自ら松の木を植え給い、これを二代の松の木と申し給うなり。諸人この松を、御座松と申し給う。

同十九年（一四一二）七月ころより、木賀彦左衛門は心かわり、鎌倉に通じ、管領よりその辺の地頭、安藤隼人佐重基のために、脇屋義則、底倉の温泉においで戦死する。新田貞方は、田村三郎、菊地二郎等のために助かり、富士谷に落ち来たり、炭焼沢の脇屋義治朝臣の隠堂にかくれるなり。

同二十年（一四一三）正月三日、幹仁天皇より、南朝の帝、熙成太上天皇の皇太子、小倉宮広成親王に、御位を譲り奉るによって、御子の亀寿王を、世界第一の名山の富士山の形を取りて、米山王と改め、宇津越中守義利を始め、新田貞方、脇屋了仲等に守護を頼み、楠木二郎正光、北畠顕雅、越智伊予守通頼、和田新三郎正高の四人にて、皇太子小倉宮を守護致し、浮島沼より夜舟に乗りて伊勢崎指して漕ぎて行くなり。

それより足利幕府の詮議《せんぎ》取り調べきびしきによって、同二十一年（一四一四）三月五日雪のとけるを待ちて、後宇津峰宮、尹良親王を上毛国（上野国・群馬県）新田庄寺尾城に富士十二郷の忠勇の武士警護致し、四家七党付き従え、宇津越中守義利は、家嫡の宇津源大夫宗正に申し付け、小倉宮広成親王を隠れましましたる御座野《おぐらの》山陰の大木茂りし中に、清水あり、この所に御かくしましますべし、この所は、いにしえの昔、景行天皇の御時、皇子日本武尊、東国御征伐の時、賊に欺《あざむ》かれ富士野に入り、四方より火をかけられ、御難儀の時、富士の大神の助けにて、この水にめぐりあい、主従ともにこの水を呑み、勢いをつけて剣を抜き、草木を刈りて積み重ね、火をかけ給えば 忽ち《たちま》風変わり、御難儀を逃れしという所なり。その後、この辺を御座野《おぐら》といい、御佐野と申すなり。

それより義利は、宇津峰の宮の御案内を致し、宮原（都留市内）を立ちて、加津野の山より円波山を越し、狩人を頼み上毛国新田庄寺尾城に首尾よく送り給うによって、征夷大将軍尹良親王より義利は、従四位を賜わり、源兵衛佐に任ぜられ、名を改め道次と賜わるなり。

同三十一年（一四二四）三月十日、下毛国三河村落合の城に移すことに評定一決したけれども、評定変えて信濃国諏訪島崎の城主、千野頼憲の館に移すことに、評定は一決し、四家七党を始め、富士十二郷の忠勇の武士等へ、上毛、下毛の宮方の武士付き従え、道中警護致し、つつがなく四月七日申刻に島崎城に着き給う。それより暫く旅行の足を休め、御子の良王君は、ひとまず先に、下野国落合の城に返し給う日は、七月十八日なり。

それより宮は、三河国の足助城に移すことに相談一決し、八月十日、諏訪を立って、同十四日杖つき峠にて賊に出合い取りまかれ、大河原の民家に入りて、御生害の時、第一番に道次を召し出し、金の最袮と守り刀を錦の御旗を、血判書に添え渡し、この三宝は朕なるぞ、この三宝を持って富士谷に帰り、皇太子小倉宮の御子、亀寿王を守り立て、南帝の再建を頼むなり。

第二番には、世良田右馬《うま》頭政満を御召しありて、髪を切って渡し、汝はこの髪を下毛国落合城に持ち行き、良王に渡し、このありさまの次第を語り、南帝再建を頼むなり。

第三番には、桃井大膳亮満昌、世良田万徳丸政親を御召しありて、汝等は三河、遠江《とおとうみ》に行き、宮方の残党を集め、伊勢の国司、北畠氏と心を合わせ、皇太子小倉宮を守り立て、力を添えて南朝再建を頼むなり。

第四番には、井手弾正少弼《しょうしつ》正秀、鈴木右京亮正武を御召しありて、汝等は我が死にがらを敵に渡さざることを堅く頼み給うて、刀《たち》一本づつを両人に賜うなり。

第五番には、残りたる人々を御召しありて申して曰《いわ》く、年々日ごろ忠義の程は後の世まで忘れまじと、甲斐がいしく、御自害あらせ給うなり。されば、桃井右京亮宗綱、羽河安芸守景康、宮の左右にて自害致すなり。

浪合の北の山の裾野なる大河原にて、味方は飯田太郎、駒場小三郎、伊那四郎等、敵と命限りに八十余騎にて防ぎ戦い、飯田伊奈を始め、十三騎を討ち取れども、敵は大勢集り来たり、味方を取り巻き無二無三に攻め立てられ、熊谷弥三郎直近を始め、大井田、一之井も討死にし、世良田二郎義秋は宮の御身があやうきと思い、一方を切りぬけ、宮の所へかけつけ見れば、早や宮は御自害あらせ給うなり。おくれたりと義秋は、腹掻き切って死したりければ、それに続いて二十五人の将々方も腹掻き切って枕を揃えて死し給う。

時刻はよしと、井出、鈴木の両士は、農家の鎮守、稲荷《いなり》社の中なる丸き石を取り出し、農家に入って宮の死体に添え置き、畳をはねて上よりかぶせ、農家に火をかけ、諸将の死体を火の中に入れ、裏の小山の林の中に隠れ居る。宇津越中守道次は、宇津峰城の剛勇の武士、下方三郎、中浜民部大輔、大石蔵人《くらんど》篠塚八郎等を召し連れ、千野六郎頼憲の兵と共に、諏訪口を目指して落ち行く。

世良田右馬頭政満は、小笠原、千野の残兵と共に、下毛国落合の城を目指して落ち行く。桃井大膳亮満昌、世良田万徳丸は、宮付きの残党を集め、三河国を目指して落ち行きにける。

夜明けとなりぬれば、裏の小山の林の中より、井手、鈴木の両士あらわれ出で、農家の焼跡を探し、かねてしるし置きたる宮の御骨を拾い、これをこもに包み、乞食《こじき》の姿と変じ諏訪口を目指して落ち来たる。

宇津越中守道次は、主従五人へ飯谷太郎道宗、井出弥七郎正長の両士追いつき、主従七人にて、十五夜の満月の光りをたよりに、土地の状況わからず、杖つき峠を登れば、伊那飯田の待ち伏せ勢、峠に急におこり、不意を討たれ、主従七人必死になりて戦えども、不意のことにありければ、宇津越中守道次を始め、下方三郎正武、井出弥七郎正治の三人討ち死にし、残る四人の勇士敵を追いちらし、死体のそばに集まりて、途方に暮れ居りける。早や夜も明けぬれば、道次の三男、宇津源大夫宗正、下方三郎正武の長子、兵大夫正長の両士は、千野六郎顕憲の兵と別れて落ち来たり、ともに歎き悲しむこと限りなし。

長浜民部太輔、篠塚八郎進み出て、諸君、歎きて居るところではない。後宇津峰の宮の御遺言を守り、富士谷に帰り、小倉宮皇太子広成親王の御子、亀寿王を守り立て、南朝再建をはかり申すべしと、諸君を諫《いさ》め、主従三人首を切り取り着物に包み、敵にさとられぬため、小峰の陰の平地に葬り、主従六人にて、諏訪の千野頼憲の島崎の居城に落ち来たり、足を休め居るところへ、同二十日、井出弾正少弼《しょうしつ》正房、鈴木右京亮正武、宮の御骨を切り蓆《むしろ》に包み、非人の姿にて落ち来たり、共々旅の用意を致し、主従三人の首は塩漬けに致し、千野伊豆守頼憲の一族も付き従い共に共に守護致し、秘密に市川大門通りを致し、富士谷東宇津峰沢の白蓮滝尻の鳴沢山山野寺（月江寺の前身）に着き給う。

その夜、秘密に主従三人の首は、本堂の縁の下に葬り、明二十八日、後宇津峰の宮、征夷大将軍一品源尹良親王君の御骨を、東宇津峰山の山頂（高座山）に葬り奉るなり。

この山の峰には、高座神社あり、これは神代創立なりという。又、秦徐福等の祠《ほこら》あり、水三か所より湧き出て、三流となりて流れ下り、一つの滝つぼとなり流れ下りて、宮守川と合流致すなり（以下省略）。

永享九年（一四三七）十月五日
新田九党大統領
世良田右馬亮源親秀（花押）後世に残す。

宇津峰山、山頂の高座神社の祭神
高皇産霊神《たかみむすびのかみ》（炎帝神農氏、農作日子の謚名）
神皇産霊神《かみむすび》（右婦神、農作日女の謚名）
国常立尊《くにとこたちのみこと》（右両神の五男、農立日子の謚名）
国佐槌尊《くにさづち》（右両神の七男、農佐日子の謚名）
伊座那木尊《いざなき》（右神の五男、田仁知日子の謚名）
伊座那身尊《いざなみ》（右神の婦神、白山日女の謚名）
月夜見尊（右神の一男、月峰命の謚名）
祖佐之男尊（右神の義子、多加王の謚名）
右八神を、わが国創建の八神さまとある。

註

一、以上は、「富士山本宮七社阿座真名神大社宮司宮守暦代二之巻」と題する文書で、漢字、平仮名、片仮名、万葉仮名の文字からなっているが、漢字と平仮名の文字に改め、読みやすくした。

二、書写人として「新田氏一族九党の大統領　世良田右馬亮親秀」とある。日本歴史地理学会発行『新田氏郷土史論』所載の新田氏の系譜によると、世良田氏は、新田義重公を祖先とし、新田義貞とは同族である。また、脇屋義助は新田義貞の弟である。足利尊氏の祖先は、新田義重の弟、足利義康とあり、鎌倉幕府初代源頼朝時代の人物で、二四〇年後の南北両朝時代は、新田氏と足利氏は、戦う運命となり、政治力のある足利尊氏優勢に終り、南朝支援者は政治力に乏しく衆寡敵せず敗退した。

三、本原文の記録者は、富士郡大宮浅間神社宮司、富士又八郎義照、自序伝、大田和日記中にあり、義勝、義利等と行動を共にして、日記を書いたとある。

嵯峨源氏・渡辺氏の来歴

人皇五十二代、嵯峨天皇の皇子、融《とおる》親王、仁明天皇承知五年（八三八）、内裏において、源姓を賜りて臣籍に下る。時に十七才。以後相模守、近江守、伊勢守、近衛中将、参議、貞観六年（八六四）正月には中納言となり、陸奥、出羽地方の按察使《あぜち》を兼ね、略六年間、奥羽地方の国司の治績民情の視察役を務めた。

陸奥《みちのく》の　信夫毛地摺《しのぶもぢずり》　誰故に
乱《みだ》れ染にし　我ならなくに　源　融《とおる》

当時のこの歌は有名である。晩年は左大臣となり、仁和《にんな》三年（八八七）位階は従一位となり、寛平七年（八九五）八月二十五日、御逝去された。年七十四歳、同月正一位に追贈された。六条河原に本宅があったので河原院河原佐大臣ともいわれた。墓所は京都嵯峨清涼寺。

二代、源昇。源融公の三男として生れ、晩年は民部郷大納言正三位。延喜十八年（九一八）六月二十九日、寿七十一歳で没した。

三代、従五位上。武蔵守源仕《つかう》。大納言正三位源昇の二男、武蔵権介として、武蔵国府に勤務し、足立郡箕田《みだ》郷に居館を構え箕田源氏の祖となる。

当時は桓武天皇の子孫が関東平野へ進出し、領地争いが繰り広げられた時代であり、平将門が父の遺領をめぐり一族と紛争を起こし、伯父の平国香を殺害、天慶二年（九三九）、一時は関東平野を征するも、結局は国香の一男平貞盛と藤原秀郷の連合軍四千人に敗れ、戦死した時代である。

源仕は、天慶五年（九四二）幼少の息子、宛《あつる》を残して、五十二才で没した。

四代、源宛（『富士文献』では敦《あつし》の文字を用う）が生長し、源満仲の長女を妻として、源（渡辺）綱が誕生、宛は二十一才で病死、母も間もなく病死した。

嵯峨源氏、改姓渡辺綱の出生地について

関東平野は、人皇五十代、桓武天皇の子孫平氏の一族が群雄割拠し、領地のことから、平将門の反乱となり、朝廷の命により、清和天皇の子孫、清和源

氏の満仲は、鎮守府将軍に補任せられ、関東平野に進駐、源仕は武蔵守となり、武蔵国の箕田《みた》に木拠地を置き、長子の宛とともに手兵を従え居館を構えていた。

註『富士文献』には、出生地は武蔵国美田《みた》とある。筆者も嵯峨源氏顕彰会の一員として、綱公の出生地を調査したことがある。

一般には埼玉県鴻巣市箕田八幡神社と近くの宝持寺に綱公の遺品があり、出生地と信じられているが、『嵯峨源氏渡辺氏考』の著者渡邉昇氏は、武蔵国豊島郡三田郷、つまり現在の港区三田綱町の三井クラブを中心にした一帯が、その居館跡であり、そこを拠点として三多摩地方を含めた広大な地域が、領地であったとする。

綱公は幼名は多摩丸、広大な領地と、権力を背負って生まれたが、両親は早世し、孤児となり、叔母の手により武蔵国三田城において十二才まで育てられたとある。

この間、満仲の嫡子、源頼光とは従兄弟であるが、兄弟の如くして叔母に育てられ、主従関係となった。

源満仲―頼光《よりみつ》は、関東から本国摂津の国に引き揚げる途中、人皇六十三代、冷泉天皇安和二巳年（九六九）七月、富士北麓の小室浅間神社に主従で参詣した。時に宿泊は萬蔵寺（今日の当市内小明見向原の万年寺）に止宿致し居り、人皇五十一代、平城天皇賜わる三国第一山の勅額に、渡辺綱道の筆にて□□《不明》を賜う、とあり、摂津国難波《なには》郷（現在の大阪市の中心部一帯）に引き揚げ、渡辺の里に居住、これより綱道（『富士文献』には綱道とあるによる）は姓を改め、渡辺綱道という。

渡辺綱公は、源頼光に仕え、宮中を守護する大内《おおうち》守護職が主職であるが、摂津守源頼光と共に行動し、大江山の酒呑童子退治には、藤原保昌、浦部季武、坂田公時、臼井貞光等とともに、源頼光の武将四天王といわれ、特に渡辺綱公は智仁勇の両道に優れ、四天王随一と賞され、晩年の位階は、従四位上、丹後守となり、万寿二年（一〇二五）二月三日、年七十三才で没している。

諡名　奉安院殿鎮西府惣司通事金人大居士
墓地　兵庫県川西市西畦野杉之坂八
浄土宗忠孝山　小童寺
神社　山梨県富士吉田市下吉田東町
　福地八幡渡辺大明神、祭神渡辺綱公

二代、綱定
三代、綱家
四代、綱信
五代、綱晴
六代、綱広

渡辺綱広は世上名高き、渡辺競の兄とあり、源義綱（加茂二郎義綱ともいう。八幡太郎義家の弟にして、新羅三郎義光の兄）に従い、出羽国の平師妙を討ち滅ぼす功によって、美濃守となる。

美濃守渡辺綱広の妻は、従四位上三浦上野守義顕の妹、浦江という。源為義、義朝の父子に仕え、保元、平治の合戦に敗れ、居ることかなわず、京都より親子四人、一男綱高、三男綱吉を連れ、三浦義顕の主従は関東へ逃れ来た。箱根山の麓、菅沼村まで来たが、箱根の山は敵方の警備きびしきを知り、引き返して富士山に入る。このとき永暦元年（一一六〇）二月二十日なり、とある。

義顕の妻は義朝の妹若桜姫という。三浦義顕の妻は産気となり、山小屋を造り男子を産む。しばらく山小屋に潜伏中のところ、六月十五日、富士山の山開きのため、宮司の宮下記大夫政仁は、祢宜、祝《はふり》の人々と共に登山し、富士の東南麓の森林中から煙の上るのを見付け、不思議に思い尋ね見れば、落武者であることがわかり、事情を語り、宮司の宮下記大夫に助けられ、富士北麓の明見の地の長日向山の麓に、落武者共々、宮司宮下記大夫政仁の世話にて永暦元年（一一六〇）六月落着した。

その後、渡辺（部）美濃守綱広と三浦上野守義顕は僧侶となり、義明坊阿闍梨源心という。僧の日羅が徐福持参の薬師如来を本尊とし創立した行満寺と、聖徳太子創立した白蓮寺を再興し、渡辺美濃守は古原の小室坂麓の弘法大師発起の救願寺の旧跡を再興し、徐福山萬蔵寺といい、僧名を万蔵坊阿闍梨《あじやり》泉岳という。六人の僧を養成し六寺を建る。

当時は、宇宙郷の宇宙野里（現・忍野村）は富士山噴火により無住地であり、よって、渡辺綱広と天野遠江守景信は、現忍野村内野の里へ隠れ屋を造り、また、秦徐福ゆかりの薬師如来と弘法大師作になる観音像を本尊と致し、源平時代の寿永三年（一一八四）阿祖山の南麓、現忍野村内野の里へ初めて、寺を建られ、寺号を、長寿山上天寺という。

七代、綱広一男、渡辺（部）庄左衛門綱高は、小室富士浅間神社の神官となり、これより庄大夫綱高という。

源平の合戦は、源氏方の勝利となり、鎌倉幕府より、富士山周辺を下賜され、総地頭は大宮司源九郎、改名、宮下源大夫義仁がなり、拾名の地頭中に前記のとおり、庄大夫綱高も指名せられ、大原郷（今日の富士吉田市の新倉、下吉田地域と、河口湖の南岸地域）の地頭となった。

その後新倉山の中尾に、往吉の中尾神社を元久元年（一二〇四）復興し、富士浅間神社と改称した。

庄太夫綱高の妻は大森駿河守頼重の娘アサオといい、男子十一人、女子三人あり、富士北麓の各地に分かれ、地域の開発者となり、庄司など務める。ただし、末子の新倉坊湖山は、新蔵村の新蔵寺（今日の如来寺）の開祖となる。（渡辺美濃守綱広の孫、六坊の養成者）

渡辺（部）庄太夫綱高は、建保二甲戌年（一二一四）八月没する。妻のアサオは安貞二戌年（一二二八）没する。

渡辺（部）美濃守綱広の三男、綱高の弟は京都の石部神社で元服し、姓を石部とし、石部五衛門綱吉という。魚取りを好み、寒川（今日の桂川）の滝で魚取り中、岩よりすべり落ち、足の脛《すね》を裂く怪我《けが》をし、大森氏が背負って来て助けられた。しかし傷は何時までもなおらず思案していた。ある夜、二所明神（小室浅間神社の別称）の夢の告げにより、八代郡の南山内に霊泉あるを感ず。使者を出し探して見れば湯水あり、湯水を用いれば傷は奇妙に治癒した。

源平の合戦は源氏の勝利となり、建久五年（一一九四）石部五衛門綱吉は、富士山の西北の下部付近を目通り四方、鎌倉幕府より下賜され、下部へ転住した。五衛門綱吉の二男二郎左衛門頼宗は、下部村から湯水を鳥居地峠の麓の湖端村（今日の忍野村忍草）へ運び富士大御神の霊泉と言い、小室浅間神社の参詣人を始め、富士登山の人々に売り繁昌して姓を湯山と改めた。その弟は祖父渡辺綱広僧名萬蔵坊泉岳、三浦上野守義明坊源心の弟子となり、仏法を学び南泉坊清光という。元久二年丑年（一二〇五）今日の忍野村忍草へ寺を建て、湖端山南泉寺といい、初代開祖となる。

渡辺美濃守綱広の一女、庄大夫綱高の妹、富士葉は、三浦上野守義顕、僧名義明坊源心の五男、忠兼に嫁ぎ一男子阿曽丸が生まれた。忠兼は木曽義仲より連絡があり出征した。源平の合戦に、寿永三年（一一八四）木曽義仲と共に戦死した。よって富士葉は尼となり、当時は宇宙郷の宇宙の里を、宇津郷の宇津野村と改めた。今日は内野と、語源が転化した。富士北麓忍野村内野へ、長寿山上天寺が建てられ、初代開祖となった。

渡辺庄大夫綱高には、十一男三女があり、一男、左近亮重大夫綱国は、新倉村に居住。

二男、大学亮綱盛は、今日の忍野村忍草に居住、源頼朝の厳命にて仏師の雲慶に二王尊を作らせ、鳥居峠の南麓に二王門を立て、守護役を命ぜられ、以後世襲し、屋号を大門という。永正三丙寅年（一五〇六）忍草村三皇浅間神社前に移転した。

三男、左近亮綱義、吉田村に居住、南北朝時代、明見村、小室浅間神社、並びに聖徳太子の木像と、新羅三郎義光の木像を、吉田村に移転復興し御神宝とした。また、応神天皇と祖先の渡辺綱公を祭神とした福地《ふじ》八幡渡辺大明神社を建立した。

　四男、五男、六男、九男は省略。

　七男、七郎左衛門綱行、宇津野村（後内野）渡辺（部）美濃守綱広一男、庄大夫綱高の家を継ぐ。また、長寿山上天寺を見守り綱高の妹六坊の一人尼僧、富士葉親子を養う。天野源五郎景光、羽田治郎右衛門宗光、湯山宗左衛門政綱の四家、貞応二年（一二二三）春より宇津野原の開発をし、これより内野開発の四姓の家という。寺は鎌倉街道普請奉行、畠山重忠の常宿となる。

　八男、渡部庄大夫八男、綱住は名人の刀剣鍛冶屋となり、建久四年（一一九三）源頼朝公、富士の裾野で巻狩を行う、時に綱住作の刀剣を頼朝公に献上、征夷大将軍源頼朝公より、勝山谷の八村を八庄と名付け、八庄の庄司を命ぜられ、ときに、その方の刀は希代に切れる。姓を希代と改め賜わり、希代吉八郎綱住と申すなり。これより八村（後谷村か）に移り住む。その嫡子を希代吉十郎正住という。（中略）嘉暦四年（一三二九）正月、富士宮下義勝の招きにより嘉暦四年（一三三九）より軍用諸道具を討つ鍛冶屋大将となる。（以下省略）

　十男、渡部佐兵衛亮綱定、船津村に居住。

　十一男、新倉坊湖山、三浦上野守義顕（僧名義明坊源心）の弟子となり、仏法を学び僧となる。新倉村に住し、お舟湖の辺りに元久元年（一二〇四）寺を創立し、大原山新倉寺といい、初代開山となる（今日の大原山如来寺）。

　第八代、渡辺庄左衛門（庄大夫）綱高一男渡部重大夫綱国、喜元禄二丙戌年（一二二六）九月二十二日病死する。妻は宮下藤馬亮の娘にして、俗命アサオという。文暦元甲午年（一二三四）十二月二十日病死する。

　第九代、綱国の一男、渡部庄左衛尉綱常、文永三丙寅年（一二六六）三月十日病死する。妻は柏木仁大夫の娘にして、俗名小ギク、同四丁卯年（一二六七）正月二十日病死する。

第十代、その嫡子、八左衛門尉綱房、宝治二戊申年（一二四八）正月二十二日病死する。妻は天野藤左衛門尉の娘にして、俗名小ウメ建長四辛子年（一二五二）十月二十日病死す。

第十一代、その嫡子兵衛門尉綱吉、正安三年丑年（一三〇一）九月二十二日病死する。妻は渡部越後守政綱の娘にして、俗名ウミ子徳治二丁未年（一三〇七）八月二十三日病死、

第十二代、その長子、渡部甚右衛門尉綱利、興国二辛巳年（一三四一）九月二十一日病死、妻は鈴木右京亮の娘にして、俗名フジノ、正平三戊子年（一三四八）二月十日病死する。

第十三代、渡部庄大夫綱時、元徳、元弘の始めより、富士宮下義勝（宮下家五七代）に従い、南朝の宮方に仕え勤め、諸所において戦功多くたて、元中三丙寅年（一三八六）十月十二日、新倉村の居城にて病死する。

妻は宮下右近亮義高の娘にして、俗名オ玉同六己巳年（一三八九）病死する。

第十四代、渡部隼人亮綱武（庄左衛門とも言う）諸所に戦功あり、同元中二乙丑年（一三八五）八月、信濃国浪合において戦死する。妻は井出弾正少輔《しようしつ》正房の娘にして、俗名サクラ、応永十六己丑年（一四〇九）正月十七日病死する。

第十五代、渡部庄大夫綱信は宮方に勤め苦心致し、後、護良親王の彦、陸良親王の孫、護興王の一男、お舟山宮松若丸こと護久王、渡部庄左衛門尉こと後に隼人亮の娘ミサオを妻と致し、浄土真宗に信心致し、入道して正福法師と申すなり。遠山山無良庵と申し、渡部庄大夫綱信、守護奉り居るなり。

この綱信は護久王事、入道正福法師の妻の兄にして、永亮十二庚申年（一四四〇）三月七日、富士山北東本宮小室浅間神社の宮司、三国第一山の勅額守護、並びに村首の役を務むるなり。

註

遠山山無良庵は、今日の新倉山正福寺の初期にして後醍醐天皇の第二皇子、護良親王の直系、入道して正福法師という。弟の梅若王は、忍野村忍草、表向きは浅間神社というが、実状は南朝天皇を木像に彫刻し祭祀する神社とあり、梅若王はこの神社の神主を務めていたが病死した。よって梅若王の墓地は、同村内野の宮の脇、上天寺の旧墓地、渡辺家の祖先墓に、宝篋印塔の墓石が現存する。

内野の浅間神社も表向きは、忍草と同様、祭神は木花咲夜姫というが、実状は梅若王を祭り、旧暦三月十五日祭典をし、当日の雨を梅若様の涙雨と言い伝えた。

あとがき

本書の執筆にあたり、一番ご協力下さったのは、本文献所有者の宮下家、現当主の義孝ご夫妻である。心から厚く御礼申し上げたい。次に感謝申し上げたい人物は、宮下家四十九代の大宮司、宮下源太夫義仁氏である。

今日より八百年も前に、『富士文献』の最も重要なわが国の創建時代、日本人の源を考えるに、古代中国の三皇五帝という時代、神農氏の五男と七男の子孫、その一族と眷族、そして、大陸の東州つまり朝鮮半島へ移住した、二男の朝天氏の子孫・祖佐之男尊の眷族集団、この三組の集団が日本民族の主体であることがわかった。

時代は古代中国の国王、炎帝神農氏の一男黄帝の時代は年表ではBC二七〇四—二五九五年とあるので、およそ二千六百年前に日本列島の住民は独立をした。外敵侵攻への防衛は地神五代という時代の三代目、ニニキノ尊の時代、中国では五代目の国王・舜帝有虞氏《しゅんていうぐ》の時代、筑市島《ちくし》（九州）へ侵攻して来た。この国王は、ニニキ尊との戦いに不満であったのか、再度、地神四代目の火火出見尊の時代、大船団をもって筑市へ侵攻して来た。この状況を使者は早馬をもって不二山高天原の家基都へ連絡に来た。こうしたことから、合議の上筑市へ遷都して、現地に居ながら防ぎ戦うことになった。時に尊は家基都に留まり、皇子の阿祖日子王に譲位して、筑市へ遷都し防戦することになった。これより家基都や文字をもって記録する場所となった。筑市へ遷都しても重要な出来事は高天原の家基都へ報告することや皇位継承の即位式は家基都の神殿にて行うことなど、約束を定め守ることにした。火火出見尊の神去り給う年は豊年であったことから穂穂出見尊と改めたとある。

筑市の戦場は大暴風雨となり、船団は海の藻屑となって消え失せ、震旦国の国内は衰微して、夏国の禹《う》王が立ち、これより夏朝時代となる。舜帝の時代はBC二二五八—二二〇六年とあるので、筑市へ遷都した時代は、今日よりおよそ四千四百年前のことである。

暦書の伝来についていえば、筑市《ちくし》の高千穂宮へ遷都して、第三十三代田仲雄男王尊、即位して三十六根の時、殷《いん》国紂辛《ちゆうしん》王は、周の武王に亡《ほろ》ぼされたとある。

紂辛王の三男、対馬《つしま》王は家臣の武丁に守護され逃れて筑市島の西北の付島に漂着した。時に対馬王は暦書をもっており、神皇に献上した。よってその功を賞し、対馬王を付島の守護司とし、初世太記《はせたき》頭《かしら》を任命し、これよりわが国の領土としたとある。

時代は周国最初の国王武王（BC一一三四―一一二三）とあるので、今日よりおよそ三千百三十年前のことである。

この暦書により、わが国大和朝の国王、神皇を改め人皇とした神武天皇は、御即位の式典はこれまで不二山高天原の神殿において行われていたが、筑市（九州）より大和《やまと》の橿原《かしわ》へ遷都をし、御即位の式典が行われた。

時に即位の日は闇黒の世（長期の戦乱時代）十五辛酉《しんゆう》年二月十一日に行い、悪魔を退散して、明らかに天照国となったことから、大日本国と改めたとある。

暦の十干十二支はこの時より用いられ、今日まで循環しているので、西暦二〇〇二年は壬午となる。こうしたことからも、神武天皇は実在した国王であるといえる。

『富士文献』の成立した背景には、三十六神家の文字を知る人々と、秦国より渡来した大学者・徐福一行の偶然の出会いがあり、情熱は力となり、進歩した紙に徐福大学者の指導により集大成された。手厚く埋葬したことは、天照大神宮と並んでいる。

本書が同種同文の日中・日韓両国の親善友好にご利用いただけるようになれば幸いである。

延暦十九年（八〇〇）および貞観六年（八六四）の北富士亀裂帯噴火における溶岩流出状況

小御岳臼山～弓射塚の亀裂帯噴火では、東吉田・北吉田・中吉田・西吉田各村と共に水田地帯が埋没、さらに西側の背の湖の河口の大田川入口の河口駅が埋没して新たに河口湖が出現した（延暦十九年）。

青木が原溶岩流は、六合目のお庭・奥庭より、下部は一合目の長尾山にかけての亀裂帯噴火である。下部は広く、古代からあった背の湖を埋没し、その残存したものが今日に見る本栖湖・精進湖・西湖である（貞観六年）。

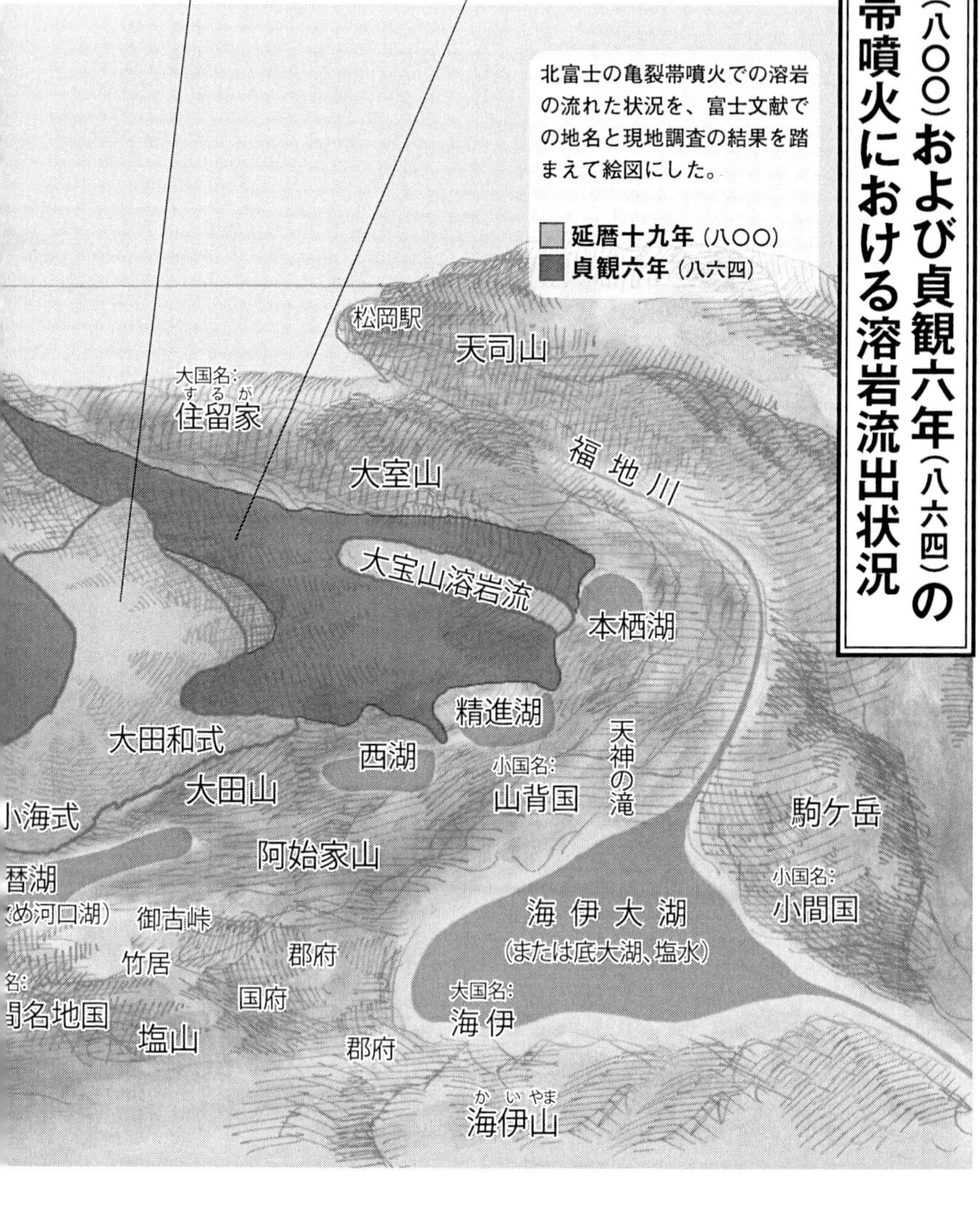

小富士～焼山の亀裂帯噴火は、鷹丸火・桧丸火と分かれるが、末端は猿橋まで流れ猿橋溶岩流という。鷹丸火は宇宙湖を分断して、山中湖・宇津湖の二湖とした（延暦十九年）。

剣丸火の上部は、八合目・牛が窪～四合目・大平山亀裂帯噴火口より噴火、末端は富士吉田市内で止まる（貞観六年）。

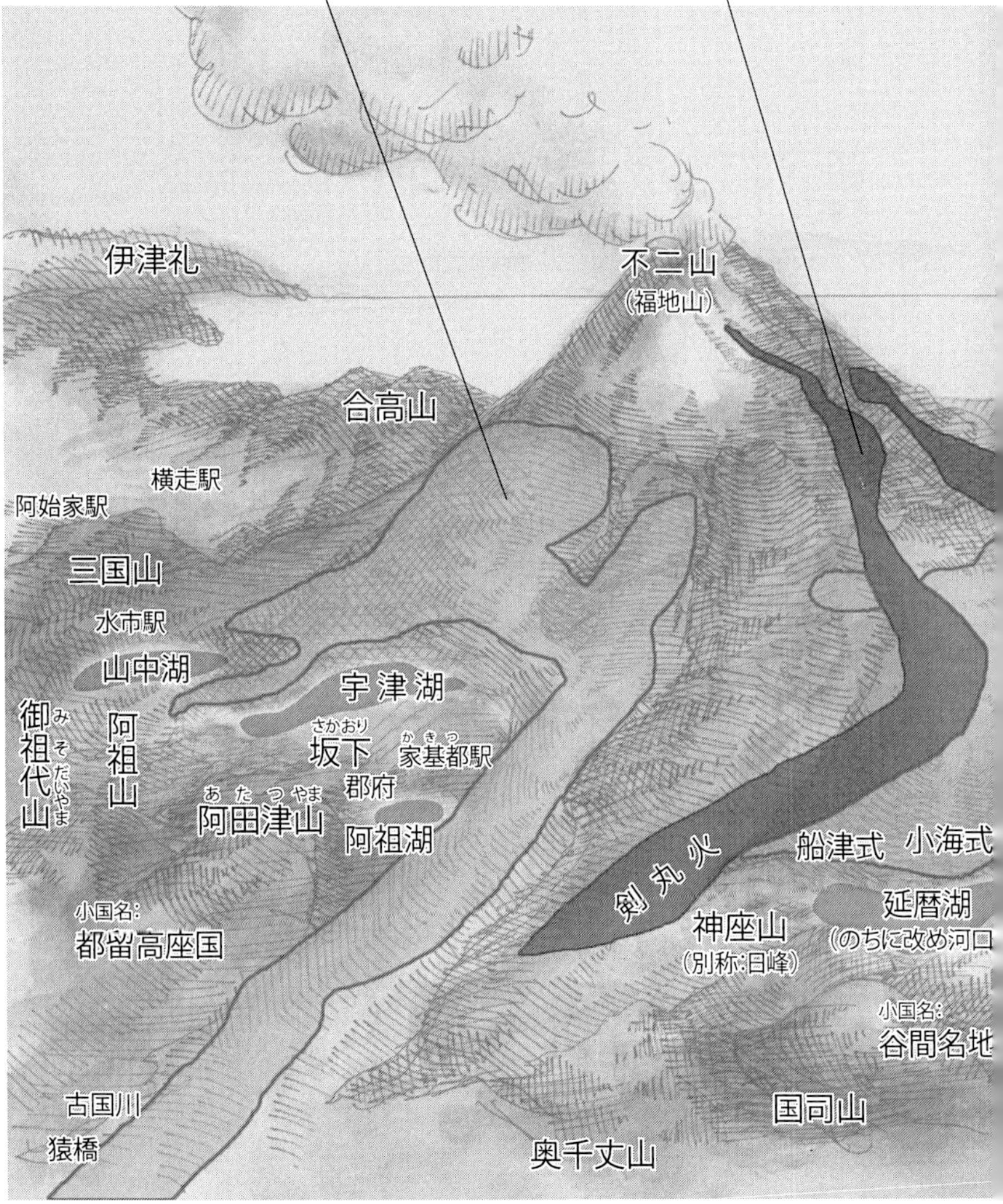

[著者略歴] 渡辺　長義（わたなべ　ながよし）
大正 5 年　山梨県富士山麓忍野村に生まれる。
昭和 8 年　山梨県瑞穂実業学校農業科卒業。
昭和 12 年　東京日本通信大学法制学会に入会。昭和 16 年終了
昭和 10 年　山梨県林務部に奉職。昭和 53 年 3 月まで 43 年間勤めこの間晩年は山梨県林業試験場、富士分場長を五年間勤め、以後富士山の地形地質、溶岩流を調査、併せて富士古文献、伝説など山梨郷土研究会員として継続中。
昭和 56 年　甲府地方裁判所の指定山林評価人となり、南北都留郡を担当。不動産鑑定士として今日に至る。
著作『北富士の林業読本』（山梨県林業改良普及協会発行）
論文「猿橋溶岩流と富士五湖の変遷について」（山梨県地質学協会長、山梨大学浜野先生へ提出）

[新装版] 探求　幻の富士古文献
——遙かなる高天原を求めて——

2002 年 12 月 16 日　初版発行
2022 年　3 月　1 日　新装版発行

著　　者　渡辺　長義
装　　幀　谷元　将泰
資料描画　石神　うみ
発 行 者　高橋　秀和
発 行 所　今日の話題社
東京都品川区平塚 2-1-16 KK ビル 5F
TEL 03-3782-5231　FAX 03-3785-0882
レイアウト 組版　初木　葉陽

ISBN978-4-87565-661-6　C0021